SUMÁRIO

Vislumbre/Horóscopo do Brasil para 2022	2
Previsões Astrológicas por Signo em 2022	6
Descubra o seu Ascendente	70
A Astrologia como Suporte na Psicoterapia	75
Horóscopo Chinês	79
Calendário Permanente (1901 – 2092)	92
Mercúrio, Regente de 2022	93
Mercúrio nos Signos	101
Entrada do Sol nos Signos do Zodíaco em 2022	105
Tábua do Nascimento e Ocaso do Sol (hora legal de Brasília)	106
Tábua Solar para 2022	107
Horário da Semana de acordo com a Regência Planetária	108
Horas Planetárias	109
Tábua Planetária para 2022	114
As Lunações e os Trânsitos Planetários para 2022	118
Regências Planetárias	126
Guia Astral para 2022	128
Fenômenos Naturais	175
Tudo o que Você Precisa Saber Sobre a Lua em 2022	177
Tabela das Luas Fora de Curso	180
Tábua Lunar em 2022	186
Previsões para 2022 Segundo a Numerologia	190
Mercúrio e as Previsões dos Signos para 2022	194
Previsões do Tarô dos Anjos para os Signos em 2022	199
O Tarô do Zodíaco	203
Calendário Agrícola	212
Agricultura e Pecuária	213

VISLUMBRE/HORÓSCOPO DO BRASIL PARA 2022

VISLUMBRE

O ano de 2022 será regido por Mercúrio, o psicopompo mitológico responsável por dar um sentido orientador aos conteúdos revelados à luz da consciência. Mercúrio rege o comércio e as trocas, bem como a comunicação, a aprendizagem e o impulso pelo movimento.

Na esfera coletiva, Mercúrio favorece os diálogos e as alianças inteligentes, assimilando aprendizados. Já no âmbito pessoal, ele nos incentiva a estudar e a aprender, a nos deslocarmos mais, a interagir socialmente e a viajar.

REVOLUÇÃO SOLAR

Em 6 de setembro de 2021 tem início um ciclo destacado pelo ascendente em Áries e pela Lua Nova em Virgem: período de árduo trabalho e compromisso com o aprimoramento.

Quíron no ascendente está em retorno e sinaliza um ciclo de resgates históricos, verdades que precisam ser passadas a limpo e reparações públicas que necessitam ficar registradas na memória coletiva, para impedir que equívocos se repitam. Simbolicamente, isso diz respeito aos violentos processos de dominação histórica dos povos originários, à expropriação de terras nativas para exploração, à escravização dos povos africanos e ao controle da produtividade com regimes totalitários. Esses foram processos movidos pelo uso desproporcional da força; temos agora de cuidar dessas feridas sociais e considerar caminhos para uma restauração coletiva possível.

Sol e Lua em Virgem na Casa VI enfatizam as relações de trabalho, que passarão por novas adaptações significativas. Urano aponta para mais independência, fugindo dos modelos de estabilidade no longo prazo e normalizando o uso das tecnologias no trabalho remoto, além de períodos mais flexíveis, rodízio de funcionários e contratações por projeto. No âmbito pessoal, vamos desenvolver novas organizações fazendo o próprio planejamento de tempo, descanso e aproveitamento da renda gerada.

Marte é o dispositor do ascendente da Revolução Solar e está em Virgem, na Casa VI, recebendo os influxos de Urano, o que indica ajustes nas rotinas do cotidiano e anseio por melhor desempenho na saúde e educação. Marte agita a administração nacional e promove reformas institucionais com caminhos inéditos de gerenciamento do país. Devemos permanecer atentos quanto à pandemia do coronavírus e a novas ondas de contaminação, já que Netuno em Peixes favorece a disseminação do vírus. Marte associado à força de trabalho indica que os setores de educação, cuidados com a saúde e terapias devem se ampliar, sendo uma boa aposta para quem busca recolocação profissional.

Vênus e Mercúrio estão na Casa VII em Libra, e, em oposição ao ascendente ariano, indicam que as mudanças serão alcançadas por meio de alianças estratégicas e tréguas. Facilitando o diálogo, conseguem promover reuniões outrora improváveis, influenciando a superação de diferenças de opiniões e incentivando o senso de cooperação, que contribuirá com as reparações de Quíron. Atenção para o dia 31 de março, com Lua Nova: iremos finalmente aprender as lições do passado ou precisaremos repetir a história?

Júpiter em Aquário na Casa XI sinaliza maior ação do Legislativo e do Judiciário, com revisões do senso de justiça e atualização das leis e sua aplicação para atender a novas organizações das relações humanas, agora mais fluidas. Notadamente, as pautas mais inclusivas (feminismo, antirracismo e diversidade sexual) tendem a avançar. Cursos sobre esses temas estarão em alta.

Saturno em Aquário na Casa XI ensina que crescemos com todos juntos no mesmo movimento, e que perdemos com posturas excludentes e capacitistas baseadas em privilégios geracionais, que segregam e geram escassez. O caminho aquariano é pela coletividade e cooperação, horizontalizando as decisões com a participação popular nas políticas públicas.

Júpiter e Saturno em Aquário sinalizam a atualização do pensamento coletivo a partir de novos arquétipos, mais adequados às expressões da época, favorecendo assim a ciência, a pesquisa e as tecnologias, bem como o uso mais inteligente dos recursos naturais. Aprimoram ainda as regras de convivência em que a livre expressão do outro não seja fator de competição ou de ameaça, pois a diversidade e a interdependência são regras da natureza. Da mesma forma, acolhendo a multiplicidade das formas de ser, pensar, sentir e agir, superamos aparentes diferenças e recuperamos o passo para voltar a crescer de uma forma bem aquariana: todos juntos.

Principais Trânsitos para o Mapa do Brasil em 2022

O ano se inicia na Lua Minguante (balsâmica) com o prenúncio de grandes transformações – trata-se de uma Lua de cura que vem recolher o que já cumpriu seu propósito. A transformação acontece à medida que aceitamos os desprendimentos e nos adaptamos às mudanças que já vieram com a pandemia do coronavírus.

Em fevereiro, uma lunação conjunta a Saturno ativa a quadratura com Urano em Touro, enfatizando o conflito entre o velho e o novo, que se chocam por estarem fundamentados em perspectivas diferentes. Saturno é um planeta indicador do espírito da época, que guia o pensamento coletivo aos valores aquarianos: expansão das fronteiras do conhecimento, democratização da informação, expressões individuais mais livres e flexibilidade para evoluir. As adaptações demandadas pelo espírito da época sofrerão resistências, especialmente no que diz respeito às questões ambientais.

Em março, Júpiter e Netuno sugerem esclarecimentos das contas públicas, programas de economia solidária e recuperação de crédito. Favorecem ainda medidas econômicas de longo prazo para retomar o interesse dos investidores na economia e na produtividade nacionais.

Em abril, a Lua Nova em Áries toca Quíron natal e promove esclarecimentos e reparações importantes, movimentando a grande mídia e suscitando regras para combate à desinformação e às *fake news*. Em 30 de abril, teremos o primeiro eclipse solar do ano, indicando tensões no eixo estrutural do país e gerando mudanças institucionais na forma de representação do Estado.

Ao longo do mês de maio, Urano promove eventos inesperados e surpreendentes até a Lua Cheia de 15 de maio, quando ocorrerá um eclipse lunar que ativará a Casa X do país, repercutindo na exposição pública do representante de Estado e do próprio país perante a comunidade internacional. Evidenciam-se questões ambientais e correções nos setores agrário, de mineração e de transportes. O uso de novas tecnologias auxiliará a resolver questões climáticas urgentes. Mercúrio retrógrado impulsiona revisões dos direitos das mulheres e da infância, dando novos rumos educacionais.

Em agosto, o signo de Leão traz questões da violência contra a mulher, e Marte na Casa IV reforça a necessidade de proteções mais efetivas às mulheres e à maternidade, incorporando a evolução da cultura em relação ao machismo estrutural e aos novos paradigmas familiares.

Agosto e setembro favorecem o setor artístico e de produção cultural, recuperando o interesse nessa área e facilitando a circulação das pessoas em ambientes públicos com o provável retorno à socialização. No final de setembro, a Lua Nova em Virgem com Mercúrio e Vênus sinaliza a abertura de linhas de crédito e recuperação financeira, fortalecendo o empreendedorismo e atraindo investimentos.

Em outubro, a lunação em Libra sugere a ação do Poder Judiciário como garantidor do processo eleitoral, já que a Lua Cheia se dará em conjunção a Júpiter, ativando também o Quíron natal. Em 25 de outubro, teremos um novo eclipse solar, que acontece em conjunção com Vênus, sinalizando grande potencial de sucesso para as ações que foram tomadas nesse período. Todavia, muita atenção neste momento, pois o eclipse recai sobre Marte natal na casa da justiça e da aplicação das leis. Esse pode ser um momento crucial para a superação de erros do passado e uma travessia importante para um novo futuro.

Muita atenção para instabilidades políticas, necessidade de moderação no tom dos diálogos e foco na garantia da democracia, uma vez que o período de eleições será marcado pela entrada de Urano na Casa IV, indicando que podemos vivenciar situações inesperadas e reviravoltas no processo eleitoral. Especialmente, um novo eclipse lunar acontecerá no dia 8 de novembro, reativando a quadratura entre Urano e Saturno, dando assim combustível para a disputa arquetípica entre o velho e o novo: Urano em oposição ao Marte natal sugere o uso desproporcional da força como remanescente de uma forma reducionista de resolução de conflitos, enquanto Saturno em Aquário representa o avanço possível por meio de diálogos e alianças com visão de futuro.

Neste período ficam em evidência o setor universitário, especialmente as áreas de pesquisa e produção científica, bem como turismo e viagens.

Em novembro, com a ativação da Lilith natal em oposição a Marte em Gêmeos, retrógrado, podemos esperar por surpresas no âmbito governamental, traições políticas, revelações chocantes e uso mal-intencionado da mídia. Transparência e compromisso com a verdade evitarão comoções e expressões de fanatismo.

Na semana do Natal, a Lua Nova em Capricórnio pede ajustes nos projetos de longo prazo, impactando o setor financeiro. Saturno direto ingressa na Casa I e impulsiona reorganizações institucionais que atendam ao anseio por mudanças significativas, promovendo também a exposição internacional de um país que tem tudo para se reinventar. Favorece ainda a saúde pública, os investimentos na área de tecnologia e telecomunicações, a retomada da vida cotidiana com novas rotinas já incorporadas, e consolida novos modos de convivência entre as pessoas, mais impessoais e com hábitos de distanciamento já normalizados.

PREVISÕES ASTROLÓGICAS POR SIGNO EM 2022

Nesta seção, você encontrará as características de cada um dos doze signos do Zodíaco, descritas por André Mantovanni e as previsões astrológicas para cada um deles, por Tereza Kawall. Até a edição de 2015, optamos por usar o cálculo das lunações, que é feito no dia da lua nova, quando o Sol e a Lua se encontram no mesmo grau de um mesmo signo. A lunação permite uma visão mais geral do mês, que é justamente um ciclo inteiro da relação entre o Sol e a Lua. A partir de 2016, optamos por fazer as previsões mensais divididas em ciclos de dez em dez dias, o que também permite uma orientação mais detalhada.

Em trinta dias há toda uma movimentação planetária, em especial dos planetas mais rápidos, que será levada em conta para facilitar a compreensão do leitor. Em resumo, as duas técnicas de interpretação, trânsitos e lunações, estão sendo analisadas em paralelo, mas a forma de apresentação ficará diferente. Vale salientar que essas previsões são de caráter genérico e que informações de âmbito individual exigem a elaboração de um horóscopo personalizado.

Esse fato faz com que as interpretações aqui expostas e as do *Guia Astral* por vezes pareçam contraditórias entre si; no entanto, elas são complementares.

ÁRIES

21 de março – 20 de abril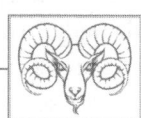

EU QUERO **PLANETA REGENTE:** Marte
ELEMENTO: Fogo **QUALIDADE:** Cardinal
PEDRAS DE PROTEÇÃO: Cornalina e ágata de fogo

☆ **PERSONALIDADE:** O signo de Áries tem a marca do guerreiro: os arianos são cheios de coragem, iniciativa, pioneirismo e intensidade. Sua natureza é expansiva, fazendo seus nativos darem grande valor aos ideais de liberdade e autossuficiência. Típicos idealistas, gostam de sonhar alto e acreditam ser capazes de grandes realizações. O desafio aos nativos de

Áries é aprender a lidar com a própria impulsividade, pois sua essência dinâmica nem sempre os conduz até a conclusão dos planos idealizados. Os arianos têm um grande espírito de liderança, e sua criatividade os torna excelentes motivadores dentro de seus grupos sociais.

☆ **TRABALHO:** Os arianos valorizam posições de liderança e autonomia, algo que pode se expressar tanto pela necessidade de trabalhar individualmente, quanto em posições de liderança e orientação. Arianos são bastante motivados por desafios profissionais, pois veem nessa área da vida uma oportunidade de provar o próprio valor. Signo naturalmente ambicioso, seus nativos precisam estar atentos aos próprios limites para não acabar sobrecarregados de tarefas, compromissos e funções.

☆ **AMOR:** Conquistadores e sedutores por natureza, os arianos costumam ter iniciativa no que diz respeito à vida afetiva, sentindo-se bastante atraídos pelo jogo de sedução. Seus sentimentos são sempre muito intensos, e colocam-se por inteiro em suas relações. Nesse campo da vida, é preciso tomar cuidado com o ciúme ou a possessividade, pois, os arianos gostam de marcar território. Eternos apaixonados, não costumam se sentir confortáveis com relacionamentos sem dinamismo, que caem na rotina e não lhes oferecem novas possibilidades de aventura. A independência também é importante quando o assunto é o amor, e os arianos prezarão, ainda que em um relacionamento, manter parte de seu espaço pessoal de maneira privada.

☆ **SAÚDE:** Áries é um signo marcado por muita vitalidade e intenso vigor físico, que trazem aos nativos desse signo força e resistência. A área do corpo que precisa de atenção especial é a cabeça. Arianos também devem tomar cuidado para não negligenciar o autocuidado e a própria saúde enquanto cumprem suas tarefas diárias, pois, como são naturalmente dinâmicos, não costumam fazer pausas para repor as energias. É importante aprender a reconhecer os próprios limites e a necessidade de descanso.

Previsões para 2022

De 1º a 10 de janeiro: A vida profissional está dinamizada neste início de ano. Sol e Urano em harmonia sinalizam motivação para mudar e avançar rápido, porém de forma segura e contínua. No amor, os ventos são favoráveis para novas conquistas.

De 11 a 20 de janeiro: Estes dias podem ser marcados por contratempos que vão atrapalhar sua rotina e seus planos já traçados. Talvez precise dar um *upgrade* em aparelhos eletrônicos, como smartphone, tablet etc. A lua cheia o deixará mais sensível e emotivo, mas não se impressione com isso.

De 21 a 31 de janeiro: O planeta Marte entra agora no signo de Capricórnio, juntando-se ao *stellium* com Mercúrio, Vênus e Sol. Seu empreendedorismo continua em alta, e agora é o momento certo para realizar projetos de longo prazo na vida profissional; vá em frente.

De 1º a 10 de fevereiro: Vários aspectos positivos no céu devem deixá-lo entusiasmado e confiante em relação a estudos e viagens; vontade de expandir seus conhecimentos, aprender outras línguas. Marte e Urano em trígono com Vênus podem facilitar ganhos inesperados.

De 11 a 20 de fevereiro: Neste ciclo, Vênus e Marte estão alinhados no signo de Capricórnio, intensificando sua vida afetiva de maneira mais madura e profunda. Você pode assumir um compromisso mais longo com quem ama. Também pode ter mais convicção e segurança no campo profissional.

De 21 a 28 de fevereiro: A vida amorosa segue em fase harmoniosa também nestes dias. Netuno recebe bons aspectos de Marte e Vênus, sinalizando mais motivação e interesse por eventos artísticos, para ver coisas belas que refinem seu espírito.

De 1º a 10 de março: Júpiter em conjunção com o Sol no signo de Peixes pode expandir seus interesses por temas metafísicos, filosóficos ou espirituais. Isso deve trazer um colorido especial para sua visão de mundo, podendo assim compartilhar coisas positivas com todos.

De 11 a 20 de março: A Lua fará algumas oposições nos próximos dias, e isso poderá resultar em dificuldade nas relações com pessoas queridas. Seria positivo diminuir expectativas e exigências que ficaram acima do razoável. Se preciso, faça seus exames médicos anuais.

De 21 a 31 de março: No início deste ciclo, o planeta Urano em tensão poderá deixá-lo irritadiço e intolerante. A pressa em fazer tudo muito rápido vai cria conflitos com o ritmo mais lento dos outros. Entretanto, ao final dele, o *stellium* em Aquário tende a pacificar a convivência social.

De 1º a 10 de abril: Sol e Mercúrio estão agora em seu signo solar, imprimindo mais vitalidade, energia e coragem ao espírito do ariano. Excelente para iniciar um curso, planejar ou fazer uma viagem, investir mais tempo nos negócios ou em novos desafios.

De 11 a 20 de abril: É possível que surjam eventos que vão contrariá-lo muito na área profissional, e que não dependem de sua vontade nem de suas decisões. Os aspectos positivos de Mercúrio, Vênus e Urano indicam que você terá presença de espírito para contorná-los com sabedoria.

De 21 a 30 de abril: Momento auspicioso para dar início a novas atividades que estava planejando havia tempos. Mesmo com imprevistos, não desista daquilo que se prontificou a fazer, seja uma rotina de exercícios, ou uma dieta, pois tudo é importante.

De 1º a 10 de maio: É provável que surjam oportunidades interessantes com parcerias informais e que resultem em ganhos extras. Interessante também para investir em tecnologia a fim de dinamizar seu trabalho e ampliar novos negócios.

De 11 a 20 de maio: O planeta Júpiter vai entrando no signo de Áries, e lá ficará por cerca de doze meses. Isso indica um ciclo auspicioso para os arianos. Você pode e deve ampliar seus interesses, e estar mais confiante e arrojado em suas escolhas de vida de modo geral.

De 21 a 31 de maio: Sol e Mercúrio estão em Gêmeos, signo de comunicação e versatilidade. Continua em alta um momento positivo para negócios rápidos, viagens, interação social, ter boas ideias. Seu bom humor é contagiante e vai influenciar seus amigos e colegas.

De 1º a 10 de junho: Mercúrio agora está em movimento direto, podendo facilitar a resolução de pendências burocráticas, documentos parados, pagamentos atrasados. Será preciso ter mais cautela com gastos supérfluos para não desorganizar suas finanças.

De 11 a 20 de junho: Plutão e Mercúrio mostram que sua eficiência no trabalho trará resultados excelentes, pois você vai aliar inteligência e perspicácia para atingir suas metas. Sol e Saturno em ângulo positivo ratificam essa prontidão para responder aos desafios que surgirem.

De 21 a 30 de junho: Júpiter e Sol estão em ângulo difícil, podendo representar divergências de opinião e de valores no âmbito familiar. Seja mais cauteloso com as palavras para não piorar as coisas. É importante não exigir das pessoas o que elas não podem ser ou nos dar.

De 1º a 10 de julho: O planeta Mercúrio está em ritmo acelerado e fazendo vários aspectos relevantes. De um lado, existem boas chances de seus projetos de trabalho ganharem impulso. De outro, você vai precisar se adequar às condições dos colegas, que têm outras prioridades.

De 11 a 20 de julho: Momento auspicioso para realizar investimentos financeiros com resultados rápidos. Netuno bem aspectado pode promover um ciclo positivo para se buscar tratamentos e fazer as consultas necessárias com mais tranquilidade; cuide da saúde!

De 21 a 31 de julho: Neste período, pode surgir uma sobrecarga de responsabilidades que o deixarão mais estressado ou irritado. Procure dar um reforço no sistema imunológico, dormindo mais, investindo em boa alimentação, caminhadas ao ar livre ou exercícios moderados.

De 1º a 10 de agosto: O mês começa com um aspecto dinâmico de Marte e Urano, que estão acelerando suas decisões. Você estará motivado e otimista, vivendo um período de mais criatividade, e essa disposição será contagiante. Evite gastos feitos por impulso.

De 11 a 20 de agosto: A cautela com compras em excesso deve continuar; concentre-se apenas naquilo que for essencial. Pode surgir certa preocupação com pessoas de mais idade em sua família, que necessitarão de mais atenção. No amor, tudo corre com tranquilidade.

De 21 a 31 de agosto: Este período exige cuidados e atenção com seu bem-estar físico; seria proveitoso deixar o açúcar e comidas condimentadas de lado. Frustrações pessoais causam ansiedade, e isso faz você buscar compensação em prazeres imediatos, como, por exemplo, a comida!

De 1º a 10 de setembro: As dificuldades de comunicação ou divergências pessoais podem ser resolvidas. Sua autoestima é fruto de sua maturidade, e é preciso aceitar-se como é, sem querer agradar todo mundo. Cada cabeça uma sentença.

De 11 a 20 de setembro: O período é bastante promissor no aspecto profissional, com o Sol fazendo trígono com Urano e Plutão. Sua eficiência está a mil por hora, seu pragmatismo e objetividade, idem. Seu brilho pode despertar certa inveja, mas siga em frente, sem recuar.

De 21 a 30 de setembro: Agora talvez surjam situações confusas na vida sentimental, e a desconfiança pode abalar seu coração. Procure não deixar que isso afete seu trabalho, que continua em fase de realizações expressivas, com merecido reconhecimento.

De 1º a 10 de outubro: Nestes dias, é provável que precise lidar com forças antagônicas em seu cotidiano. Você sente que precisa alterar alguns hábitos. No entanto, a rotina ou a falta de tempo não ajudam nessa reorganização. Um dia de cada vez!

De 11 a 20 de outubro: Bons aspectos entre Sol, Saturno e Marte em signos de Ar serão agora essenciais para fazer as devidas alterações a fim de que tudo possa fluir com mais facilidade. Mais organização e praticidade farão sua produtividade aumentar. Não pare com as atividades físicas.

De 21 a 31 de outubro: Sol e Vênus juntos em Libra mostram um momento auspicioso para a vida social. Ótimo período para assistir a eventos artísticos que tragam prazer ao seu dia a dia. Interessante também para associações ou parcerias que agreguem valor aos seus talentos ou ideias.

De 1º a 10 de novembro: Este momento pode estar sujeito a limitações de recursos, impedimentos econômicos. Todo cuidado é pouco com gastos desnecessários; é hora de poupar. Imprevistos podem alterar sua rotina e deixá-lo contrariado; desta feita, exercite a flexibilidade.

De 11 a 20 de novembro: Agora você já pode respirar aliviado: as frustrações já se dissiparam e a vida corre com mais harmonia. Você terá mais disposição para o lazer, ver amigos e relativizar as preocupações diárias. Bom para planejar uma viagem de descanso.

De 21 a 30 de novembro: Momento de muita intensidade nas relações íntimas e sociais. Há uma disposição de sua parte para adquirir conhecimentos espirituais ou filosóficos que ampliem seu entendimento da vida. A orientação de pessoas mais velhas será bem-vinda.

De 1º a 10 de dezembro: Estes dias vão exigir de você mais diplomacia e jogo de cintura. Tenha mais cuidado com julgamentos e opiniões muito intransigentes. O clima de tensão está ampliado pela lua cheia. O melhor a fazer é esperar a tempestade passar.

De 11 a 20 de dezembro: A Lua em Leão e o Sol em sextil com Saturno indicam dias mais positivos, em que você poderá planejar seu fim de ano com mais segurança. Lembre-se de que não precisa provar nada a ninguém e aproveite para valorizar as conquistas do ano que vai terminando.

De 21 a 31 de dezembro: As oscilações do convívio humano podem e devem ser enfrentadas com mais bom humor e leveza. Não é possível agradar a todos; apenas faça o seu melhor. Comemore o fim do ano com amigos e familiares, levando alegria no coração.

TOURO

21 de abril – 20 de maio

EU TENHO
ELEMENTO: Terra
PEDRAS DE PROTEÇÃO: Turmalina verde e aventurina
PLANETA REGENTE: Vênus
QUALIDADE: Fixo

☆ **PERSONALIDADE:** Filhos de Vênus, os taurinos são marcados por um ar doce, que busca ser sempre agradável com as pessoas por quem se afeiçoa. O humor dos nativos deste signo de Terra costuma ser mais constante, e dentre seus valores fundamentais estão a estabilidade, o bem-estar, o conforto e a segurança. A conquista de bases sólidas é importante em todas as áreas de sua vida, e os taurinos são conhecidos por sua imensa persistência – o que às vezes precisa de cuidado e atenção para não se converter em pura teimosia. Valorizam as relações humanas e são amigos leais e fiéis. A satisfação dos próprios desejos é um grande motivador para os taurinos, que são grandes defensores dos próprios valores e interesses. O conservadorismo e a dificuldade em relação a mudanças podem ser um traço de personalidade que merece atenção e cuidado por parte desses nativos.

☆ **TRABALHO:** Como um signo que preza a organização e se sente confortável com rotinas, Touro prefere trabalhos que ofereçam estabilidade e segurança. Ao desempenharem suas funções, precisam fluir no próprio ritmo, e, se forem capazes de expressar seus talentos, têm tendência a construir uma carreira segura e duradoura. No trabalho, a produtividade é um valor essencial para os taurinos: sua motivação vem da percepção de que produz resultados bons, efetivos e concretos.

☆ **AMOR:** Quando o assunto é romance, os taurinos preferem relacionamentos longos e duradouros em vez de viver múltiplas aventuras. Evitam envolvimentos que sejam voláteis ou instáveis, e, como um signo que busca por estabilidade e segurança, precisa sentir firmeza e confiança no parceiro. A fidelidade é um valor importante para os nativos deste signo. Muitos deles têm uma personalidade naturalmente envolvente e sedutora, prezando relacionamentos cheios de sensualidade e prazer. O cuidado necessário na vida afetiva está na possessividade e no ciúme.

☆ **SAÚDE:** Taurinos são conhecidos por terem uma saúde de ferro, possuindo grande resistência e vitalidade. Costumam se preocupar com a saúde, sendo bem conscientes da necessidade de se estabelecer limites e descansar. Os cuidados devem se concentrar na região da garganta, e, como um signo bastante sensorial, é preciso tomar cuidado com excessos de todo tipo. Tem tendência a rápidas regeneração e recuperação.

Previsões para 2022

De 1º a 10 de janeiro: O início deste novo ciclo se dá em uma lunação em Capricórnio, com um aspecto positivo entre Urano e Sol no céu planetário. Isso torna o período benéfico para tudo o que você deseja reformular, seja no contexto pessoal ou profissional. Deixe a intuição guiar seus passos.

De 11 a 20 de janeiro: Mercúrio em aspecto difícil pode exigir mais de você no que diz respeito à atenção, ao foco e à concentração mental. Evite discussões impulsivas baseadas em intolerância, que só dificultam as coisas. A moderação com bebidas alcoólicas será uma boa pedida.

De 21 a 31 de janeiro: A Lua em Libra faz bons aspectos no céu, intensificando a vida social, o convívio com amigos e a troca afetiva com todos. Aproveite para descansar a mente, deixando de lado as preocupações; quebrar a rotina ou os hábitos também faz bem.

De 1º a 10 de fevereiro: Marte e Júpiter fazem um ângulo harmonioso, apontando para mais energia vital, assertividade e otimismo para alcançar suas metas. Seu espírito está renovado para criar metas ou projetos de médio e longo prazos, que vão se tornando bem definidos.

De 11 a 20 de fevereiro: Nestes dias, os planetas Marte e Vênus encontram-se alinhados no signo de Capricórnio. Pode haver uma movimentação mais significativa e realista das emoções em sua vida. Isso está baseado em sua inteligência emocional de saber aceitar as limitações do outro.

De 21 a 28 de fevereiro: Netuno e Vênus tornam este momento igualmente inspirador para os assuntos do coração. Passeios ou viagens românticas combinam com seu desejo de encontrar alguém com quem possa viver a magia e a cumplicidade de amar e ser amado.

De 1º a 10 de março: Período rico para semear e cultivar sonhos e planos para o futuro. Isso demanda compromisso, determinação, responsabilidade de sua parte. Por esse motivo, pense grande, tenha objetivos claros e definidos.

De 11 a 20 de março: Neste período, haverá lua cheia no signo de Virgem, com Sol em Peixes. Experiência de plenitude e equilíbrio entre razão, lógica e emoção. Continue firme em seus projetos e, se for necessário, elimine aquilo que não tem mais relevância a partir de agora.

De 21 a 31 de março: Investir em autoconhecimento pode significar fazer boas escolhas, avaliar os próximos passos para chegar aonde você deseja. O contato com pessoas mais experientes do seu passado será importante nesse sentido.

De 1º a 10 de abril: Eficiência e produtividade são a tônica destes dias; você vai assumir responsabilidades maiores com a segurança de levá-las até o fim. Vênus em Peixes cria uma atmosfera de amor incondicional e tolerante, em que as arestas são superadas e tudo flui de forma generosa.

De 11 a 20 de abril: Júpiter e Netuno estão alinhados em Peixes, impulsionando sua vida mística ou filosófica. Bom para aprendizado, leituras e discussões nesta área, que ampliarão sua visão de mundo. Ao final, parece que tudo tem sua razão de ser nesta vida!

De 21 a 30 de abril: O Sol está em Touro, potencializando sua vitalidade e alegria de viver. O planeta Mercúrio, também neste signo, recebe bons aspectos de Plutão e Júpiter, o que torna o momento adequado para aprofundar conhecimentos em áreas afinadas com você.

De 1º a 10 de maio: O sextil entre Júpiter e Plutão no céu estelar pode trazer revelações interessantes sobre seus talentos e recursos ainda desconhecidos. Não subestime suas capacidades e dê vazão a seus impulsos criativos; bom momento para começar novas amizades.

De 11 a 20 de maio: Mais atenção e paciência a documentos, horários, compromissos, pagamentos serão a tônica destes dias com Mercúrio retrógrado. A antecipação de dificuldades corriqueiras tem a ver com organização, mas não faça disso um exagero desnecessário.

De 21 a 31 de maio: Seu poder de comunicação está potencializado, assim como sua inteligência e versatilidade. Sol e Júpiter em ângulo harmonioso trazem mais chances de prosperidade financeira. Estude mais e aprimore seu repertório intelectual.

De 1º a 10 de junho: A Lua está em fase crescente, e Mercúrio volta ao seu movimento direto. Este momento continua favorável aos estudos, a pesquisas e trocas de informações relevantes para que possa crescer em seus estudos e trabalho. Evite gastos exagerados.

De 11 a 20 de junho: Sol e Saturno em trígono tornam favoráveis os investimentos de longo prazo, e firmar negócios ou parcerias sérias e promissoras. Urano e Vênus em Touro podem sinalizar novidades na vida a dois; uma paixão rápida para animar a vida vai bem!

De 21 a 30 de junho: Nestes dias, você terá mais segurança e coragem para tomar decisões, ainda que os desafios sejam grandes. Se necessário, peça orientação jurídica para ter certeza de que está dando um passo seguro. Tudo corre bem na vida sentimental.

De 1º a 10 de julho: O setor profissional está ativado pelo trígono entre Mercúrio e Saturno em Gêmeos e Aquário, respectivamente. Exponha suas ideias e se prepare para algumas críticas, mas não desista daquilo que já iniciou; tudo tem a hora certa para acontecer.

De 11 a 20 de julho: Você está em uma fase de mudanças importantes, e isso implica assumir posições mais definidas quanto ao que pretende fazer. Mercúrio está dinamizando o setor familiar; é aconselhável minimizar divergências quanto a bens imóveis ou heranças.

De 21 a 31 de julho: Há um clima de urgência no ar, e o melhor a fazer é evitar a impaciência ou a agressividade com seus colegas. Não se coloque como vítima das circunstâncias, pois assim acabará negando a própria autonomia para suas escolhas.

De 1º a 10 de agosto: O excesso de demandas nestes dias exige que estabeleça prioridades em suas realizações. Optar pelo que é mais urgente e não agendar aquilo que pode ser adiado é uma boa premissa. No entanto, se precisar, peça ajuda e delegue algumas responsabilidades.

De 11 a 20 de agosto: O início deste ciclo ainda indica excesso de trabalho e dificuldade em cumprir prazos. Faça o que for possível, evitando discussões inúteis. Logo as coisas vão se ajustar em um *timing* equilibrado e sem tanto estresse.

De 21 a 31 de agosto: Com a fase minguante da Lua, você percebe que o ritmo da vida diminui e, assim, vai finalizando suas atividades ou estudos. O Sol está em aspecto tenso com Marte, mostrando dificuldades no ambiente doméstico; seja diplomático e evite conflitos.

De 1º a 10 de setembro: Mercúrio e Marte em harmonia no céu sugerem dinamismo e iniciativas acertadas para sua vida; além disso, sua eloquência e versatilidade acabarão atraindo parceiros importantes, que devem resultar em bons dividendos para todos. Siga em frente!

De 11 a 20 de setembro: Não permita que uma crise momentânea na vida afetiva roube sua energia vital ou rebaixe sua autoestima. O ciclo continua promissor no trabalho; você descobrirá novos talentos. Isso significa um salto qualitativo em sua produtividade.

De 21 a 30 de setembro: No início deste período, você poderá se deparar com certas contrariedades que o pegarão desprevenido. Seja perseverante em seus propósitos, uma vez que sabe aonde quer chegar. As experiências do passado certamente vão lhe garantir que você está no caminho certo.

De 1º a 10 de outubro: Saturno e Urano encontram-se em ângulo desafiador nos próximos dias. Isso significa uma espécie de retração ou paralisia nos eventos. Mas fique tranquilo, pois eles não dependem de sua vontade; não veja isso como tempo perdido.

De 11 a 20 de outubro: O Sol em sua casa de trabalho propicia um momento de mais energia, confiança e capacidade de dirigir seus interesses. Os bons aspectos com Marte e Saturno ratificam seu empreendedorismo e sua coragem para seguir adiante.

De 21 a 31 de outubro: Para que novas associações tenham êxito, será necessário que os objetivos sejam os mesmos. Na esfera pessoal, saiba que algumas relações estão ficando para trás e outras serão preservadas; aceite essas mudanças.

De 1º a 10 de novembro: Nestes dias, o planeta Urano está pressionado e isso cria um clima propício para separações ou rupturas. Caberá a você avaliar a importância que elas têm, para assim mediar soluções ou estratégias a fim de manter essas relações, se for o caso.

De 11 a 20 de novembro: Agora já é possível levantar a bandeira branca da paz. Os entendimentos e esclarecimentos já apareceram, e todos podem se ouvir e eventualmente se perdoar. Nunca é demais lembrar que crises são oportunidades de crescimento.

De 21 a 30 de novembro: A expressiva conjunção de Mercúrio e Vênus em Sagitário deixa este ciclo mais positivo, em que as opiniões são semelhantes e convergem para soluções inteligentes. Marte e Saturno indicam mais eficiência, produtividade e ganhos materiais.

De 1º a 10 de dezembro: Este período pode trazer certa turbulência emocional e psíquica; algumas situações complexas podem fugir ao seu controle. Será preciso não se iludir com soluções mágicas e manter os pés no chão. Lembre-se de cuidar mais da saúde.

De 11 a 20 de dezembro: Aproveite o fim de ano para fazer exames ou consultas médicas que foram deixadas de lado. É importante também evitar a automedicação. Momento oportuno para rever pessoas que você não encontra há tempos, sejam familiares ou amigos.

De 21 a 31 de dezembro: Apesar das tentações deste período, será importante se controlar quanto a despesas supérfluas. O prazer do momento pode virar dor de cabeça no fim do mês. Netuno em aspectos favoráveis indica boas experiências de contexto espiritual, filosófico ou humanitário.

GÊMEOS 21 de maio – 20 de junho

EU QUESTIONO **PLANETA REGENTE:** Mercúrio
ELEMENTO: Ar **QUALIDADE:** Mutável
PEDRAS DE PROTEÇÃO: Ágata e sodalita

☆ **PERSONALIDADE:** Os nativos deste signo de Ar possuem um temperamento altamente volátil. A leveza é um traço importante em sua personalidade, e os geminianos têm uma mente dinâmica e constantemente agitada, que pode se manifestar tanto de maneira mais privada e intelectual, por meio de sua curiosidade insaciável, como também por meio da comunicação, fazendo desses nativos pessoas sociáveis e expansivas. Valorizam a busca por informação e conhecimento, e são naturalmente criativos, o que pede cuidado com a dispersão e a mudança constante de foco. Preferem ambientes dinâmicos, que os desafiem e lhes permitam expressar suas habilidades com naturalidade. Por vezes, os geminianos podem se tornar excessivamente racionais, trazendo um ar de distância afetiva ou superficialidade; os nativos deste signo devem aprender a criar raízes.

☆ **TRABALHO:** Geminianos têm tendência a trocar de carreira ao longo da vida, envolvendo-se com diversas áreas, pois são motivados pelo senso de novidade. Valorizam ambientes dinâmicos e que ofereçam desafios à sua criatividade, evitando tarefas e ocupações que sejam repetitivas e totalmente previsíveis. São adaptativos e flexíveis a mudanças no trabalho, mas não se dão bem em ambientes de cobrança excessiva.

Precisam tomar cuidado com a dispersão, a inconstância ou a perda repentina de interesse.

☆ **AMOR:** A necessidade de leveza é a principal característica do geminiano na vida amorosa. Os nativos deste signo gostam de ser, antes de tudo, bons amigos de seus companheiros, e perderão o interesse assim que a relação se tornar monótona. Valorizam as trocas de ideias e a comunicação no romance, e têm facilidade tanto para inícios quanto para finais. Prezam a sinceridade e a confiança, sendo atraídos e conquistados também pela afinidade mental e originalidade das pessoas.

☆ **SAÚDE:** Sua saúde apresenta variações e oscilação que precisam de atenção, mas sua resiliência e capacidade de lidar com o estresse são pontos positivos. Devem tomar cuidado com a região do pulmão, os braços e as mãos, e podem desenvolver problemas respiratórios e relacionados ao sistema nervoso.

Previsões para 2022

De 1º a 10 de janeiro: Este ciclo com Vênus ao lado do Sol traz a promessa de um clima romântico, com a cumplicidade prazerosa da vida a dois. É tempo de se encantar com as coisas simples da vida, cultivando o sentimento de união e plenitude, quando há paz no coração.

De 11 a 20 de janeiro: Nestes dias, pode surgir alguma situação que o deixe desapontado ou mesmo magoado com alguém importante em sua vida. Espere a névoa se dissipar antes de fazer algum julgamento mais passional; evite as palavras que ferem, pois voltar atrás é mais difícil do que parece.

De 21 a 31 de janeiro: Os planetas Mercúrio e Marte entram no signo de Capricórnio ao lado de Plutão e Vênus, formando um *stellium* nesse signo de Terra. A frequência dessa energia remete ao sentido de compromisso com a vida e com a Mãe Natureza; cuide mais do seu corpo!

De 1º a 10 de fevereiro: A lua nova em Aquário torna este período auspicioso para tudo o que desejar iniciar com mais coragem e assertividade. Marte faz bons aspectos com Júpiter e Urano, expressando garra e originalidade para desbravar novos caminhos. Fique atento às sincronicidades.

De 11 a 20 de fevereiro: Agora com Mercúrio direto em conjunção a Plutão, você percebe suas motivações mais profundas e intensas. Você está mais realista em relação à vida, e suas atitudes serão mais ambiciosas no sentido de alcançar uma posição de mais segurança e estabilidade.

De 21 a 28 de fevereiro: Netuno em Peixes recebe aspectos favoráveis de Marte e Vênus, colocando em evidência seu lado mais sensível, romântico ou místico. Ótimo para práticas meditativas, fazer yoga ou relaxamentos, e se possível, um retiro espiritual.

De 1º a 10 de março: Um clima de surpresa e renovação pode chegar com uma visita de Cupido ao seu coração. Vênus e Marte estão juntos no signo de Aquário, deixando a vida com um clima de magia e encanto, e os enamorados com um brilho nos olhos. Aproveite bem!

De 11 a 20 de março: O Sol agora transita em sua casa profissional ao lado de Júpiter em Peixes. Não desperdice convites ou oportunidades que sugiram chances de progresso e crescimento. Sejam viagens, seminários, aprender línguas ou mesmo conhecer mais sobre tecnologia, tudo agora vale a pena.

De 21 a 31 de março: Imprevistos com aparelhos eletrônicos, ou mesmo a perda deles, podem afetar sua rotina e exigir uma reconfiguração de sua agenda nestes dias. A vida sentimental continua fluindo bem; novas amizades podem surgir e vão animar os momentos de lazer e entretenimento.

De 1º a 10 de abril: Sua mente deve estar bem acelerada com a conjunção de Sol e Mercúrio no céu. Muitos estímulos e curiosidade movem seus interesses, que podem se diversificar e agregar valor ao que você já faz ou estuda. Excelente para viagens rápidas.

De 11 a 20 de abril: A movimentação intelectual segue em alta; você pode divulgar seu trabalho nas redes sociais, compartilhar ideias, sugestões, criar eventos etc. Urano em sextil com Vênus sinaliza uma dose maior de criatividade voltada a atividades culturais e artísticas.

De 21 a 30 de abril: Mercúrio no signo de Touro faz aspectos benéficos com Netuno, Júpiter e Plutão em signos de Terra. Essa configuração implica capacidade de concretizar suas metas, ou seja, seus sonhos aos poucos vão se tornando realidade.

De 1º a 10 de maio: Sol em sextil com Marte sinaliza um período em que você poderá direcionar ou conduzir sua vida de forma criativa e corajosa, planejando os próximos passos sem receio de errar ou ter de recuar. Crie estratégias também com parceiros.

De 11 a 20 de maio: Júpiter entra no signo de Áries, que representa os inícios, o comando, a liderança, a batalha pela vida. Nestes dias, ele ativa sua Casa XI, associada a ideais voltados para a coletividade, a planos e projetos para o futuro que poderá traçar com os amigos.

De 21 a 31 de maio: Vários aspectos harmoniosos no céu estelar dinamizam seu espírito. Você descobrirá recursos ainda desconhecidos conforme os desafios vão chegando. Boas leituras e a orientação de pessoas mais experientes serão bem relevantes.

De 1º a 10 de junho: Mercúrio retoma seu movimento direto nestes dias, mas, em contrapartida, faz um ângulo difícil com Saturno em Aquário. Em analogia, é como você acelerar um carro que está com o freio de mão puxado. Tenha paciência para realizar seus sonhos.

De 11 a 20 de junho: Agora está mais fácil prospectar suas metas e dar uma forma definida a elas. Para tanto, troque informações com pessoas de mente aberta, receba críticas e mude aquilo que for fantasioso demais. Os amigos certamente vão apoiá-lo.

De 21 a 30 de junho: Procure sempre lembrar que seu corpo precisa de cuidados: boa alimentação, exercícios, tempo para lazer e descanso. Planeje uma viagem para mudar a paisagem do cotidiano e assim recuperar sua energia vital.

De 1º a 10 de julho: Mercúrio em trígono com Saturno propicia dinamismo na comunicação, nos estudos, no comércio, e bons negócios nas redes sociais. A divulgação do conhecimento com certeza pode deixá-lo mais consciente da importância de seu papel social!

De 11 a 20 de julho: Neste ciclo, podem surgir oportunidades interessantes para encontros, viagens, fazer novos amigos, incrementar a vida social. A mudança de hábitos vai trazer uma prazerosa sensação de liberdade. Fuja dos gastos excessivos e sem planejamento.

De 21 a 31 de julho: Sol e Mercúrio estão em Leão, exigindo de você mais tolerância e paciência no convívio com todos. Contrariedades surgirão, demandando mais jogo de cintura para poder administrá-las. Respire fundo e pense bem antes de dizer palavras que possam machucar seus familiares.

De 1º a 10 de agosto: O aspecto benéfico entre Sol e Júpiter sugere um momento de mais autoestima e de confiança em tudo o que você realizar. Seu entusiasmo poderá contagiar amigos e colegas. Mal-entendidos do passado serão esclarecidos e devidamente superados.

De 11 a 20 de agosto: Uma sobrecarga de responsabilidades no trabalho deve deixá-lo estressado ou abatido. Os imprevistos do cotidiano podem alterar seu humor, requerendo mais calma e discernimento. Não culpe ninguém pelas circunstâncias, pois tudo vai passar.

De 21 a 31 de agosto: Certa dose de irritabilidade pode estar presente neste ciclo, mas você terá a oportunidade de olhar para esses contratempos de outra maneira. Ou seja, não brigue consigo mesmo e faça o que estiver ao seu alcance. Saiba pedir ajuda para terminar o que ainda está pendente, se achar necessário.

De 1º a 10 de setembro: A vida amorosa promete dias mais animados, e o convívio familiar será um suporte precioso para seu bem-estar psíquico. Você está mais assertivo e pode liderar atividades com amigos, como viagens, esportes ou passeios de lazer cultural.

De 11 a 20 de setembro: Nestes dias, o Sol faz trígono com Urano e Plutão. Momento auspicioso para lidar com assuntos de família que envolvam moradia, bens imóveis ou heranças. Você estará apto a administrar de forma eficaz esses interesses, mesmo que haja divergências.

De 21 a 30 de setembro: As solicitações familiares continuam intensas; talvez seja aconselhável providenciar orientação jurídica. Pessoas mais velhas e experientes poderão dar uma contribuição efetiva para encaminhar o que for preciso.

De 1º a 10 de outubro: O período atual é marcado por uma quadratura entre Saturno e Urano em signos fixos. Vai ser bem difícil acelerar o ritmo dos acontecimentos; velhas estruturas ainda impedem a renovação que você gostaria de ver acontecer. Tenha paciência!

De 11 a 20 de outubro: Sol e Marte fazem um ângulo positivo no céu. Agora está mais fácil planejar e realizar de forma pragmática suas metas, especialmente aquelas de longo prazo. Experiências feitas no passado lhe darão sabedoria e segurança para seguir em frente.

De 21 a 31 de outubro: Como ninguém é de ferro, aproveite a conjunção entre Sol e Vênus no céu para curtir mais a vida amorosa e os encantos de Cupido. Invista seu tempo em passeios românticos, apreciando coisas belas em eventos artísticos, ouvindo boa música.

De 1º a 10 de novembro: O planeta Urano está tensionado neste momento. Isso pode indicar alterações de planos, imprevistos cotidianos, em que a rotina precisa ser redefinida. Permita-se seguir o fluxo dos eventos, adaptar-se e tirar proveito do que está ao seu alcance.

De 11 a 20 de novembro: A maré de incertezas já passou e dá espaço para mares mais tranquilos e previsíveis. Você vê com mais clareza o que está na sua frente, e assim pode tomar decisões mais acertadas. Ótimo ciclo para cuidar da sua saúde e alimentação.

De 21 a 30 de novembro: O reconhecimento profissional que estava esperando pode chegar por esses dias. Valorize, sem falsa modéstia, suas qualidades e conquistas. Se for o caso, busque aperfeiçoar seus conhecimentos com cursos de idiomas ou mesmo saber mais sobre recursos tecnológicos e mídias digitais.

De 1º a 10 de dezembro: As oposições planetárias podem reverberar em suas relações em geral. Fique mais atento para não correr o risco de suas palavras ou gestos desencadearem ressentimentos ou mágoas. Você pode dizer uma coisa e seu interlocutor acabar entendendo outra!

De 11 a 20 de dezembro: O Sol em Sagitário faz sextil com Saturno em Aquário; bom momento para planejar seus passos no curto prazo. Quem sabe acertar os detalhes para uma viagem no final de ano? Nada como conhecer lugares novos, pessoas de outras culturas, respirar novos ares.

De 21 a 31 de dezembro: Vênus e Mercúrio estão em sextil com Netuno e promovem uma atmosfera de paz emocional, do prazer em estar com aqueles que realmente querem o seu bem, faça chuva ou faça sol. Compartilhar afeto permite estar em comunhão com dimensões mais sutis da vida!

CÂNCER 21 de junho – 21 de julho

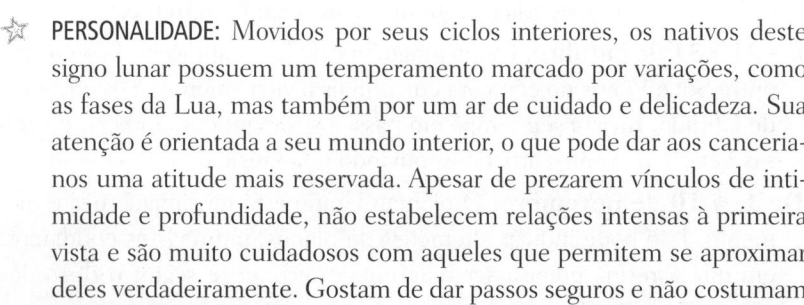

EU SINTO
ELEMENTO: Água
PEDRAS DE PROTEÇÃO: Pedra da lua e selenita
PLANETA REGENTE: Lua
QUALIDADE: Cardinal

PERSONALIDADE: Movidos por seus ciclos interiores, os nativos deste signo lunar possuem um temperamento marcado por variações, como as fases da Lua, mas também por um ar de cuidado e delicadeza. Sua atenção é orientada a seu mundo interior, o que pode dar aos cancerianos uma atitude mais reservada. Apesar de prezarem vínculos de intimidade e profundidade, não estabelecem relações intensas à primeira vista e são muito cuidadosos com aqueles que permitem se aproximar deles verdadeiramente. Gostam de dar passos seguros e não costumam se deixar levar pela impulsividade, apesar de às vezes agirem com ingenuidade. Sensíveis e empáticos, os cancerianos são muito intuitivos e conseguem perceber as outras pessoas à sua volta com facilidade. Devem tomar cuidado com a nostalgia ou o pessimismo.

☆ **TRABALHO:** Na vida profissional, os cancerianos têm uma atitude obstinada e costumam se dedicar muito ao trabalho. Gostam de estabelecer o próprio espaço e se sentem motivados quando percebem que suas funções são úteis a outras pessoas. Os desafios lhes são atraentes, mas devem acontecer dentro de um ambiente de segurança, respeito e certa autonomia. São prestativos, lidam bem com a rotina profissional e desempenham suas atividades de maneira organizada.

☆ **AMOR:** Cancerianos são conhecidos por serem grandes românticos. Idealistas, gostam de compromisso e valorizam as relações estáveis e sólidas, que lhes ofereçam parceria, comunicação e segurança. Como um signo que valoriza muito o lar e a família, dão valor a relacionamentos duradouros e se sentem nutridos pelo ambiente de intimidade na vida afetiva. Têm necessidade de se sentirem compreendidos no amor; não apreciam a frieza ou o distanciamento. A parceria e o companheirismo são valores fundamentais para sua vida amorosa.

☆ **SAÚDE:** Possuem uma preocupação natural com a própria saúde e os cuidados pessoais. Suas oscilações de temperamento e humor podem ser somatizadas, criando mal-estar. Devem tomar cuidado com as emoções para manter a boa saúde. As áreas do corpo mais afetadas são o peito e o sistema digestivo. Podem enfrentar transtornos associados à vida emocional.

Previsões para 2022

De 1º a 10 de janeiro: O ano começa de forma auspiciosa, com Sol e Vênus juntos no setor de parcerias. Bom momento para fazer planos de longo prazo e sonhar com novos projetos, que podem incluir viagens longas. Fique atento: poderá receber uma flechada do Cupido em seu coração!

De 11 a 20 de janeiro: Este ciclo pode estar marcado por excessos ou falta de limites, sejam na área financeira ou com alimentação. Reveja seus hábitos alimentares, pois o excesso de carboidrato vai prejudicar seu bem-estar. Aproveite o calor para iniciar uma dieta menos calórica.

De 21 a 31 de janeiro: Nestes dias, com *stellium* em Capricórnio, suas relações e seus contatos ganharão um novo impulso. A orientação de pessoas mais experientes será relevante para que tudo tenha continuidade e êxito material; vá em frente.

De 1º a 10 de fevereiro: Este ciclo ainda é significativo para os planos de trabalho. Você estará mais realista e pragmático do que nunca. A perseverança pode e deve ser treinada; avance, ainda que haja algum empecilho. Se puder, invista em conhecimentos de tecnologia.

De 11 a 20 de fevereiro: A lua cheia está em Leão. Júpiter e Urano fazem um sextil e sugerem mais originalidade e presença de espírito para captar seus projetos para um futuro próximo. Essa intuição pode atrair pessoas que desejam colaborar, sejam sócios ou amigos.

De 21 a 28 de fevereiro: Vênus e Marte fazem bons aspectos com Netuno, indicando um período em que assuntos de natureza mística ou filosófica chamarão sua atenção. Práticas meditativas, yoga e um retiro espiritual podem ter um efeito de paz e segurança que só lhe fará bem.

De 1º a 10 de março: Os temas espirituais ainda estão em alta com a presença de Sol e Júpiter no signo de Peixes. Conhecimentos dos mestres abrirão sua visão e compreensão do mundo de forma especial. Tudo isso terá uma influência positiva sobre suas atitudes e posturas em relação à vida.

De 11 a 20 de março: Sua vida sentimental passa por uma fase de altos e baixos, em que uma atmosfera de desconfiança pode permear suas ações. O melhor mesmo será um diálogo honesto e aberto, em que as cartas são postas na mesa. Deixe para trás o orgulho ferido.

De 21 a 31 de março: A irritabilidade ou a impaciência do início deste período terão de ceder em nome de seu bem-estar emocional. Para que esticar tanto a corda? Você terá uma boa chance de amadurecer seu relacionamento se quiser a continuidade dele.

De 1º a 10 de abril: Aspectos planetários apontam duas direções antagônicas. De um lado, Sol e Mercúrio em Áries deixam sua mente mais acelerada para novas realizações. De outro, Marte e Saturno tornam mais lento o ritmo de tudo, demandando mais paciência em relação a tudo e todos.

De 11 a 20 de abril: A conjunção de Mercúrio e Urano agora "destrava" o freio de mão do ciclo anterior, dinamizando sua rotina, que passará a envolver mais compromissos, reuniões e sua interação nas redes sociais. O lazer também ocupa um espaço interessante, abrindo portas para novas amizades.

De 21 a 30 de abril: Nestes dias, Mercúrio faz diversos aspectos no céu. Excelente para aprofundar assuntos de seu interesse, trocar informações que ampliem sua produtividade profissional ou intelectual. Vênus e Júpiter trazem a promessa de harmonia na vida a dois.

De 1º a 10 de maio: Sol e Marte em ângulo harmônico indicam energia de materialização para seus sonhos, além de assertividade para fazer escolhas acertadas e capacidade de liderar os colegas. Excelente período para planejar uma viagem de longa distância.

De 11 a 20 de maio: Júpiter entra no signo de Áries, o que ratifica a energia de comando e garra da fase anterior. Irradiando entusiasmo e confiança, você acabará atraindo oportunidades para se desenvolver cada vez mais. Fique atento a novos talentos que você possui, mas ainda desconhece.

De 21 a 31 de maio: Continue firme em seus ideais de trabalho e assuma com fé as rédeas de sua carreira. O reconhecimento ou a promoção que esperava está a caminho. A providência divina existe para quem nela acredita.

De 1º a 10 de junho: A Lua está em fase crescente no signo de Virgem, fazendo bons ângulos com Urano e Vênus. Vemos a ativação da casa dos amigos e dos planos para o futuro. Ótimo também para dar mais atenção à vida doméstica, deixar a casa mais bonita e aconchegante.

De 11 a 20 de junho: Mercúrio e Plutão em harmonia mostram mais capacidade para falar em público e divulgar suas ideias interessantes no ambiente de trabalho. Vênus e Urano juntos liberam sua criatividade de forma natural e espontânea.

De 21 a 30 de junho: Você está em um momento em que pode se destacar por ser perseverante e dedicado em tudo o que faz. Sol em quadratura com Júpiter no céu exige cautela em julgamentos e opiniões; evite tomar partido ou defender alguém nesta fase.

De 1º a 10 de julho: A vida sempre tem algo a nos ensinar. Nestes dias, Mercúrio recebe bons aspectos de Netuno e Júpiter e, assim, você terá a oportunidade de aprender a se comunicar com mais clareza para não ser mal interpretado, mesmo que tenha boas intenções.

De 11 a 20 de julho: Sua sensibilidade psíquica e emocional está mais acentuada; você poderá perceber coisas que ninguém mais vê. Isso pode trazer vantagens, pois vai lhe permitir pensar e tirar conclusões por conta própria. Assuntos místicos ou esotéricos são inspiradores para estes dias.

De 21 a 31 de julho: Sol e Plutão em ângulo tenso ativam sua quinta casa. Tente não se deixar levar pela negatividade e desconfiança no amor, pois esses elementos são um veneno para qualquer tipo de relação. Arrume coragem para uma conversa direta, pronto para o que der e vier, mas com dignidade!

De 1º a 10 de agosto: Este é um ciclo importante deste ano, em que Júpiter ocupa sua casa do trabalho. Você agora se destaca por um desempenho mais generoso e confiante, estimulando todos a darem o seu melhor. Bom também para ganhos extras.

De 11 a 20 de agosto: Faça um esforço maior a fim de manter o andamento das responsabilidades em um ritmo positivo. Há certa tendência para sobrecargas ou atrasos, que podem causar frustração. Confie que terá força suficiente para superar tudo isso.

De 21 a 31 de agosto: Agora é o momento de reunir forças para achar soluções no âmbito doméstico e familiar. Pessoas de mais idade necessitam de sua atenção e carinho, e você vai precisar se desdobrar para cuidar de si e dos outros.

De 1º a 10 de setembro: Você está administrando muito bem suas tarefas e, ao saber priorizá-las, terá mais tempo para tudo. Algumas soluções virão também pela mão de amigos, que não hesitarão em ajudá-lo se você precisar e pedir, é claro.

De 11 a 20 de setembro: Sol e Vênus fazem trígono com Urano, que ocupa a casa dos amigos e do vir a ser. Planejar algo para o amanhã é uma boa maneira de ser resiliente e confiar na vida. Você vai ter muita coisa para compartilhar com novos amigos.

De 21 a 30 de setembro: Mercúrio e Plutão dialogam no céu, criando um clima propício para a comunicação e a fluência nas ideias. É hora de confiar mais em sua capacidade de fazer boas escolhas e, sobretudo, sem precisar da aprovação de todos.

De 1º a 10 de outubro: Há no céu uma quadratura entre Saturno e Urano. É bom ficar consciente de que o ritmo da vida pode se desacelerar em relação ao que imaginava. Aproveite para finalizar algumas pendências enquanto os eventos externos não fluem tão bem.

De 11 a 20 de outubro: Netuno e Marte estão em desarmonia nos signos de Peixes e Gêmeos, respectivamente. Você pode se sentir envolto por uma espécie de "neblina", que impedirá a visão das coisas. Por isso mesmo, é aconselhável não tomar decisões importantes.

De 21 a 31 de outubro: O Sol faz conjunção com Vênus em Libra, signo que representa o equilíbrio e a justiça. Agora as circunstâncias externas o ajudarão a fazer escolhas acertadas. Os assuntos familiares vão se encaixando de forma natural, graças à boa vontade de todos.

De 1º a 10 de novembro: Mercúrio e Sol estarão juntos em Escorpião no período do eclipse lunar deste mês. Suas ideias e convicções podem ser transformadas pela consciência maior de quem você é. As revelações da lua cheia podem se tornar bênçãos para quem busca o autoconhecimento.

De 11 a 20 de novembro: Você pode e deve continuar firme em sua busca espiritual, que lhe mostrará o significado de experiências já vividas. Há uma sensação de estar preenchido por revelações que falam ao fundo da alma.

De 21 a 30 de novembro: O trígono entre Sol e Júpiter lhe oferece uma visão mais otimista do mundo, e, vale lembrar, isso também pode ser treinado em seu cotidiano. Desta feita, você ficará mais ágil para enfrentar os desafios, mas sem se tornar refém deles.

De 1º a 10 de dezembro: Neste ciclo, o planeta Marte está pressionado no signo de Gêmeos. Talvez aspectos contraditórios seus venham à tona para que possa olhar para eles – e, sobretudo, para não projetá-los nos outros, o que é sinal de inteligência emocional.

De 11 a 20 de dezembro: As preocupações diárias muitas vezes nem se concretizam, mas acabam tirando horas preciosas do seu sono. A sabedoria geralmente consiste em conhecer certas estratégias, tais como: saber recuar, esvaziar a mente e simplesmente relaxar.

De 21 a 31 de dezembro: Não abra mão daquilo que lhe dá prazer; aproveite para curtir bastante os seus dias de descanso com pessoas queridas. Vênus em sextil com Netuno favorece bastante o contato com o elemento Água na natureza; se possível, esteja perto do mar, de rios ou de cachoeiras.

LEÃO 22 de julho – 22 de agosto

EU GOVERNO
PLANETA REGENTE: Sol
ELEMENTO: Fogo
QUALIDADE: Fixo
PEDRAS DE PROTEÇÃO: Olho de tigre e citrino

☆ **PERSONALIDADE:** Cheios de vida, brilho e entusiasmo, os leoninos, possuem uma personalidade expansiva digna de um rei. Vivem de maneira intensa e cheia de entusiasmo, com um magnetismo pessoal que aquece e atrai as pessoas ao redor. São apaixonados pela vida e possuem um carisma natural e um otimismo contagiante. A honra é um valor fundamental para os nativos deste signo, e eles viverão de acordo com o próprio código de conduta. Com uma personalidade naturalmente artística e cativante, são extremamente leais e prezam todas as pessoas que estão à sua volta. Devem tomar cuidado com o egocentrismo, que pode se manifestar como tirania ou narcisismo, mas também com o excesso de generosidade, outro de seus pontos fracos, o que os faz às vezes agir com ingenuidade.

☆ **TRABALHO:** Altamente competitivos, os leoninos gostam de se destacar no campo profissional e dar o melhor de si. Sua produtividade está diretamente relacionada ao seu grau de motivação, e compreendem o ambiente de trabalho como um território a ser explorado e conquistado. Líderes natos, têm a capacidade de inspirar e motivar outras pessoas. Como a expressividade é um de seus traços fundamentais, todas as profissões que lhes permitam mostrar a própria autenticidade, fazendo as coisas à sua maneira, lhes serão apropriadas.

☆ **AMOR:** O charme é um de seus traços fortes, e os leoninos são naturalmente conquistadores e sedutores. Extremamente leais, têm na confiança um dos pilares mais importantes para um bom relacionamento. Sentem-se naturalmente atraídos por pessoas que lhes transmitam confiança. Cobranças, excessos de qualquer tipo ou alguma atitude que demonstre que eles não podem confiar em determinada pessoa os farão bater rapidamente em retirada.

☆ **SAÚDE:** Cheios de energia e vigor, leoninos tendem a demorar para perceber que sua saúde está debilitada, embora possuam uma capacidade grande de regeneração. O coração é o órgão do corpo que merece mais atenção, além da espinha dorsal e do metabolismo de modo geral. Devem tomar cuidado com a tendência ao esgotamento, pois os leoninos tendem a acreditar que sua reserva de energia é interminável.

Previsões para 2022

De 1º a 10 de janeiro: O ano se inicia de forma auspiciosa, com Sol e Urano em trígono em Capricórnio e Touro, respectivamente. Esse ângulo atua intensamente no setor profissional, impulsionando sua criatividade, que agora se alia ao pragmatismo; vá em frente!

De 11 a 20 de janeiro: Período em que tudo está mais intenso e acelerado. No entanto, o momento exigirá mais cautela com palavras ditas de modo intempestivo, podendo gerar rupturas desgastantes. Modere o tom, evitando o excesso de ironia e o criticismo em relação a si mesmo e aos outros.

De 21 a 31 de janeiro: Marte entra no signo de Capricórnio, reforçando o *stellium* que está na casa do trabalho. Sua obstinação por realizar tudo com perfeição impressionará a todos. Excelente para projetos de longo prazo que demandem resiliência.

De 1º a 10 de fevereiro: Você continua confiante e entusiasmado. O sextil entre Marte e Júpiter confere-lhe capacidade de planejamento, o que facilitará decisões que sejam benéficas para todos. Saturno e Sol em Aquário ratificam os projetos de caráter social e humanitário.

De 11 a 20 de fevereiro: Neste ciclo, você poderá assumir responsabilidades maiores, pois estará mais seguro de sua capacidade no trabalho. Júpiter faz sextil exato com Urano, mostrando um momento de mais criatividade e inspiração para as mudanças que são necessárias.

De 21 a 28 de fevereiro: Suas propostas para ações que envolvam sustentabilidade vão agradar a todos que estão motivados a pensar nas mesmas diretrizes. Vênus e Netuno trarão entendimento e cumplicidade para a vida a dois; aproveite o momento romântico.

De 1º a 10 de março: Não há como negar que esta é a hora de atrair e conquistar a pessoa certa para sua vida. Desta feita, coloque a timidez ou o orgulho de lado e vá à luta pelos seus desejos. Sol e Júpiter em Peixes indicam um momento de interesse na vida espiritual e no autoconhecimento.

De 11 a 20 de março: Os apelos relativos à vida interior, mística ou devocional ainda estão presentes nestes dias. Aproveite para ler mais, aprender com aqueles que já abriram caminhos nessa direção. A lua cheia em Virgem acentua o pragmatismo para suas ações humanitárias.

De 21 a 31 de março: Marte e Urano geralmente sinalizam situações de pressa e ansiedade para decidir tudo de forma rápida. O importante é haver discernimento para perceber se essa urgência é real ou subjetiva. Converse mais com os interlocutores mais próximos.

De 1º a 10 de abril: Tudo leva a crer que suas motivações de ordem espiritual ou filosófica vão trazer alegria e realizações relevantes. Podem trazer, sobretudo, um sentido para tudo o que vem fazendo e almejando, seja em relação a amigos ou familiares.

De 11 a 20 de abril: Este é um ciclo bem favorável para expandir seus conhecimentos na área do trabalho. Vale tudo: viagens, seminários, palestras, boas leituras e trocas de informações. Você vai atrair pessoas que estão afinadas com suas metas. Excelente também para viagens rápidas.

De 21 a 30 de abril: Sua capacidade de oratória e presença de espírito despertarão o interesse de pessoas que desejam conhecê-lo melhor. Aproveite para otimizar seu *networking*. Júpiter e Vênus juntos sugerem romantismo ou uma visita animada de Cupido.

De 1º a 10 de maio: Aspectos expressivos de Urano e Marte mostram um ciclo de mais coragem, audácia e liderança para inovar o que achar necessário. Parcerias podem ter bons resultados em função de sua energia para avançar em direção a novos horizontes!

De 11 a 20 de maio: Júpiter entra no signo de Áries, mudando a "frequência" astral para um momento de mais iniciativa e necessidade de vencer novos desafios. Você pode se surpreender com sua garra e a descoberta de talentos ainda desconhecidos para continuar sua caminhada.

De 21 a 31 de maio: Mercúrio e Sol fazem uma conjunção em Gêmeos nestes dias; sua mente está ágil, curiosa e ao mesmo tempo dispersiva. Aproveite para sair, ver amigos, trocar ideias ou vender seu trabalho nas redes sociais. Período positivo para negócios imobiliários.

De 1º a 10 de junho: Não se impressione caso haja uma diminuição de ritmo dos acontecimentos. Saturno em quadratura com Mercúrio torna este ciclo adequado para rever ou dar forma mais definida aos projetos iniciados no mês passado. Não desanime!

De 11 a 20 de junho: Agora o momento já está mais propício para estudar, encaminhar e estruturar seus planos. Suas ideias terão o poder de influenciar colegas ou amigos. Seja como for, tenha cuidado com desinformação e intrigas; esclareça rapidamente qualquer notícia confusa.

De 21 a 30 de junho: Sol e Júpiter em desarmonia podem trazer um descompasso para sua vida amorosa. Faça valer seus desejos e mostre seus sentimentos de forma honesta. O orgulho não vai ajudar, mas sim a transparência e as intenções do seu coração.

De 1º a 10 de julho: Marte no signo de Touro supõe mais energia para o trabalho, produtividade, vontade de construir com mais organização e planejamento e sem muita correria. Notícias difíceis podem deixá-lo desmotivado, mas esse estado de espírito vai passar rápido.

De 11 a 20 de julho: O planeta Mercúrio está em ritmo acelerado no céu. É bom lembrar que todas as teorias do mundo são inúteis, a não ser que seja possível aplicá-las tanto para realizar quanto mudar alguma coisa. Sendo assim, vá em frente com determinação.

De 21 a 31 de julho: A fase de lua minguante e a entrada de Vênus no signo de Câncer tornam este ciclo benéfico para lidar melhor com seus sentimentos e sua vida doméstica. Evite discussões e bater de frente com quem pensa diferente de você, pois será só mais um desgaste.

De 1º a 10 de agosto: O mês tem início com um trígono entre Sol em seu signo solar, Leão, e Júpiter em Áries. Os esforços do passado trazem os frutos do reconhecimento que você esperava; sua autoestima está em alta. Celebre e comemore as vitórias e as novas oportunidades que vão chegar.

De 11 a 20 de agosto: Poderão surgir obstáculos para a conclusão de seus empreendimentos ou estudos. Assim, esta é a hora de exercitar sua resiliência, ser flexível e reformular o que considerar necessário. Na vida amorosa, tudo corre em clima de confiança.

De 21 a 31 de agosto: Sol e Marte estão em signos fixos e em ângulo de tensão no céu. Isso se reflete em atitudes de impaciência ou arrogância que não constroem nada de útil. Evite rupturas, lembrando que nem sempre todos vão concordar com suas opiniões.

De 1º a 10 de setembro: Marte em bom aspecto com Mercúrio vai facilitar a sua comunicação, flexibilidade e jogo de cintura no cotidiano. A Lua em Capricórnio facilitará muito o pragmatismo, a lógica e o sentido de responsabilidade para a obtenção de bons resultados no trabalho.

De 11 a 20 de setembro: Mercúrio em movimento retrógrado indica a necessidade de dar mais atenção a seus compromissos, horários, documentos e acordos feitos verbalmente. Momento positivo para realizar exames e consultas que foram adiados.

De 21 a 30 de setembro: Esta fase não é favorável para fazer dívidas ou investimentos de ordem financeira. Não confie em sua intuição ou em conselhos que pareçam arriscados. Por outro lado, aproveite o contato com pessoas mais velhas, que será muito prazeroso.

De 1º a 10 de outubro: Saturno e Urano estão em quadratura no céu, mostrando que as mudanças planejadas não acontecerão no ritmo que você esperava. Elas exigirão esforço e resiliência de sua parte, e também inteligência emocional. Projete seus planos para um futuro próximo.

De 11 a 20 de outubro: Momento excelente para aprofundar suas relações sociais, trocar afeto, compartilhar projetos ou estabelecer parcerias produtivas. As experiências do passado são a segurança para agir com mais convicção e maturidade no presente.

De 21 a 31 de outubro: Agora suas emoções falam mais alto que a razão, e as chances de se encantar com alguém podem aumentar. Não use as velhas desculpas de sempre ou fique relembrando o que foi difícil no passado; atente-se no aqui e agora.

De 1º a 10 de novembro: Nestes dias, pode surgir tensão em seu relacionamento amoroso. Assuntos não falados ou resolvidos do passado podem contaminar a confiança recíproca. Ressentimentos são como veneno: elimine-os com uma conversa franca, pelo bem de todos.

De 11 a 20 de novembro: Os aspectos de Vênus nestes dias são harmônicos, sugerindo a superação de conflitos. Tudo sempre pode ser visto de um ângulo diferente quando há boa vontade para se preservar laços afetivos em geral; tudo é oportunidade de crescimento.

De 21 a 30 de novembro: Júpiter em movimento direto faz trígono com o Sol em Escorpião, ativando sua Casa IV. Momento auspicioso para oportunidades de venda e compra de imóveis ou tratar de assuntos patrimoniais com orientação jurídica; aproveite bem.

De 1º a 10 de dezembro: Você pode estar mais sensível ou exaltado em suas emoções, fato esse que não o ajudará a direcionar seus passos e suas decisões de curto prazo. As divergências de visão de mundo podem gerar conflitos tanto na esfera pessoal quanto na profissional.

De 11 a 20 de dezembro: Urano está favorecido por Mercúrio e Lua nestes dias, trazendo uma energia de renovação e criatividade. Não hesite em comunicar suas ideias ou planos; otimize mais as redes sociais a fim de assimilar informações relevantes para seu trabalho.

De 21 a 31 de dezembro: Fase em que o convívio familiar e social estará positivamente estimulado. Novos amigos surgirão, trazendo um dinamismo especial para o seu dia a dia. Usufrua também de eventos artísticos e culturais, celebrando o fim de ano que vem aí!

VIRGEM 23 de agosto – 22 de setembro

EU ORGANIZO
ELEMENTO: Terra
PLANETA REGENTE: Mercúrio
QUALIDADE: Mutável
PEDRAS DE PROTEÇÃO: Amazonita e malaquita

☆ **PERSONALIDADE:** Conhecidos pela necessidade de sistematizar suas atividades e tarefas, os virginianos gostam muito de uma rotina estabelecida em que se sintam produtivos, úteis e integrados às outras pessoas. São ótimos planejadores e executores, e desenvolvem suas habilidades muito mais por meio da prática que da teoria. Possuem boas habilidades de comunicação e buscam sempre o aprimoramento dos próprios resultados. Sempre solícitos, são capazes de encontrar respostas e soluções objetivas para os mais complexos problemas, sentindo-se realizados sempre que podem ajudar com sua prestatividade. Amantes da estabilidade, não apreciam surpresas nem mudanças constantes. Planejadores por natureza, não costumam agir de maneira impulsiva e tentam prever todas as possibilidades antes de tomar uma decisão, o que pode acabar se transformando em uma atitude pessimista e catastrófica, com a qual precisam tomar cuidado.

☆ **TRABALHO:** Virginianos são apaixonados pelo trabalho, e gostam de realizá-lo com autonomia e disciplina, buscando sempre elevar o próprio padrão e manifestar o seu melhor. São ambiciosos e desejam sempre crescer. Trabalham bem com o sistema de hierarquias, desde que sejam capazes de sentir admiração e respeito pelos superiores, mas também prezam a sistematização de suas atividades à própria maneira.

☆ **AMOR:** Com sua mente que enxerga tudo a longo prazo, os virginianos não costumam se envolver romanticamente com pessoas que não lhe parecem oferecer uma experiência duradoura – para eles, isso seria perda de tempo. Buscam estabelecer parcerias sinceras e expressam seu amor muito mais por atos práticos de cuidado e preocupação com o parceiro do que com excesso de carinho. Exigentes e criteriosos, escolhem com cuidado antes de se envolverem com alguém. A confiança e o respeito, para estes nativos, são valores essenciais.

SAÚDE: Virginianos costumam se preocupar naturalmente com seu bem-estar, e às vezes podem apresentar comportamentos exagerados em relação à própria saúde. Valorizam muito a higiene e os cuidados pessoais, mantendo hábitos saudáveis dentro de sua própria realidade. Devem tomar cuidado com a região do abdômen e dos intestinos, bem como com problemas decorrentes da própria ansiedade.

Previsões para 2022

De 1º a 10 de janeiro: Nestes dias, você terá a mente e os olhos voltados para o futuro, estando mais inspirado para levar adiante seus projetos e metas. Vênus e Sol em Capricórnio se manifestam e apontam para um clima de romance mais maduro, no qual se busca mais segurança e estabilidade.

De 11 a 20 de janeiro: Fique mais atento a suas mudanças de humor repentinas e estados mentais confusos. Evite tomar partido de pessoas ou se envolver em assuntos que não lhe dizem respeito. A lua cheia em Câncer pede mais parcimônia com as palavras.

De 21 a 31 de janeiro: O Sol está na sua casa de saúde e trabalho, podendo gerar ansiedade e tensão em seu corpo. Procure relaxar, manter-se centrado e tirar o foco dos problemas. Respire fundo; permita que as coisas se resolvam no tempo delas.

De 1º a 10 de fevereiro: A sobrecarga de responsabilidades já foi assimilada e você está mais seguro de suas capacidades. Marte faz dois aspectos positivos com Júpiter e Urano, gerando mais dinamismo, ousadia e confiança para seguir adiante, e com a cabeça erguida!

De 11 a 20 de fevereiro: No céu planetário, temos um sextil entre Urano e Júpiter, representando intuição, originalidade e fé no amanhã. Momento ótimo para parcerias e associações com pessoas mais livres e criativas. Os contatos com o estrangeiro também se mostrarão promissores para seu trabalho.

De 21 a 28 de fevereiro: Marte e Vênus em Capricórnio, juntos no céu, sinalizam envolvimentos amorosos mais profundos, em que há confiança recíproca. Netuno em bom ângulo favorece diagnósticos acertados e tratamentos ou dietas de desintoxicação.

De 1º a 10 de março: Urano recebe bons aspectos do Sol, enquanto Vênus e Marte entram em Aquário, signo que é regido por Urano. Essa frequência aquariana é excelente e promissora para experiências de mais liberdade, com ideias, propostas e atividades voltadas para a coletividade.

De 11 a 20 de março: Nestes dias, a Lua está nas fases crescente e cheia, e fará aspectos com vários planetas. É bem provável que você esteja mais sensível e emotivo, então as críticas o deixarão contrariado. Faça um exercício de pacificação dos sentimentos e não guarde mágoas.

De 21 a 31 de março: Você terá mais disposição para lutar por aquilo que considera bom e justo. No entanto, não queira impor seus valores de forma assertiva ou autoritária aos demais. É preciso saber ouvir, dialogar e, sobretudo, se colocar no lugar do outro.

De 1º a 10 de abril: O ciclo da lua nova engloba a conjunção de Sol e Mercúrio em Áries. Fase propícia para inícios, para movimentar a vida com ações corajosas e determinadas. Mercúrio é a comunicação, e é preciso lembrar que a palavra edifica e constrói; fale sempre com clareza.

De 11 a 20 de abril: Vênus em Peixes eleva a qualidade do amor nas relações em geral. Agora recebe aspectos positivos de Mercúrio e Urano, facilitando assim o entendimento e as parcerias originais. Júpiter está ao lado de Netuno; desfrute de boa música e de eventos artísticos que alimentam a alma.

De 21 a 30 de abril: Mercúrio atravessa a casa do aprendizado e da busca pela elevação espiritual, com bons aspectos com Netuno e Plutão. Os assuntos místicos e as artes mânticas, como tarô e cabala, poderão ser reveladores. Vênus em conjunção com Júpiter avisa: abra seu coração para o amor!

De 1º a 10 de maio: Neste momento, o Sol junto a Urano pode ampliar bastante sua consciência e sua visão de mundo. Isso significa chances palpáveis de se engajar e realizar ações voltadas para a coletividade. A busca pela vida espiritual continua intensa.

De 11 a 20 de maio: O momento é de produtividade na área profissional. Mostre seus talentos; nada de falsa modéstia. Você terá capacidade de interferir em questões relevantes e fazer as mudanças necessárias no ambiente de trabalho.

De 21 a 31 de maio: Ciclo relevante para mostrar seus conhecimentos, fazer relatórios, pesquisas, palestras, vídeos, enfim, dar o seu recado. Prepare-se bem e dê o seu melhor, pois o reconhecimento é certo, assim como outras oportunidades para crescer.

De 1º a 10 de junho: Talvez seja preciso reduzir o ritmo das atividades, pois o corpo está cansado ou estressado. Divida ou delegue responsabilidades; você não precisa provar que é capaz ou mais inteligente que os outros.

De 11 a 20 de junho: Mercúrio está em seu próprio signo, Gêmeos, evidenciando mais uma vez seu desenvolvimento intelectual. Aproveite para estudar idiomas, viajar, conhecer outras culturas e lugares interessantes. A lua cheia em Sagitário confirma essas tendências positivas.

De 21 a 30 de junho: Podemos dizer que a sorte ou a divina providência está a seu lado. Momento auspicioso para planejar com determinação e otimismo os próximos passos. Excelente também para a vida doméstica e o aconchego familiar.

De 1º a 10 de julho: O setor profissional segue agitado; Mercúrio se movimenta com rapidez nestes dias. Assim, pode haver altos e baixos em função do excesso de informações que não estão sendo passadas corretamente. Procure dar mais atenção aos familiares.

De 11 a 20 de julho: O conhecimento e os recursos tecnológicos devem alavancar oportunidades significativas em seu trabalho ou estudos. Sua mente está receptiva a novidades. Bom ciclo para tratamentos de saúde, massagens, descanso e lazer para restaurar sua energia vital.

De 21 a 31 de julho: O período pede cautela para gastos excessivos e sem necessidade. Os prazeres do agora podem se tornar dores de cabeça em um futuro próximo. No fim deste ciclo haverá a lua cheia em Leão, momento sugestivo para uma introspecção proveitosa e criativa.

De 1º a 10 de agosto: Vênus faz aspectos importantes com Urano, Netuno e Plutão no céu. Isso pode significar um período de movimentação na vida social, amorosa e artística. Oportuno também para se divertir com pessoas que você quer bem. No amor, evite ciúme excessivo e desconfiança.

De 11 a 20 de agosto: O excesso de demandas pode deixá-lo estressado ou mesmo desanimado, com a sensação de que não vai dar conta de tudo. Tire ao menos um dia para descansar e esvaziar a mente de preocupações. Marte e Plutão em harmonia favorecerão esse processo.

De 21 a 31 de agosto: Nestes dias, podem surgir a irritabilidade e a impaciência típicas de aspectos difíceis entre Sol e Marte. Todo confronto verbal tem suas consequências, que depois são difíceis de consertar. Seja um estrategista: tente soluções de modo mais tangencial.

De 1º a 10 de setembro: Mais presença de espírito e vivacidade marcam este ciclo, que mostra um trígono entre Mercúrio e Marte no céu. Haverá mais chances de realizar seus projetos com êxito e alegria. A Lua em Aquário confirma essa movimentação planetária, que facilita as interações sociais e intelectuais.

De 11 a 20 de setembro: A lua cheia em Peixes e Urano fazendo trígono com o Sol serão a tônica destes dias em que tudo é vibrante e intenso. Agora é possível atuar com razão e sensibilidade ao mesmo tempo, uma vez que ambos se complementam harmoniosamente. A vida a dois promete surpresas!

De 21 a 30 de setembro: Não se deixe levar por sugestões mirabolantes ou mágicas, e fuja de investimentos financeiros arriscados. Júpiter e Sol podem representar contrariedades e atitudes intransigentes. Deixe a raiva passar antes de criar polêmicas inúteis.

De 1º a 10 de outubro: Urano e Saturno encontram-se em ângulo difícil em signos fixos. Há um impulso renovador que pode bater de frente com uma força de resistência a novidades. Paciência é a pedida do momento, que exige sabedoria e resiliência.

De 11 a 20 de outubro: Esteja preparado para dias em que haverá confusão ou desinformação em seu trabalho. Intrigas e mal-entendidos vêm e vão; o melhor é ficar neutro e esperar a poeira baixar. Marte em Gêmeos indica mais assertividade e discernimento para tocar a vida.

De 21 a 31 de outubro: Sol ao lado de Vênus é um sinal planetário de harmonia e intensidade na vida amorosa; um novo romance deve entrar em seu horizonte. Esteja disponível, sempre lembrando que príncipes e princesas só existem na sua imaginação.

De 1º a 10 de novembro: Todo cuidado é pouco caso precise comprar ou vender algo relevante; a pressa geralmente não é uma boa conselheira. Tensões nos relacionamentos exigirão diplomacia de sua parte – o que parece óbvio é que alguém terá de ceder.

De 11 a 20 de novembro: As instabilidades da fase anterior já estão passando e as pedras do xadrez da vida vão se encaixando, o que promove boas soluções para todos. Coloque suas ideias em prática e se surpreenderá com o alcance delas.

De 21 a 30 de novembro: Parcerias informais ou momentâneas podem trazer bons dividendos nestes dias; a sorte está do seu lado. Dê continuidade ao que já iniciou; as experiências realizadas anteriormente lhe garantirão êxito no presente.

De 1º a 10 de dezembro: É possível que haja dificuldades para conciliar os interesses de trabalho com as demandas domésticas e familiares. Às vezes não existem soluções mágicas, mas o bom senso e a boa vontade de todos geralmente dão ótimos resultados.

De 11 a 20 de dezembro: O fim do ano está chegando; é uma boa hora para planejar algo prazeroso com amigos ou a família. Mercúrio e Urano em harmonia ativam a Casa V, impulsionando interesses artísticos, literários e tudo o que amplie seu repertório intelectual.

De 21 a 31 de dezembro: Mesmo que tenha bons motivos para comemorar coisas boas, é interessante evitar gastos exagerados; demandas imprevistas podem complicar seu orçamento. Netuno recebe bons aspectos de Vênus, o que é excelente para descansar a alma e o corpo em meio à natureza.

LIBRA 23 de setembro – 22 de outubro

EU EQUILIBRO
PLANETA REGENTE: Vênus
ELEMENTO: Ar
QUALIDADE: Cardinal
PEDRAS DE PROTEÇÃO: Quartzo rosa e turmalina melancia

☆ **PERSONALIDADE:** Como filhos de Vênus, a deusa do amor, os nativos do signo de Libra são naturalmente atraídos por tudo o que é belo, harmônico, estético, agradável e artístico. Detentores de uma personalidade conciliadora, são excelentes mediadores; tendem a evitar conflitos e são amantes da paz. Sociáveis, são também bons comunicadores e conseguem cativar todos ao seu redor. Sedutores e românticos, sabem como usar as palavras para encantar e atrair, sendo persuasivos e capazes de convencer os outros a adotarem o próprio ponto de vista, uma vez que eles próprios tenham se decidido por um deles. A dualidade em sua personalidade é marcante, pois são capazes de avaliar os dois lados de todas as situações. Valorizam muito seu círculo social e têm tendência ao otimismo e à alegria.

TRABALHO: Librianos têm um talento natural para trabalhar com outras pessoas e gostam de desenvolver projetos em grupo. Com seu senso estratégico, podem buscar maneiras de sempre crescer profissionalmente. Sua natureza conciliadora faz deles excelentes comunicadores e negociadores, e podem se beneficiar de todas as funções que envolvam a necessidade de estabelecer acordos ou que se valham do poder da palavra. Também podem se sentir atraídos pelo trabalho em áreas associadas à arte, estética, música e tudo o que envolver o belo.

AMOR: Naturalmente românticos, os librianos possuem um ar magnético e sedutor sem que precisem fazer muito esforço para isso. Ao mesmo tempo que gostam do jogo de sedução, os nativos deste signo também se sentem muito confortáveis em relacionamentos duradouros e buscam formar parcerias sólidas e verdadeiras, valorizando a harmonia, o respeito e o companheirismo. Valorizam bastante a beleza e sentem necessidade de estar com pessoas com quem tenham compatibilidade intelectual e possam trocar boas ideias.

SAÚDE: Os nativos de Libra costumam se preocupar com a saúde e o bem-estar, o que os faz manter bons hábitos de autocuidado. As áreas mais afetadas para os nativos deste signo são os rins e o aparelho urinário, o que pede cuidado e atenção para evitar problemas como cólicas, pedras nos rins e infecções.

Previsões para 2022

De 1º a 10 de janeiro: O ano tem início com vários planetas em Capricórnio, assinalando um período em que as prioridades podem estar voltadas para a vida familiar – ou temas mais subjetivos ou psicológicos. Bom momento para resolver assuntos imobiliários.

De 11 a 20 de janeiro: Notícias difíceis que causam sobressalto podem alterar sua rotina. Procure manter-se no eixo e entender o que está acontecendo, sem ficar procurando por culpados. Algumas situações envolvem a sensação de impotência. O tempo vai pacificar suas emoções.

De 21 a 31 de janeiro: Os assuntos familiares ainda estão em pauta, e você estará mais seguro e confiante para traçar novas diretrizes que deverá seguir. Neste momento, é preciso desapegar de alguns valores para não sofrer com as mudanças que surgirem.

De 1º a 10 de fevereiro: Plutão e Mercúrio favorecem estudos na área do misticismo, da psicologia ou do esoterismo. Sua mente agora está mais capaz de estabelecer relações profundas entre os eventos do dia a dia. O reencontro com pessoas do passado pode ter um significado especial.

De 11 a 20 de fevereiro: No céu astral, temos agora um sextil entre Urano em Touro e Júpiter em Peixes. Momento auspicioso para reformular e inovar seu ambiente de trabalho. Reveja seus hábitos, mude seus horários, dê a si mesmo permissão para exercitar sua liberdade e criatividade.

De 21 a 28 de fevereiro: Marte e Vênus estão em Capricórnio em ângulo harmonioso com Netuno, abrindo sua mente e seu espírito para assuntos de natureza mais sutil. Libere sua imaginação e a expressão de seus desejos. Tudo aquilo que existe foi um dia pensado ou imaginado!

De 1º a 10 de março: Nestes dias, haverá conjunções fortes no céu. Isso sugere um ciclo de inícios e de plantio de novas sementes. Os frutos que vão brotar dependerão da qualidade do "adubo" forjado com a natureza de suas intenções e vontade pessoal.

De 11 a 20 de março: Sol e Netuno juntos no signo de Peixes podem levá-lo a um mundo de emoções ou nostalgia, em que as imagens se fundem em uma espécie de "trilha sonora" de sua vida. Permita-se relembrar bons momentos e assim avaliar tudo que já vivenciou.

De 21 a 31 de março: A pressa geralmente não é uma boa conselheira, ainda que para momentos de urgência não haja escolha. Mesmo assim, estude melhor seus próximos passos para não ficar só reagindo ao que acontece. Seja o protagonista do palco de sua vida.

De 1º a 10 de abril: Sol e Mercúrio na Casa VII sinalizam positivamente associações interessantes com dinâmicas marcadas por ousadia e coragem. Acredite em suas ideias, sabendo que os obstáculos fazem parte do caminho. Com perseverança, você chegará lá!

De 11 a 20 de abril: Agora é tempo de lapidar o que já foi iniciado, aperfeiçoando ou criticando o que pode ficar ainda melhor. A tecnologia pode ajudá-lo nesse sentido e também a ter boas relações, pois ninguém faz nada sozinho. Bom momento para viagens rápidas.

De 21 a 30 de abril: No início deste ciclo, contrariedades rápidas vão exigir paciência. De modo geral, você terá bastante flexibilidade e inteligência para viabilizar seus estudos e projetos. Vênus, que é a regente de seu signo solar, agora se encontra com Júpiter, trazendo novidades para seu coração.

De 1º a 10 de maio: O aspecto marcante deste período é o sextil entre Sol e Urano em Touro e Marte em Peixes. Tudo agora está mais acelerado e dinâmico, e você pode direcionar sua vontade com garra e foco. Sua comunicação está mais fluente e assertiva, criando uma boa sinergia com todos.

De 11 a 20 de maio: Marte agora está na sua casa de saúde, ao lado de Netuno. Ótimo para dar mais atenção e bem-estar ao seu corpo, fazer seus exames anuais e deixar de procrastinar os exercícios físicos. Providencie também uma dieta mais leve, com frutas e líquidos.

De 21 a 31 de maio: Mercúrio e Sol em Gêmeos representam vivacidade mental, astúcia e curiosidade por vários assuntos. Excelente ciclo para estudar, viajar, conhecer outras culturas, ampliar seus conhecimentos. Divulgue seu trabalho nas redes sociais.

De 1º a 10 de junho: Mercúrio retoma seu movimento direto e a fase da Lua é crescente. Seus interesses ganham força, e é preciso manter a motivação e ser perseverante. A quadratura entre Saturno e Mercúrio exige disciplina e continuidade neste momento.

De 11 a 20 de junho: Você pode assumir responsabilidades sem hesitar, pois já tem sabedoria acumulada do passado para seguir adiante. Vênus em bom aspecto com Netuno facilita o contato humano e a diplomacia para ter cooperação e apoio em seus ideais.

De 21 a 30 de junho: Marte em Áries fazendo sextil com Saturno em Aquário propiciará mais capacidade de empreendimento e liderança em projetos de médio e longo prazos. Não duvide de sua capacidade, mesmo que não tenha, agora, todo o apoio de que gostaria. Isso é inteligência emocional.

De 1º a 10 de julho: Mercúrio em domicílio faz trígono com Saturno e sextil com Marte no céu astral. Um tempo em que sua jovialidade e curiosidade estão em alta, assim como a necessidade de materializar suas ideias. Ótimo para escrever, aprender ou transmitir seus conhecimentos.

De 11 a 20 de julho: Urano em Touro recebe aspectos favoráveis de Sol e Mercúrio, que estão em Câncer, sua casa profissional. Movimentação e solicitações na vida social vão estimular sua projeção. A lua cheia também auxiliará na divulgação de seu trabalho nas mídias sociais.

De 21 a 31 de julho: Ao contrário do ciclo anterior, Mercúrio faz aspectos tensos com Urano e Saturno, o que se traduz por dificuldade em se comunicar de forma adequada e objetiva. Procure exercitar o discernimento e a clareza em suas palavras, e, sobretudo, seus valores.

De 1º a 10 de agosto: Este ciclo mostra uma característica contraditória, com aspectos bons e difíceis acontecendo ao mesmo tempo. Sol em trígono com Júpiter traz os frutos do esforço anterior, o que deixa a sua autoestima mais forte. Na família, haverá algumas insatisfações, mas elas serão transitórias.

De 11 a 20 de agosto: As pressões ou demandas da vida doméstica ainda são grandes e estressantes, alterando sua rotina. Será importante ver tudo por um ângulo maior e assim mobilizar recursos internos para modificar o que for necessário; confie em sua intuição.

De 21 a 31 de agosto: O período é marcante pela presença de planetas em signos fixos com ângulos de tensão entre si. Isso demandará um esforço hercúleo para movimentar a vida e seus interesses imediatos. Faça o que por possível, pois tudo isso vai passar!

De 1º a 10 de setembro: Este ciclo é mais promissor e leve para fazer escolhas e decidir coisas que estavam emperradas. A Lua em Capricórnio e Aquário cria um dinamismo planetário que vai acelerar o ritmo de seu dia a dia, facilitando a interação social e familiar.

De 11 a 20 de setembro: Ventos de renovação chegam à sua vida com Sol e Vênus em trígono com Urano. Isso significa energia de alegria e criatividade em sua vida afetiva e surpresas que vão elevar o seu espírito. Será importante evitar todo tipo de excesso.

De 21 a 30 de setembro: Fique atento para não se envolver em intrigas ou confusões no trabalho; proteja sua saúde psíquica. Por outro lado, Marte e Saturno no céu indicam mais capacidade de concentração e foco no que é essencial, ou seja, manter-se no eixo e seguir seu caminho.

De 1º a 10 de outubro: As pressões externas vão e vêm, e ainda exigem esforço de sua parte para equacionar soluções cotidianas. Certos modelos de relacionamento antes habituais já não funcionam mais e agora terão de ser reformulados.

De 11 a 20 de outubro: O Sol está agora em seu signo solar e, ao lado de Vênus, faz bons aspectos com Marte e Saturno. Isso pode representar oportunidades para se desenvolver intelectualmente. Aproveite para viajar, conhecer lugares novos e pessoas interessantes.

De 21 a 31 de outubro: Sol e Vênus continuam em conjunção, e as frequências afetivas indicam mais liberdade e cumplicidade, que agora têm um lugar garantido em seu coração. Se deseja conquistar alguém, não se faça de desentendido; deixe seu orgulho inútil de lado.

De 1º a 10 de novembro: É importante não querer acelerar o andamento de uma nova relação, pois a confiança geralmente vem com o tempo e a convivência. Sol e Mercúrio fazem oposição a Urano, indicando a necessidade de fazer economia, pois gastos inesperados podem surgir.

De 11 a 20 de novembro: Período pleno de bênçãos de Mercúrio. Como sabemos, duas cabeças pensam melhor do que uma, invista mais tempo em parcerias com pessoas inteligentes e criativas. Sol e Netuno em harmonia podem trazer a prazerosa sensação de que tudo no universo está em seu devido lugar.

De 21 a 30 de novembro: Mercúrio e Vênus estão alinhados em Sagitário. Uma viagem de lazer seria muito oportuna nestes dias; se for com a pessoa amada, melhor ainda. Siga determinado em estar ao lado de pessoas que o apoiam e pensam como você.

De 1º a 10 de dezembro: O planeta Netuno em tensão poderá deixá-lo mais vulnerável tanto no espírito quanto no aspecto físico. Será importante olhar mais atentamente para a alimentação, e evitar a automedicação e o excesso de bebidas alcoólicas.

De 11 a 20 de dezembro: Sol e Saturno favorecem seu empenho em assuntos relacionados aos bens patrimoniais ou familiares. Realize com calma o que for preciso, pois precisará do apoio de outros interessados. Aproveite para fazer uma faxina em documentos, fotos e objetos sem serventia em sua casa.

De 21 a 31 de dezembro: Contratempos em relação ao que estava planejado devem deixá-lo confuso. Porém, a mudança será oportuna e logo você perceberá as sincronicidades no processo todo. Nada como um bom descanso em meio à natureza para recuperar a energia vital e terminar bem o ano!

ESCORPIÃO 23 de outubro – 21 de novembro

EU DESEJO
ELEMENTO: Água
PEDRAS DE PROTEÇÃO: Obsidiana e jaspe
PLANETA REGENTE: Plutão
QUALIDADE: Fixo

☆ **PERSONALIDADE:** Os nativos deste signo de Água possuem uma natureza emocional intensa, mas com tendência a permanecer sob a superfície. Costumam ter uma atitude reservada perante as outras pessoas, e mesmo aqueles mais sociáveis preservam seu espaço pessoal restrito aos poucos em quem decidem confiar. Sempre verdadeiros, permanecerem fiéis a si mesmos e aos seus ideais é um dos grandes valores dos escorpianos. Amantes da liberdade e da autonomia, valorizam muito o poder, usando toda a sua energia para realizar suas ambições, que não são poucas. Essencialmente obstinados e apaixonados, não medem esforços para realizar seus desejos.

☆ **TRABALHO:** Quando se sentem envolvidos e emocionalmente conectados com o emprego, os escorpianos tendem a trabalhar arduamente e dar o máximo de si para chegar o mais longe possível, e precisam tomar cuidado para que não acabem negligenciando outras áreas da vida. A ambição é um de seus traços fundamentais, e eles podem ser bons líderes. Gostam de autonomia para fazer as coisas à própria maneira, e seu olhar detalhista, observador e sensível os capacita a executar tarefas minuciosas com precisão.

☆ **AMOR:** Escorpianos não amam pouco – para eles é tudo ou nada. Calorosos, gostam de se envolver com outras pessoas, mas podem ter dificuldade em confiar nelas à primeira vista. Devem tomar cuidado para evitar atitudes ciumentas ou possessivas. Tendem a se sentir vulneráveis quando estão em um relacionamento, exatamente porque se entregam de corpo e alma.

☆ **SAÚDE:** A intensidade escorpiana pede aos nativos deste signo que tomem cuidado com comportamentos autodestrutivos. Eles costumam negligenciar completamente a saúde, ou manter cuidados excessivos e exagerados. As áreas do corpo que merecem mais cuidado e atenção são os sistemas reprodutor e excretor. Os escorpianos também têm uma tendência natural à somatização, precisando estar sempre atentos ao seu padrão emocional para evitar problemas.

Previsões para 2022

De 1º a 10 de janeiro: Vênus e o Sol em Capricórnio ocupam sua terceira casa. Momento propício para interação social com parentes próximos, irmãos, e para viagens de lazer ou culturais. Esse conhecimento pode oxigenar suas ideias e valores pessoais.

De 11 a 20 de janeiro: É possível que imprevistos desorganizem sua rotina familiar, o que deve gerar ansiedade. Marte e Netuno em tensão são indício de um estado mental confuso, inadequado para a tomada de decisões importantes. Espere a poeira baixar.

De 21 a 31 de janeiro: Dizem que, quando a mudança é inevitável, devemos colaborar para que ela aconteça. Neste ciclo, você terá que exercitar o desapego e deixar a resistência de lado; siga o fluxo dos acontecimentos. Vênus e Urano sugerem que a renovação vai deixá-lo feliz e aliviado.

De 1º a 10 de fevereiro: O período é muito significativo para seu autoconhecimento, com leituras esotéricas ou aprendizados místicos e espirituais de culturas remotas. Muitos *insights* ou sincronicidades sugerem que, no presente, este é um bom caminho em sua vida.

De 11 a 20 de fevereiro: Nestes dias, Marte e Vênus estão em conjunção no signo de Capricórnio. Isso torna bastante auspiciosa a reflexão sobre o que você veio fazer no mundo. Não precisa decidir nada, apenas perceba que novas sementes estão sendo semeadas em seu espírito.

De 21 a 28 de fevereiro: Momento em que você pode e deve dar asas à imaginação, deixando seus sonhos guiarem seus passos. O contato com pessoas mais esclarecidas ou espiritualizadas é importante, e experiências inusitadas podem acontecer em seu cotidiano.

De 1º a 10 de março: Júpiter e Sol em Peixes podem levá-lo a um estado de consciência mais elevado, com a possibilidade de ver as coisas de um ângulo bem mais abrangente que o usual. Isso deve gerar um clima de mais fé e otimismo em relação à vida em geral.

De 11 a 20 de março: Neste período, você pode vivenciar uma fase mais romântica, e a sensação de cumplicidade só lhe fará bem. A Lua ficará cheia nestes dias, aumentando a sensação de plenitude ou magia. Se for possível, viaje para um lugar desconhecido e descubra novos espaços de descanso.

De 21 a 31 de março: Uma reviravolta em seus planos deve alterar seu humor, mas você terá jogo de cintura para contornar tudo com tranquilidade. O reencontro com pessoas que conheceu no passado será uma experiência de muito prazer, assim como partilhar lembranças alegres.

De 1º a 10 de abril: O Sol está ao lado de Mercúrio em Áries, que por sua vez faz sextil com Saturno. Momento propício para planejar bem suas metas de trabalho. Prepare-se para mostrar suas ideias e valores, e expressá-los com clareza, estar disposto ao diálogo construtivo.

De 11 a 20 de abril: As demandas de trabalho continuam produtivas, e as experiências anteriores lhe darão mais confiança para seguir em frente. Como ninguém é de ferro, encontre um tempo para se divertir e desfrutar da companhia de bons amigos, saindo da rotina para espairecer.

De 21 a 30 de abril: Mercúrio se movimenta rapidamente nestes dias. Momento favorável para observar melhor o fluxo dos pensamentos e perceber como a dispersão rouba energia. Agora é tempo de se concentrar e focar no que é relevante. O pensamento pode ser um amigo ou um inimigo!

De 1º a 10 de maio: Sol, Marte e Urano fazem sextil entre si nestes dias, sinalizando garra e assertividade na luta para realizar seus propósitos de forma original ou pioneira. Boas parcerias são aconselháveis e mesmo surpreendentes. Mercúrio e Vênus movimentam a vida social.

De 11 a 20 de maio: Júpiter entra em Áries e vai estimular mais suas iniciativas no campo profissional. Você poderá perceber que algumas coisas precisam ser finalizadas. Sol e Plutão indicam um momento de transformações profundas e positivas em sua vida emocional.

De 21 a 31 de maio: Momento auspicioso que pode favorecer investimentos financeiros ou a compra de algo que é importante para você. Se for necessário, procure uma consultoria jurídica para ter mais segurança. No amor, pode surgir alguma tempestade, mas ela irá embora rapidamente.

De 1º a 10 de junho: Mercúrio retoma seu movimento direto, e assim você pode traçar novas diretrizes para suas metas. Reorganize sua agenda para recuperar algum contato que ficou para trás. É importante não ter pressa, pois nem tudo dependerá só da sua vontade.

De 11 a 20 de junho: Vênus e Urano em conjunção mostram um ciclo favorável para melhorias ou reformas em sua casa. Bom período para jogar fora aquilo que não serve mais, como documentos, fotos, roupas etc. Organizar, renovar e embelezar seu espaço é sinal de autoestima!

De 21 a 30 de junho: Vênus faz aspectos harmoniosos com Plutão e Júpiter nesta fase. Você estará mais inspirado e motivado para a vida social, rever amigos e desfrutar de bons encontros. Invista mais no seu visual, se dê um presente, aproveitando o ciclo de amor-próprio em alta.

De 1º a 10 de julho: Momento proveitoso para um novo impulso em suas atividades, especialmente se tiver diretrizes na área do conhecimento. Interessante para comprar e vender, divulgar seus negócios ou empreendimentos. Mas pise no freio no que diz respeito a seus gastos impulsivos!

De 11 a 20 de julho: Fase auspiciosa para viajar, conhecer lugares diferentes e vivenciar experiências inusitadas. O bem-estar psíquico é fundamental para a saúde do corpo. Evite conversas ou noticiários negativos, pois é preciso desintoxicar a mente.

De 21 a 31 de julho: Aspecto tenso entre Mercúrio e Saturno pode indicar preocupações com familiares de mais idade. Tente dividir as responsabilidades na medida do possível, sem se sentir culpado por isso. Faça mais exercícios e caminhadas para levantar o astral.

De 1º a 10 de agosto: Neste ciclo, o ar está mais leve, e você, mais confiante. Sol em trígono com Júpiter, ambos em signos de Fogo, vão revigorar sua fé na vida. Marte e Urano juntos em Touro simbolizam a coragem e a liberdade de mãos dadas, reforçando esse mesmo estado de espírito.

De 11 a 20 de agosto: Imprevistos do cotidiano o obrigarão a mudar seus planos, deixando-o mais estressado. Lembre-se de que isso faz parte da vida; faça bom uso do humor voltado a si mesmo. Ou então, lembre-se de que perante o inexorável nada melhor que ser flexível.

De 21 a 31 de agosto: Um clima de instabilidades ou indefinições pode deixá-lo ansioso para querer resolver tudo rapidamente. Sol em Virgem e Marte em Gêmeos ratificam essa impaciência. Assim, exercite a tolerância com o próximo e a diplomacia.

De 1º a 10 de setembro: O planeta Marte recebe bons aspectos nesta fase. Você está mais apto para tomar iniciativas acertadas no trabalho e liderar seus colegas de forma espontânea. A Lua em trânsito por Capricórnio e Aquário assinala impulsos de empatia e boa vontade entre todos.

De 11 a 20 de setembro: Algumas atribuições na vida a dois podem pegá-lo desprevenido, mas a sua intolerância ou agressividade não vão ajudar em nada. Esclarecer os fatos antes de fazer julgamentos será decisivo para a continuidade do seu relacionamento; vá com calma.

De 21 a 30 de setembro: As nuvens mais cinzentas do ciclo anterior estão se dissipando, e com elas vão embora as desconfianças. Você poderá perceber melhor suas limitações e se esforçar para mudar crenças negativas que tem a seu respeito.

De 1º a 10 de outubro: Neste momento, há uma tendência para a procrastinação ou resistência às mudanças que precisam ocorrer. Reflita sobre essa atitude, que por vezes faz as coisas não darem certo, sem que você possa perceber isso rapidamente.

De 11 a 20 de outubro: Instabilidades emocionais e psíquicas persistem no início deste período. Mas o trígono entre Sol, Vênus e Marte fará uma grande diferença em seu estado de espírito, tornando-o mais corajoso e decidido. Pratique mais exercícios; o corpo está pedindo!

De 21 a 31 de outubro: Vênus e Sol unidos em seu signo solar sinalizam uma fase de mais alegria, capacidade de atração, atitudes diplomáticas e sociáveis. Ótimo período para sair, divertir-se em ótima companhia, ouvir boa música, dançar, namorar e ver pessoas bonitas.

De 1º a 10 de novembro: O planeta Urano está muito pressionado no céu. Cuidados redobrados com disputas, inveja e atitudes dissimuladas. Aquele que você tanto admira ou em quem confia poderá surpreendê-lo negativamente. Proteja-se de fofocas e mal-entendidos em geral.

De 11 a 20 de novembro: Sol e Mercúrio em trígono com Netuno são ótimos para esclarecimentos, diálogos produtivos, pactos de cooperação e de transparência. Suas palavras encontram mais receptividade e assim mudarão a direção dos acontecimentos. Sua confiança vai encorajar a todos.

De 21 a 30 de novembro: O Sol faz trígono com Júpiter, que agora retoma seu movimento direto. Suas ações foram produtivas e úteis, dissolvendo desentendimentos. Saturno em bom ângulo mostra que as virtudes de paciência e resiliência são bons amortecedores da estrada da vida.

De 1º a 10 de dezembro: Esta fase vai demandar prudência e cautela de sua parte. O mundo externo está instável, e você não sabe em quem acreditar. Por isso mesmo, evite confrontos ou tomar partido de alguém; espere as coisas se definirem melhor.

De 11 a 20 de dezembro: A orientação ou os conselhos de pessoas mais experientes são de grande valia para se sentir mais seguro e firme em seus objetivos. Bom momento para tratar de assuntos patrimoniais e domésticos, sempre pensando a médio e longo prazos.

De 21 a 31 de dezembro: Vênus recebe bons aspectos de Urano. Fique mais conectado com pessoas positivas, que buscam fazer o melhor para o mundo. Elas podem ser sua inspiração para que este fim de ano seja alegre, com sentimentos nobres compartilhados por todos aqueles que o cercam.

SAGITÁRIO — 22 de novembro – 21 de dezembro

EU ELEVO
ELEMENTO: Fogo
PEDRAS DE PROTEÇÃO: Ametista e lápis-lazúli
PLANETA REGENTE: Júpiter
QUALIDADE: Mutável

☆ **PERSONALIDADE:** Com uma intensa energia de renovação e regeneração, os sagitarianos conseguem manter um ar de jovialidade, mesmo quando são mais maduros. Grandes amantes da liberdade, possuem uma natureza expansiva e aventureira. Divertidos e espontâneos, também gostam muito de viajar e têm a capacidade de levantar o astral de qualquer ambiente onde estiverem. Os nativos deste signo são sociáveis e gostam de estar na companhia dos amigos, a cujos laços afetivos dão grande valor. Extremamente entusiasmados, possuem uma motivação interminável para realizar seus planos e conseguem manter um olhar positivo sobre as situações mesmo em momentos difíceis. São bastante generosos, e sua criatividade os ajuda a sair de problemas difíceis, encontrando novas alternativas.

☆ **TRABALHO:** Conseguem tornar o ambiente de trabalho leve e descontraído ao mesmo tempo que são capazes de manter o foco em tarefas e deveres. Sua mente rápida corre o risco de se entediar com facilidade ao desempenhar funções monótonas e repetitivas, por isso os sagitarianos preferem trabalhos dinâmicos e que lhe tragam um ar de novidade e aventura, além da possibilidade de novas experiências. Para que sejam felizes profissionalmente, é preciso encontrar uma ocupação que lhes transmita um sentido de satisfação interior e pessoal.

☆ **AMOR:** Como um típico signo de Fogo, os nativos de Sagitário são conquistadores e gostam de tomar a iniciativa e a liderança quando o tema é sedução. O bom par amoroso é aquele que, antes de tudo, é um bom amigo e companheiro. Sagitarianos prezam muito seu senso de liberdade, o que às vezes resulta em certa demora para firmar um compromisso sério, mas, quando estão em um relacionamento, demonstram toda a sua autenticidade, sendo excelentes parceiros.

☆ **SAÚDE:** Sagitarianos costumam ser resistentes, mas, como bons filhos de Júpiter, devem tomar cuidado com exageros e excessos quando o assunto é saúde. As áreas do corpo que pedem atenção especial são o fígado e a região das coxas.

Previsões para 2022

De 1º a 10 de janeiro: Urano e Sol fazem um trígono neste início de ano, abençoando seus planos de mudança e renovação. Suas inspirações no presente vão enriquecer e ampliar sua visão de mundo; avance sem hesitar ou olhar para trás.

De 11 a 20 de janeiro: Sol e Netuno podem deixá-lo mais receptivo e sensível ao mundo invisível, místico ou simbólico. Em contrapartida, Mercúrio e Urano devem acelerar sua mente, tirando o foco das coisas, gerando mais irritabilidade e ansiedade.

De 21 a 31 de janeiro: Mercúrio e Marte adentram o signo de Capricórnio, permitindo que use seu tempo de forma mais organizada e produtiva. Ocupe seus dias valorizando o trabalho e as oportunidades de crescimento. O tempo permite que as coisas aconteçam!

De 1º a 10 de fevereiro: Momento útil para estudar, aprofundar seus conhecimentos e compartilhar experiências com pessoas mais experientes. Marte e Urano em trígono tornam o ciclo excelente para investir em recursos tecnológicos que venham a aumentar sua produtividade.

De 11 a 20 de fevereiro: A Casa II está bem ativada, o que significa energia e disposição para organizar sua vida financeira. Será positivo ter controle dos gastos e realizar algum investimento em bens duráveis a médio ou longo prazos.

De 21 a 28 de fevereiro: Netuno ocupa sua Casa IV e recebe bons aspectos, trazendo uma vibração de harmonia e entendimento no âmbito doméstico e familiar. Ótimo para viagens rápidas de lazer a lugares ainda desconhecidos.

De 1º a 10 de março: Momento de mais emoção e intensidade nos assuntos do coração. Aquilo que está gerando insatisfação deve ser colocado às claras para evitar ressentimentos futuros. Sol e Júpiter em Peixes favorecem a transparência nos relacionamentos em geral.

De 11 a 20 de março: Sua sensibilidade psíquica está mais acentuada. Por um lado, procure estar mais atento aos seus sentimentos, desejos e sonhos. Por outro, procure se proteger de influências ou notícias negativas que afetem seu humor. Surpresas na vida a dois.

De 21 a 31 de março: Alguns imprevistos que surgirão no cotidiano vão mudar sua rotina, mas você terá criatividade e jogo de cintura para lidar com tudo. Com a Lua entrando em sua fase minguante, você poderá sentir necessidade de se isolar mais, ler ou ficar em casa.

De 1º a 10 de abril: Mercúrio e Sol iluminam e impulsionam sua vida afetiva, as relações em geral. Você terá mais necessidade de compartilhar experiências. Encoraje seus amigos com bons conselhos. Talvez reencontre pessoas que conheceu no passado.

De 11 a 20 de abril: Urano e Mercúrio juntos em Touro ativam positivamente Vênus, que está em Peixes. O ciclo aponta mais movimentação social, a possibilidade de fazer novos amigos, com os quais terá afinidades mais humanitárias ou coletivas. Evite gastos supérfluos.

De 21 a 30 de abril: Mercúrio transita em sua casa do trabalho, e isso representa uma fase de curiosidade e novos interesses que o deixará animado. Aproveite para ampliar seus conhecimentos com leituras, palestras, seminários ou *lives* nas redes sociais.

De 1º a 10 de maio: O ritmo acelerado e dinâmico do trabalho exigirá mais criatividade e rapidez em tudo o que você fizer. Os recursos tecnológicos serão de grande valia agora. Vênus e Mercúrio em sextil sinalizam para diversão e prazer em eventos artísticos, literários ou culturais.

De 11 a 20 de maio: Sempre é bom lembrar que o excesso de responsabilidades e o cansaço acabam se refletindo em sua saúde. Você precisa descansar mais, comer melhor, diminuir o estresse. Neste período, você se surpreenderá com talentos que ainda desconhecia!

De 21 a 31 de maio: Nesta fase, seus potenciais serão bastante solicitados, e você responderá à expectativa de todos. Momento oportuno para fazer parcerias e associações informais, que enriquecerão sua vida de modo mais significativo.

De 1º a 10 de junho: Mercúrio em Touro retoma seu movimento direto; você está mais pragmático, mantendo os pés no chão, e poderá aperfeiçoar seus projetos do ciclo anterior. De qualquer maneira, ainda não será possível acelerar o ritmo dos acontecimentos.

De 11 a 20 de junho: Vênus e Urano estão no setor de trabalho, e você poderá se sentir habilitado a fazer mudanças mais radicais em suas ações, olhando agora para empreendimentos futuros. Poderá também ter êxito financeiro em negócios imobiliários e patrimoniais.

De 21 a 30 de junho: O planeta Júpiter, que rege seu signo solar, recebe bons aspectos de Vênus em Touro. Invista mais na sua autoimagem; certa dose de vaidade nunca fez mal a ninguém. Ótimo ciclo para reciclar a energia da casa: doe aquilo que não tem mais utilidade.

De 1º a 10 de julho: O convívio familiar é convidativo para conversas alegres, em especial com irmãos e primos queridos. Ótimo ciclo para organizar sua rotina, documentos, marcar encontros ou reuniões produtivas. Evite os excessos alimentares.

De 11 a 20 de julho: Sol e Mercúrio fazem bom aspecto com Urano. As relações de parcerias informais tendem a dar bons frutos, pois as ideias convergem para interesses em comum. Momento de inspiração e clareza naquilo que se propôs a fazer.

De 21 a 31 de julho: Mercúrio recebe aspectos tensos nestes dias, exigindo de você muita concentração e maturidade para saber desviar das coisas que o levam à dispersão. Assuma só aquilo que pode realizar e delegue parte do trabalho a alguém de sua confiança.

De 1º a 10 de agosto: O início deste período é marcado por entusiasmo e confiança em novas oportunidades que vão surgindo ao longo dos dias. Planeje uma viagem para um lugar distante. Na vida amorosa, evite o sentimentalismo e o ciúme excessivo.

De 11 a 20 de agosto: O Sol faz um ângulo de tensão com Urano e Saturno. Isso significa um momento em que tudo se movimenta lentamente; as mudanças planejadas ainda estão emperradas. Confie, pois na hora certa as peças do jogo da vida vão se encaixar.

De 21 a 31 de agosto: Parte de seus projetos pode ser colocada em andamento, e certamente por causa do seu esforço e dedicação. Por outro lado, se não puder contar com o apoio necessário, acione o plano B e procure outras soluções rapidamente.

De 1º a 10 de setembro: Marte e Júpiter estão em aspecto positivo; suas decisões parecem ter dado resultado, uma vez que os eventos seguem em ritmo acelerado. Valorize suas qualidades e iniciativas acertadas, tendo a coragem de avançar, mesmo em meio a turbulências.

De 11 a 20 de setembro: Sol em Virgem ilumina sua casa profissional, e o trígono com Urano evidencia sua originalidade e o amor que tem pelo trabalho. Suas habilidades vêm crescendo justamente em função de sua resiliência e determinação. Na vida a dois, podem surgir boas surpresas.

De 21 a 30 de setembro: Talvez fique mais difícil conciliar os interesses domésticos e profissionais. As demandas de ambos os lados podem deixá-lo confuso ou estressado. Mas o trígono entre Marte e Saturno no fim deste ciclo vai configurar força e garra para superar tudo.

De 1º a 10 de outubro: O aspecto mais relevante deste ciclo é a quadratura entre Urano e Saturno. Não assuma nenhuma responsabilidade adicional nestes dias, concentrando-se em terminar o que já começou. Fique atento ao seu corpo; não procrastine uma consulta médica, caso seja necessário.

De 11 a 20 de outubro: Ainda nesta fase, sua atenção deve se voltar para seu bem-estar físico e mental. Faça seus exames e vá em busca das soluções indicadas. Nada de automedicação ou preguiça. Já está na hora de se cuidar melhor!

De 21 a 31 de outubro: Sol e Vênus estão em conjunção no céu estelar, apontando para uma fase com bênçãos de mais amor e harmonia em sua vida. Procure valorizar mais aqueles que o querem bem de verdade – isso vale tanto para os familiares quanto para os amigos de longa data.

De 1º a 10 de novembro: O planeta Urano está pressionado, evidenciando mais uma vez que seu corpo precisa de cuidados. Seria interessante mudar sua alimentação e tentar aumentar as horas de sono. Desligar o celular também pode aliviar o estresse das demandas.

De 11 a 20 de novembro: Seu estado de espírito está mais confiante e otimista, e isso o ajudará a compreender erros do passado para seguir adiante. Mercúrio e Vênus em Escorpião fazem bom aspecto com Júpiter, trazendo mais sintonia e compreensão à vida familiar.

De 21 a 30 de novembro: Agora Vênus e Mercúrio estão em Sagitário, movimentando bastante a vida social. Você poderá fazer novos amigos que pensam como você ou que gostam de experiências inusitadas e de aventuras. Aproveite para programar alguma viagem especial para o fim do ano.

De 1º a 10 de dezembro: Faça um esforço para delegar trabalho e responsabilidades para os outros. Talvez não possa contar com o apoio de familiares, fato que o deixará sem retaguarda. Mas não culpe ninguém que estiver do seu lado; tudo isso é circunstancial.

De 11 a 20 de dezembro: Com a quadratura entre Sol e Netuno, não é aconselhável tomar decisões definitivas, pois pode haver um clima confuso e instável na família. As soluções virão naturalmente com o passar do tempo. Bom para viagens de lazer com amigos.

De 21 a 31 de dezembro: As tentações de fim de ano podem fazê-lo gastar mais do que deveria. Desta feita, cabe a você decidir, com cautela, até onde pode ir. Netuno recebe bons aspectos de Vênus e Mercúrio, indicando uma fase de tranquilidade e bem-estar social e familiar.

CAPRICÓRNIO   22 de dezembro – 20 de janeiro

EU CONQUISTO
ELEMENTO: Terra
PEDRAS DE PROTEÇÃO: Magnetita e ônix
PLANETA REGENTE: Saturno
QUALIDADE: Cardinal

☆ **PERSONALIDADE:** Os capricornianos são conhecidos no Zodíaco por terem um ar maduro, prático e realista desde muito cedo. Tendem a valorizar bastante a responsabilidade e possuem um senso de compromisso e dever inabaláveis. Persistentes e pragmáticos, a impulsividade não tem muito lugar em seus planos, pois os nativos deste signo são calculistas e metódicos, e gostam de planejar cada passo do caminho com muito cuidado. Obstinados e ambiciosos, querem sempre chegar longe, por isso mantêm os olhos voltados para o topo. Com tendência ao perfeccionismo, devem tomar cuidado com o excesso de rigor ou a dificuldade em deixar os planos de lado para lidar com a imprevisibilidade do mundo, que muitas vezes pode ser causa de grande sofrimento para os capricornianos.

☆ **TRABALHO:** A vida profissional é o território natural dos capricornianos, onde gostam de provar seu valor, enfrentar desafios e chegar cada vez mais longe. Determinados, persistentes e exigentes, sempre batalharão pelos melhores resultados. Dão-se muito bem em ambientes rígidos e hierárquicos, nos quais as funções, atribuições e expectativas são bem definidas. O cuidado importante aqui é evitar negligenciar outras áreas da vida. Rigorosos, quando chegam a funções de liderança, são bons professores, mas também exigentes.

☆ **AMOR:** Os nativos do signo de Capricórnio são tradicionais no que diz respeito a relacionamentos, podendo levar certo tempo para abrirem as portas do coração. Apesar da fama de possuírem um coração gelado, os capricornianos amam de maneira intensa e profunda, demonstrando isso ao compartilhar a própria vida com o parceiro, mesmo que nem sempre haja grandes manifestações externas de afeto. Têm expectativas claras quanto ao que buscam em um parceiro, sendo exigentes na hora de se relacionar.

☆ **SAÚDE:** A estrutura física é um ponto forte dos nativos de Capricórnio, que costumam ter uma saúde cada vez melhor à medida que envelhecem. Os problemas aos quais precisam ficar atentos envolvem artrite, pedras nos rins, resfriados, problemas de pele e reumatismo.

Previsões para 2022

De 1º a 10 de janeiro: Urano e Sol fazem um trígono entre si, o que representa um convite às mudanças que estão para acontecer. Sol e Vênus estão em seu signo solar, dando-lhe mais confiança em suas habilidades para seguir em frente.

De 11 a 20 de janeiro: Continue firme em seus propósitos, ainda que alguns possam duvidar de sua capacidade. O importante é estar atento e pensar de forma pragmática, deixando o idealismo momentâneo de lado. Você está no caminho certo.

De 21 a 31 de janeiro: Mercúrio está retrógrado em Capricórnio, e Marte agora entra nesse mesmo signo. Assim, você terá a oportunidade de reavaliar e aperfeiçoar seus projetos, sejam eles de estudo, trabalho ou mesmo alguma viagem já programada.

De 1º a 10 de fevereiro: Saturno e Sol transitam na sua casa das finanças, indicando determinação e responsabilidade para administrar sua vida financeira. Você poderá ter sorte inesperada com ganhos materiais. Use sua intuição para investimentos de longo prazo.

De 11 a 20 de fevereiro: Urano e Júpiter em sextil trazem dinamismo e renovação à sua vida social e amorosa. Excelente para fazer uma viagem a um lugar diferente, absorvendo essa experiência de um jeito mais palpável. Nada como "sair da casinha" e ver o mundo de outro ângulo.

De 21 a 28 de fevereiro: A Lua passa pelo signo de Capricórnio, onde já se encontram Plutão, Vênus e Marte. Esse movimento planetário vai estimular a vida a dois, promovendo encontros significativos. Não recuse convites para sair!

De 1º a 10 de março: Vênus e Marte adentram agora, juntos, o signo de Aquário, apontando para um ciclo de mais idealismo, em que encontra-se presente a necessidade de cooperação entre aqueles que estão próximos. Júpiter e Sol em Peixes ratificam essas prioridades humanitárias.

De 11 a 20 de março: Neste ciclo pré-lua cheia, os ânimos estarão mais exaltados; não permita que as flutuações de humor prejudiquem suas relações. Período ótimo para aprender a conciliar sentimentos e razão, sem privilegiar lado nenhum.

De 21 a 31 de março: Mercúrio e Plutão em sextil indicam uma fase em que surgem novas motivações e interesses, e eles vêm do seu íntimo, e não de pressões externas. Evite o comodismo e o apego ao passado, ou seja, àquilo que já é habitual ou conhecido.

De 1º a 10 de abril: Neste ciclo, sua criatividade ainda está acelerada, e sua mente, ávida por novas experiências. Trate de trocar informações nas redes sociais, ler, estudar, ampliar seus conhecimentos. Pessoas mais velhas podem lhe dar bons conselhos.

De 11 a 20 de abril: Júpiter está em conjunção exata com Netuno no céu. Momento auspicioso para levar sua atenção para temas místicos, esotéricos ou filosóficos. Bom para aprender práticas de relaxamento ou meditação, criar novas prioridades para seu cotidiano.

De 21 a 30 de abril: O ciclo também é excelente para investir em autoconhecimento, saber melhor quem é você, quais são seus recursos, potenciais e dificuldades. Isso significa ter mais autoconfiança para enfrentar o mundo e valorizar suas conquistas.

De 1º a 10 de maio: Ciclo de progressos em sua carreira. Surpresas poderão acelerar o ritmo de seu dia a dia. Será relevante também comunicar seus planos com mais objetividade, assertividade e clareza. Use a tecnologia a seu favor.

De 11 a 20 de maio: Alguns obstáculos ou atrasos podem surgir na realização de seus ideais, alterando assim sua agenda. Como tudo é aprendizado, trate de ser mais flexível e ver rotas alternativas para chegar aonde precisa.

De 21 a 31 de maio: Sol e Mercúrio estão juntos em Gêmeos. A fase de desenvolvimento intelectual continua intensa. Reserve mais tempo para estudar, ler, interagir nas redes sociais, participar de grupos on-line. Evite o ciúme excessivo na vida amorosa.

De 1º a 10 de junho: É provável que sua intransigência provoque o afastamento da pessoa amada. Saber recuar é sinal de inteligência. Faça do limão uma limonada e tente consertar a situação complicada que você mesmo criou.

De 11 a 20 de junho: A vida a dois pode agora ficar mais emocionante. Gestos generosos e exuberantes de sua parte farão sucesso com sua cara-metade. Mercúrio em sextil com Júpiter favorece a divulgação de seu trabalho; não adie essa possibilidade.

De 21 a 30 de junho: Divergências de opinião ou de valores no âmbito familiar poderão deixá-lo estressado por alguns dias. Fuja de discussões acaloradas e julgamentos unilaterais. A melhor estratégia é buscar soluções inteligentes e viáveis.

De 1º a 10 de julho: Mercúrio transita rápido no Zodíaco estes dias, movimentando positivamente seus negócios e investimentos de longo prazo. No entanto, será importante usar de bom senso para não sonhar alto demais; mantenha os pés no chão.

De 11 a 20 de julho: Sol e Mercúrio estão em Câncer na sétima casa, sinalizando mais oportunidades para estabelecer parcerias criativas. Sua capacidade de comunicar e encantar os outros será fundamental para conseguir o que deseja. Cuidado com olhares invejosos!

De 21 a 31 de julho: A Lua agora está em fase minguante, e isso significa um ciclo em que a força, antes do crescimento, agora entrou em declínio de modo geral. Procure reformular seus planos de maneira mais sistemática e organizada.

De 1º a 10 de agosto: Marte e Urano estão em conjunção e tendem a acelerar e dinamizar seu espírito em busca de ações mais livres e originais, seja em estudos ou no trabalho. Sol e Júpiter devem trazer o reconhecimento que você merece; aceite os elogios sem falsa modéstia.

De 11 a 20 de agosto: Podem surgir eventos imponderáveis com os quais você terá de lidar; assim, não se sinta responsável por eles. Mercúrio em trígono com Urano trará a energia mental e a presença de espírito necessárias para enfrentar tais adversidades.

De 21 a 31 de agosto: Sol e Marte em ângulo de tensão se manifestam em um clima de intolerância ou agressividade difícil de controlar. Tenha cautela com palavras e comentários irônicos que possam despertar ressentimentos. Seu silêncio será a melhor resposta.

De 1º a 10 de setembro: Mercúrio agora está em Libra em trígono com Marte, que, por sua vez, faz sextil com Júpiter. As palavras adequadas fluirão com mais naturalidade. Você poderá exercitar sua liderança de maneira diplomática e estratégica; vá em frente.

De 11 a 20 de setembro: Vênus e Marte se relacionam com a vida sentimental e estão em ângulo complicado. Exigências descabidas e críticas severas podem comprometer a continuidade da relação. Veja o que é mais importante neste momento.

De 21 a 30 de setembro: Tire o foco dos assuntos do coração; por vezes, as coisas se resolvem por conta própria. Marte em trígono com Saturno mostra um ciclo de aperfeiçoamento de suas habilidades estratégicas e mais eficiência para chegar aonde havia planejado.

De 1º a 10 de outubro: Saturno e Urano fazem uma quadratura no céu. Esse ângulo pode acirrar a resistência a mudanças, mesmo que sejam necessárias ou urgentes. Evite fazer gastos supérfluos e reformule seu orçamento de maneira objetiva e racional.

De 11 a 20 de outubro: Esteja mais atento à saúde: não procrastine consultas nem exames e fuja da automedicação. Sol e Vênus fazem trígono com Marte, melhorando suas condições de trabalho e desempenho. Isso também tem a ver com sua capacidade de se comunicar bem com todos.

De 21 a 31 de outubro: Sol faz conjunção com Vênus em Libra e Escorpião. Nesta fase, você vai exercer uma atração natural sobre as pessoas; isso se chama carisma. Excelente ciclo para namorar, divertir-se, apreciar eventos de entretenimento em todas as áreas.

De 1º a 10 de novembro: Nestes dias, Urano está pressionado no céu planetário. Essa posição pode deixá-lo mais inquieto e agitado com as próprias reflexões. Alguns rompantes não poderão ser evitados. No entanto, fique alerta para que eles não se transformem em rupturas indesejadas.

De 11 a 20 de novembro: Dizem que, passada uma tempestade, vem a calmaria. Neste momento, o clima está favorável para compreensão e esclarecimentos. O que foi dito de forma dura ou dramática pode ceder espaço até para o humor consigo mesmo!

De 21 a 30 de novembro: Sol e Júpiter harmônicos em signos de Água propiciam um período excelente para investir em práticas meditativas, yoga, massagem e relaxamento. Bom momento para se conhecer melhor, estar perto da natureza, silenciar a mente.

De 1º a 10 de dezembro: Neste ciclo, será mais conveniente se proteger em termos psicológicos e mentais; você pode estar mais vulnerável do que o normal. Evite pessoas e notícias negativas. Prefira a companhia de amigos mais íntimos e cuide mais da alimentação.

De 11 a 20 de dezembro: Sol e Saturno favorecem o contato com pessoas mais velhas e experientes, que podem trazer boas sugestões para sua vida. O Sol está em seu signo solar, o que representa mais disposição e alegria de viver. Planeje alguma viagem para o fim do ano.

De 21 a 31 de dezembro: Os bons aspectos de Vênus e Mercúrio evidenciam sua disposição sociável e otimista em relação à vida. Essa postura vai atrair o que deseja para este momento. Você poderá receber uma visita surpreendente de Cupido; fique esperto e com os olhos abertos para novidades!

AQUÁRIO 21 de janeiro – 19 de fevereiro

EU CONHEÇO
ELEMENTO: Ar
PEDRAS DE PROTEÇÃO: Fluorita e sodalita
PLANETA REGENTE: Urano
QUALIDADE: Fixo

PERSONALIDADE: Ousados e questionadores, os aquarianos são filhos de Urano, o planeta da liberdade e da transposição dos limites. Com uma personalidade intensa e expansiva, são cheios de iniciativa, mas também marcados por gestos de solidariedade e altruísmo. A criatividade é um traço marcante em sua personalidade, e sentem necessidade de explorar novas ideias e territórios. Vivenciam suas emoções e relações de maneira leve e desapegada, pois se relacionam melhor por meio de ideias, e não de sentimentos. Seus valores pessoais são fundamentais e inabaláveis, e fugirão de todo e qualquer ambiente em que precisem sacrificar sua livre expressão. O cuidado deve estar na tendência à desobediência, uma vez que aquarianos tendem a respeitar apenas aqueles que consideram dignos de admiração genuína.

☆ **TRABALHO:** Se a leveza é um traço fundamental para que aquarianos tenham boas relações, assim também será no trabalho, a menos que percebam nele a possibilidade de expressão do próprio potencial criativo, o que fará deles grandes idealistas e apaixonados pela profissão. Trabalham bem sozinhos, mas, quando é necessário desempenhar funções coletivas, são capazes de colaborar com sua criatividade ao sentirem que suas ideias e pontos de vista são acolhidos e valorizados. Inspiradores por natureza, podem se tornar bons líderes, além disso, valorizam ambientes dinâmicos e alternativos.

☆ **AMOR:** Um aquariano se relaciona de maneira intelectual com as pessoas à sua volta; por isso ele se apaixona pela visão de mundo de seu parceiro. Os nativos deste signo sentem uma imensa necessidade de troca nas relações românticas, e, mesmo ao desenvolverem intimidade com a pessoa amada, ainda assim precisam do sentimento de liberdade e autonomia. Preferem relações leves e livres de grandes conflitos ou problemas, em que possam se expressar de maneira original e autêntica, com acolhimento e reconhecimento.

☆ **SAÚDE:** Aquarianos devem tomar cuidado com o sistema ósseo, que costuma ser mais frágil, com problemas de insônia e também doenças do sistema nervoso. O cuidado com a saúde mental também é fundamental.

Previsões para 2022

De 1º a 10 de janeiro: O sextil entre Sol e Netuno favorece sua capacidade de reflexão sobre o que pretende realizar daqui para a frente. O aspecto positivo de Urano sinaliza uma fase em que você poderá se libertar de crenças do passado e crescer espiritualmente.

De 11 a 20 de janeiro: Mercúrio e Urano fazem um ângulo de tensão e podem causar inquietação e ansiedade. Esse sentimento pressupõe estados dispersivos e pouco produtivos. Será proveitoso trocar ideias com alguém de sua confiança.

De 21 a 31 de janeiro: O Sol entra em seu signo solar, fazendo com que possa expressar melhor seu "eu" aquariano – ou seja, viver com mais liberdade, ter autonomia em suas escolhas. Vênus em trígono com Urano trará movimento à sua vida amorosa; saia mais para se divertir.

De 1º a 10 de fevereiro: Sol em conjunção com Saturno em Aquário indica um ciclo em que você poderá assumir maiores responsabilidades com a confiança de que vai realizá-las. Marte, Urano e Júpiter abrem espaço para renovação em sua vida social com a chegada de novas amizades.

De 11 a 20 de fevereiro: No céu estelar, temos Júpiter em sextil com Urano, que é regente de seu signo solar. Certamente você se sentirá mais animado e vibrante, querendo interagir com todos para trocar experiências. Ótimo para reformar sua casa; comece por se desfazer de tudo o que não tem mais utilidade!

De 21 a 28 de fevereiro: Marte e Vênus juntos em Capricórnio fazem sextil com Netuno em Peixes. Fase excelente para a vida amorosa, em que a sinceridade e o desejo pelo bem-estar do outro encontram reciprocidade. Um clima romântico a ser bem aproveitado.

De 1º a 10 de março: Urano na Casa IV sinaliza decisões acertadas de comum acordo com seus familiares. Talvez você precise de mais liberdade ou ter o próprio espaço para morar. Seja como for, é um ciclo de crescimento e maturidade emocional.

De 11 a 20 de março: A Lua quase cheia em Leão fará oposição a vários planetas, intensificando a expressão de emoções e palavras. As consequências disso podem gerar mal-entendidos. Melhor seria escutar mais os outros e fazer menos julgamentos.

De 21 a 31 de março: Com o sextil entre Mercúrio e Plutão, já é possível construir pontes de entendimento e diálogos positivos com todos. Assertividade não é sinônimo de agressividade, e compaixão é a fonte de toda ação positiva, não esqueça!

De 1º a 10 de abril: Júpiter, Netuno e Vênus estão em Peixes, um signo de Água, relacionado aos sentimentos mais profundos, à sensibilidade psíquica, à vida inconsciente e à imaginação. Permita-se olhar mais para si mesmo, ouvir seus sonhos e desejos ainda não verbalizados.

De 11 a 20 de abril: Sol e Saturno em ângulo favorável propiciam uma energia boa para planejar sua vida. Deixe bem claro para si e para os outros aquilo que pretende fazer, e continue semeando, sem pressa de colher os frutos. Ótimo momento para participar de eventos artísticos e culturais.

De 21 a 30 de abril: Momento favorável para sua vida profissional; fase propícia para aprender ou ensinar, estimular os outros, poder convencer pelo dom da palavra e da oratória. Mostre ao mundo suas motivações ou pretensões.

De 1º a 10 de maio: Sol, Urano e Marte fazem aspectos harmônicos no céu. Os três planetas expressam energia de ação, direção, liderança e assertividade. É hora de tomar as rédeas da vida em suas mãos, ser protagonista de sua história e avançar sem medos.

De 11 a 20 de maio: Talvez surjam preocupações com pessoas idosas e isso demandará mais dedicação de sua parte. Mas, para superar esses contratempos, você poderá se surpreender com um manancial de energia que estava adormecido.

De 21 a 31 de maio: Júpiter está agora no signo de Fogo de Áries, e Marte se juntará a ele no fim do mês. Você vai perceber um aumento de força vital que não o deixará quieto nem por um instante. Suas ações serão rápidas e bem-sucedidas. Siga em frente!

De 1º a 10 de junho: A rapidez do ciclo anterior já não é a mesma nestes dias. O ritmo da vida desacelera um pouco, mas não significa estagnação, e sim reavaliação. Novas estratégias para divulgar seus negócios serão bem-vindas.

De 11 a 20 de junho: Pendências no setor familiar tendem a ser bem encaminhadas com os bons aspectos de Mercúrio e Vênus no céu. Júpiter favorece seus negócios e estudos, e sua presença de espírito será marcante neste período. Êxito em assuntos ligados a jurisprudência.

De 21 a 30 de junho: Marte faz sextil com Saturno, que está em Aquário, seu signo solar. Esse fato é relevante para sua produtividade e eficiência em qualquer atividade. As experiências realizadas no passado também são a promessa de sucesso neste ciclo.

De 1º a 10 de julho: Seu desempenho intelectual é evidente e isso abre portas para você crescer em sua carreira. Você está apto agora a encorajar amigos e colegas, ressaltando as qualidades deles, o que também demonstra inteligência emocional.

De 11 a 20 de julho: Sol e Mercúrio fazem sextil com Urano, que rege o signo de Aquário. Este ciclo confirma sua habilidade para se comunicar e interagir socialmente de maneira autêntica e simpática. Sol e Netuno mostram um ciclo favorável para fazer dietas e diminuir a ingestão de carboidratos.

De 21 a 31 de julho: Nestes dias, você poderá sentir as consequências do excesso de demandas; já é hora de descansar. Veja isso como uma oportunidade de saber estabelecer limites para si e para os outros, e assim conseguir recarregar sua energia vital.

De 1º a 10 de agosto: Sol em Leão faz trígono com Júpiter em Áries, e esse ângulo evidencia o reconhecimento de seu empenho e dedicação em tudo o que realiza. No fim deste ciclo, pode haver turbulências na vida doméstica; evite palavras muito ríspidas.

De 11 a 20 de agosto: Caso as demandas ainda sejam grandes, tome cuidado para não se sobrecarregar novamente. Pessoas mais idosas podem precisar do seu apoio emocional. Favorável para encaminhar com mais assertividade assuntos de seu patrimônio familiar.

De 21 a 31 de agosto: Os aspectos entre Sol e Marte sinalizam um momento de pouca tolerância, com frustrações e imprevistos. É importante não criar um clima do tipo "oito ou oitenta", pois assim os impasses tendem a piorar. Pratique a arte do silêncio.

De 1º a 10 de setembro: No ciclo da lua crescente, temos bons ângulos planetários que envolvem Mercúrio, Júpiter e Marte em signos de Ar. Este é um momento em que se privilegiam o equilíbrio e a justiça, reafirmando assim seus valores para todos os que o cercam.

De 11 a 20 de setembro: Um clima de insatisfação e questionamentos pode complicar sua vida amorosa. Os interesses divergem, assim como as opiniões sobre temas relevantes. Dê um tempo a si mesmo para pensar e não ponha mais lenha na fogueira; priorize sua paz de espírito.

De 21 a 30 de setembro: As dúvidas e desilusões na vida a dois surgem por expectativas muito altas de sua parte. No fim deste ciclo, um trígono entre Saturno e Marte favorece decisões acertadas, discernimento e maturidade emocional.

De 1º a 10 de outubro: Saturno e Urano no céu mostram um ciclo em que tudo ficará emperrado, apesar de sua determinação e perseverança. No entanto, com Mercúrio em trígono com Plutão em signos de Terra não lhe faltará resiliência para superar as adversidades.

De 11 a 20 de outubro: Marte em Gêmeos em quadratura com Netuno significa que interesses diversos podem se transformar em dispersão. Fique atento a essa tendência, treinando a objetividade naquilo que é realmente importante. Bom momento para a vida amorosa.

De 21 a 31 de outubro: Sol em conjunção com Vênus em Libra e em seguida em Escorpião expressa a natureza romântica que todos possuímos, embora de maneiras diferentes. Então, siga os seus desejos, conquiste ou se deixe conquistar por alguém que faz seus olhos brilharem.

De 1º a 10 de novembro: Urano, o regente de seu signo solar, recebe aspectos tensos neste período. É importante estar atento a possíveis imprevistos e alterações em sua rotina. Isso pode estar relacionado a aparelhos eletrônicos ou à internet. Faça um *backup* de documentos importantes.

De 11 a 20 de novembro: Neste ciclo, Júpiter será o planeta mais ativado de todos. Você poderá usufruir do reconhecimento que esperava pelo seu desempenho e por suas conquistas. Ótimo ciclo para ver e reencontrar amigos, e fazer novos planos para o futuro.

De 21 a 30 de novembro: Os efeitos positivos jupiterianos se estendem também a esta fase, pois o planeta retoma seu movimento direto. Isso vai deixá-lo entusiasmado e motivado para voltar a dar atenção a algum projeto que tinha ficado de lado, e também para investimentos de médio e longo prazos.

De 1º a 10 de dezembro: Informações e notícias confusas e contraditórias podem deixá-lo ansioso e irritadiço. Não fique procurando por culpados; sempre é preciso ver os outros lados da questão. O dogmatismo exagerado não será bom conselheiro.

De 11 a 20 de dezembro: Neste momento, é interessante não se deixar levar por intrigas que não lhe dizem respeito. As experiências que fez anteriormente é que serão a referência para avaliar o que é certo ou errado. Confie também em sua intuição.

De 21 a 31 de dezembro: As divergências já estão sendo superadas, garantindo-lhe paz na vida familiar e profissional. Os esclarecimentos serão essenciais para sua paz de espírito, assim como a compaixão por si mesmo e por todos. Afinal, ninguém é perfeito!

PEIXES — 20 de fevereiro – 20 de março

EU CREIO
ELEMENTO: Água
PEDRAS DE PROTEÇÃO: Água-marinha e turquesa
PLANETA REGENTE: Netuno
QUALIDADE: Mutável

☆ **PERSONALIDADE:** Os nativos deste signo de Água têm como ambiente natural o mundo das emoções, dos sonhos e das fantasias. Empáticos por natureza, os piscianos têm muita facilidade para perceber e sentir as pessoas ao redor. Carinhosos, possuem tendência ao cuidado com os outros, devendo, contudo, tomar cuidado para não se anularem nesse processo. Sensíveis, seu humor sofre leves variações, mas costumam manter um ar sereno. São muito generosos e gostam de se devotar a uma causa ou propósito de vida. Para os piscianos, a vida pode ser simples, desde que seja preenchida de sentido e significado.

☆ **TRABALHO:** Para os piscianos, o trabalho é mais uma realidade idealista que expressa elementos de seu mundo interior do que uma simples obrigação prática e um modo de sobrevivência. Mais do que se dedicar a um trabalho, os piscianos gostam de se entregar a um tipo de serviço, ou seja, ao ato de servir a um propósito repleto de significado. Podem ter dificuldades para se encontrar em termos profissionais, pois precisarão lidar também com aspectos objetivos na carreira, mas, uma vez que encontrem um ambiente no qual possam criar vínculos emocionais com suas funções, tendem a prosperar e ter muito sucesso.

☆ **AMOR:** Essencialmente afetuosos, os piscianos têm um ar maternal e gostam de suprir as necessidades do parceiro. No romance, apresentam tendência a se doar e fazer tudo o que estiver ao seu alcance pelo sucesso da relação. Amam de maneira altruísta, vendo na realização afetiva um importante aspecto de sua vida. Valorizam o carinho e precisam se sentir valorizados e acolhidos dentro do relacionamento.

☆ **SAÚDE:** Os nativos deste signo tendem a cuidar de outras pessoas muito mais do que de si mesmos. Devem tomar cuidado, portanto, para não negligenciarem a própria saúde em detrimento dos demais, ou absorverem para si problemas que não são seus, evitando se sobrecarregar. A sensibilidade do corpo está na região dos pés, mas também devem ficar atentos aos sistemas respiratório e circulatório. Mudanças climáticas e de ambiente costumam exercer influência em sua saúde, o que pede um olhar cuidadoso para sua sensibilidade e ansiedade.

Previsões para 2022

De 1º a 10 de janeiro: Momento de mais interação social, favorável para encontrar ou fazer novos amigos. A troca de ideias e experiências dará um *upgrade* em sua visão de mundo. Excelente para viagens rápidas, sair da rotina, mexer o corpo e caminhar ao ar livre.

De 11 a 20 de janeiro: O planeta Mercúrio logo vai entrar em movimento retrógrado e fará quadratura com Urano em Touro. Você poderá se sentir mais inquieto ou impaciente com tudo e todos. Fuja dos atritos de comunicação e de situações muito confusas.

De 21 a 31 de janeiro: Marte e Mercúrio entram no signo de Capricórnio, no setor das amizades e dos planos para o futuro. Você poderá estar mais motivado para organizar este início de ano de forma mais prudente e realista. Talvez reencontre pessoas do passado.

De 1º a 10 de fevereiro: O mês começa com a lunação em Aquário, onde também está Saturno. Nesta fase, você pode ficar mais introspectivo e se fortalecer internamente. No fim deste ciclo, Marte em trígono com Urano indicará um forte impulso para sair e se encontrar com amigos.

De 11 a 20 de fevereiro: Júpiter está em seu signo solar, fazendo um sextil com Urano. Seu espírito sonhador e idealista está em evidência. Será positivo trocar ideias e falar de suas aspirações com aqueles que têm afinidade com sua forma de pensar.

De 21 a 28 de fevereiro: Marte e Vênus em bom ângulo com Netuno tornam este período excelente para tratamentos de saúde mais alternativos, como, por exemplo, massagens, acupuntura, Reiki, florais etc. Seu corpo vai assimilá-los bem, pois estará mais sensível e receptivo.

De 1º a 10 de março: Os planetas Marte e Vênus se juntam a Mercúrio e Saturno, formando um *stellium* em Aquário. Você está gestando novas possibilidades criativas de natureza intelectual. Ótimo momento para estudar, pesquisar temas interessantes, fazer ou assistir a palestras e *lives*.

De 11 a 20 de março: O Sol ocupa a sua Casa I, trazendo vitalidade, disposição e capacidade de atrair oportunidades para se desenvolver. O Sol em sextil com Plutão faz emergir talentos e recursos ainda desconhecidos, o que deve reforçar sua autoconfiança

De 21 a 31 de março: Você poderá encontrar mais chances para investir em atividades culturais e em estudos de pós-graduação. É tempo de pensar grande: amplie seu repertório de conhecimentos, aprenda outras línguas e, se possível, viaje para fora do país.

De 1º a 10 de abril: Sol e Mercúrio estão impulsionando a Casa II, associada a ganhos materiais e condições de sobrevivência. Você poderá investir em bons negócios de curto prazo, divulgar melhor seu trabalho e até jogar na loteria!

De 11 a 20 de abril: Urano e Mercúrio em Touro fazem sextil com Vênus em Peixes. Aproveite este ciclo, que é bastante positivo para cuidar da aparência e de seu bem-estar. Nada como renovar o visual e elevar a autoestima.

De 21 a 30 de abril: Mercúrio se encontra em ritmo acelerado, o que é auspicioso para a comunicação em geral, fazer contatos, negócios rápidos, mostrar suas ideias e talentos profissionais. Vênus em conjunção com Júpiter poderá trazer boas surpresas à vida amorosa!

De 1º a 10 de maio: Esta fase, com o sextil entre Júpiter e Plutão no céu, também é benéfica para projetos de natureza intelectual. Marte, Urano e Sol dinamizam sua mente, sua vontade de agir com mais assertividade e liberdade. Não procrastine seus sonhos!

De 11 a 20 de maio: O planeta Júpiter adentra o signo de Áries, confirmando uma fase de mais iniciativas e disposição empreendedora. Elabore um plano consistente para sua vida financeira ir adiante; ousadia nunca fez mal a ninguém.

De 21 a 31 de maio: Mercúrio e Sol em Gêmeos tornam esta fase interessante para estabelecer parcerias e interagir mais socialmente. Tenha foco naquilo que deseja fazer; fique próximo de pessoas que pensem como você. Ótimo ciclo para viagens rápidas de lazer ou negócios.

De 1º a 10 de junho: Mercúrio em movimento direto vai acelerando o ritmo dos eventos. Mas será importante saber que obstáculos podem surgir e vão testar sua resiliência e perseverança. Não seja orgulhoso em pedir qualquer tipo de ajuda, pois ela será bem-vinda.

De 11 a 20 de junho: Vênus e Urano juntos podem significar novidades na vida sentimental. Fique atento ao fato de que essas surpresas não são rotineiras; aproveite bem este momento. Seus familiares devem solicitar mais sua atenção e carinho.

De 21 a 30 de junho: Marte em sextil com Saturno mostra que seus esforços e sua dedicação no trabalho começam a dar frutos. Mesmo assim, não cante vitória antes do tempo; continue firme em suas metas. Evite os excessos com alimentação processada.

De 1º a 10 de julho: Mercúrio vai dinamizar sua rotina; tudo estará mais intenso e rápido. Fique mais atento à sua vida financeira. Evite gastos ou investimentos por impulso, uma vez que podem surgir despesas extras durante estes dias.

De 11 a 20 de julho: Agora Sol e Mercúrio estão no signo de Câncer, agitando sua vida amorosa. Deixe as desculpas de estudo ou trabalho de lado e trate de se divertir mais. O romantismo nunca saiu de moda e agora você terá a chance de viver um grande amor.

De 21 a 31 de julho: Os planos já traçados para o seu trabalho podem sofrer alterações, gerando desânimo e desapontamento em seu estado de espírito. Toda vitória pressupõe dificuldades e esforço contínuo; erga a cabeça e siga em frente.

De 1º a 10 de agosto: Agora os ventos são favoráveis ao seu êxito, e as sincronicidades do dia a dia sinalizam que você está no caminho certo. Vênus em trígono com Netuno indica uma fase alegre e prazerosa na vida a dois. Desfrute de eventos artísticos e culturais.

De 11 a 20 de agosto: Júpiter e Vênus em harmonia são a promessa de dias mais felizes, em que você estará confiante e otimista. Marte e Plutão, por outro lado, imprimem força, carisma e direcionamento de energia vital para você chegar aonde deseja.

De 21 a 31 de agosto: É bom lembrar que nem sempre é possível acelerar o ritmo de realização dos outros. Sua intolerância pode comprometer os bons resultados que espera. Use a estratégia de recuar um pouco para solucionar os conflitos deste ciclo.

De 1º a 10 de setembro: Ciclo positivo para decisões rápidas que favoreçam a vida familiar ou sua própria casa. Mesmo que signifique gastos, veja-os como um investimento para seu futuro. A Lua em Capricórnio faz bons aspectos com Vênus e Urano: saia mais para se divertir com amigos.

De 11 a 20 de setembro: O Sol faz oposição a Netuno, regente de seu signo solar. Seria prudente estar mais atento ao seu corpo e bem-estar geral. Faça exames de rotina ou remarque consultas adiadas e, em caso de alguma eventualidade, não se arrisque com a automedicação. Deixe a preguiça de lado.

De 21 a 30 de setembro: Netuno e Vênus em ângulo de tensão podem gerar desilusões na vida a dois; lembre-se de que ninguém é perfeito. Marte em trígono com Saturno é auspicioso para aumentar sua eficiência e produtividade no trabalho, e promover uma interação mais animada com todos.

De 1º a 10 de outubro: Saturno fará quadratura com Urano no céu planetário. Assim, este período vai exigir flexibilidade e jogo de cintura para se adaptar aos possíveis contratempos ou atrasos que surgirem. Lembre-se: eles não dependem da sua ação ou vontade!

De 11 a 20 de outubro: Um clima de tensão pode surgir no setor doméstico, uma vez que algumas promessas não foram cumpridas. Procure não julgar os outros de forma unilateral e tente ser mais compassivo com as fragilidades e imperfeições alheias.

De 21 a 31 de outubro: O Sol faz conjunção com Vênus em Libra e, em seguida, em Escorpião. Esse aspecto enfatiza a importância das relações em geral, seja no âmbito social, familiar ou amoroso. Mercúrio e Saturno em harmonia podem indicar encontros com pessoas de seu passado.

De 1º a 10 de novembro: A Lua está em fase crescente, o que é positivo para impulsionar seus planos em geral. Em sua fase cheia, haverá oposições entre Sol, Mercúrio e Urano, fato que o deixará mais sensível e propenso a alterações de humor. Em face disso, evite discussões inúteis.

De 11 a 20 de novembro: Nestes dias, o astral já está mais ameno e pacífico. Mercúrio, Vênus e Júpiter facilitam o entendimento, a compreensão e a diplomacia para lidar com os outros. Você poderá agir com mais generosidade e altruísmo, esquecendo as preocupações rotineiras.

De 21 a 30 de novembro: O Sol faz trígono com Júpiter, que está em movimento direto no signo de Peixes. Momento auspicioso para investir mais tempo na vida espiritual, voltando-se para dimensões mais sutis ou transcendentes da vida. Procure planejar seu fim de ano.

De 1º a 10 de dezembro: As demandas familiares talvez se contraponham às obrigações de trabalho. Isso pode deixá-lo estressado, mas não adianta procurar por culpados. São circunstâncias da vida, e logo passarão; tenha flexibilidade e paciência.

De 11 a 20 de dezembro: Sol em Sagitário faz sextil com Saturno em Aquário, permitindo-lhe vivenciar de modo mais maduro sua inteligência emocional. É preciso compreender e aceitar que os obstáculos fortalecem seu espírito, com a consciência de que, afinal, tudo é um grande aprendizado.

De 21 a 31 de dezembro: Netuno recebe bons aspectos de Mercúrio e Vênus, que ocupam a casa dos amigos, favorecendo encontros, viagens e alegrias no coração. Não se deixe levar pelo impulso de gastar mais do que realmente pode; as tentações do fim de ano estão aí!

DESCUBRA O SEU ASCENDENTE

O signo solar representa o potencial de nossa vida. Saber isso, no entanto, não basta. Para termos uma visão completa das possibilidades com que os astros nos acenam, precisamos levar em conta todo o Sistema Solar, tal como ele se apresenta no mapa astral. Talvez o Sol seja o corpo celeste mais importante na Astrologia, pois ele mostra nossa personalidade mais profunda; no entanto, é imprescindível conhecer o signo que, na hora e no local do nosso nascimento, despontava no horizonte leste. Esse é o signo Ascendente, que determinará o "horizonte" pessoal, ou seja, nosso ponto de vista particular com relação à vida.

A seguir serão apresentadas tabelas práticas e fáceis com as quais você poderá descobrir, *com precisão relativa*, qual é o seu Ascendente.

Como usar as tabelas

❶ Descubra na Tabela 1 se você nasceu no horário de verão. Nesse caso, subtraia 1 hora do horário do seu nascimento.

❷ De acordo com o Estado em que você nasceu, some ou subtraia do horário do seu nascimento o número indicado na coluna de correção de horário constante da Tabela 2. Por exemplo, se você nasceu no dia 06 de abril de 1970, às 24h10, no Estado de São Paulo, terá de subtrair 6 minutos. Desse modo, a Hora Local será fixada em 24h04.

❸ Localize, na Tabela 3, a Hora Sideral, seguindo o dia do seu nascimento até chegar, na mesma linha, à coluna do mês. De acordo com o exemplo anterior, você vai encontrar 1h01 como Hora Sideral.

❹ O próximo passo é somar a Hora Local com a Hora Sideral, ou seja, 24h04 + 1h01, e terá 25h05 como resultado. No entanto, se os resultados forem acima de 24 horas, é preciso subtrair 24 horas da soma. Se forem abaixo, vá direto à Tabela 2. No exemplo, a soma foi superior a

24 horas, motivo pelo qual foi preciso subtrair 24 horas, chegando a um resultado final de 1h05 – Hora Sideral individual. Vá agora à Tabela 2 para localizar a latitude do Estado de nascimento ou de um Estado bem próximo. No exemplo, São Paulo está a 23 graus de latitude sul.

❺ Com todos os dados em mãos, vá até a Tabela 4 e procure nas colunas horizontais a latitude mais próxima do seu Estado de nascimento. No exemplo, a mais próxima de 23 é 25 graus. Retome então a Hora Sideral, que no exemplo é 1h05. Veja que na coluna dos 25 graus, à 1h05, ascendia aos céus o signo de Capricórnio. Portanto, o signo Ascendente do exemplo analisado é Capricórnio. Observe que a Tabela 4 dá as horas em que cada signo começa e termina sua ascensão. Assim, para a latitude de 25 graus, Capricórnio fica entre 23h00 e 1h19, pois à 1h20 começa a ascensão do signo de Aquário.

Tabela 1	Tabela 2		
Períodos em que o horário de verão foi adotado	Estados	Correção	Latitude
03 out. 31, às 11h00 a 31 mar. 32, às 24h00	Acre	+ 29 min	10 graus
03 out. 32, às 23h00 a 31 mar. 33, às 24h00	Alagoas	+ 37 min	9 graus
01 dez. 49, à 00h00 a 16 abr 50, às 24h00	Amapá	– 24 min	0 grau (Equador)
01 dez. 50, à 00h00 a 28 fev. 51, às 24h00	Amazonas	– 3 graus	
01 dez. 51, à 00h00 a 28 fev. 52, às 24h00	Bahia	+ 26 min	13 graus
01 dez. 52, à 00h00 a 28 fev. 53, às 24h00	Ceará	+ 26 min	3 graus
23 out. 63, à 00h00 a 01 mar. 64, às 24h00 (1)	Distrito Federal	– 12 min	15 graus
09 dez. 63, à 00h00 a 01 mar. 64, às 24h00 (2)	Espírito Santo	+ 19 min	20 graus
31 jan. 65, à 00h00 a 31 mar. 65, às 24h00	Goiás	– 17 min	16 graus
30 nov. 65, à 00h00 a 31 mar. 66, às 24h00	Maranhão	+ 3 min	3 graus
01 nov. 66, à 00h00 a 01 mar. 67, às 24h00	Mato Grosso	+ 16 min	15 graus
01 nov. 67, à 00h00 a 01 mar. 68, às 24h00	Minas Gerais	+ 4 min	19 graus
02 nov. 85, à 00h00 a 15 mar. 86, às 24h00	Pará	– 14 min	2 graus
24 out. 86, à 00h00 a 14 fev. 87, às 24h00	Paraíba	+ 40 min	7 graus
25 out. 87, à 00h00 a 07 fev. 88, às 24h00	Paraná	– 17 min	25 graus
16 out. 88, à 00h00 a 29 jan. 89, às 24h00	Pernambuco	+ 40 min	8 graus
15 out. 89, à 00h00 a 11 fev. 90, às 24h00	Piauí	+ 9 min	5 graus

Tabela 1	Tabela 2		
Períodos em que o horário de verão foi adotado	Estados	Correção	Latitude
21 out. 90, à 00h00 a 17 fev. 91, às 24h00	Rio Grande do Norte	+ 39 min	5 graus
20 out. 91, à 00h00 a 19 fev. 92, às 24h00	Rio Grande do Sul	– 25 min	30 graus
25 out. 92, à 00h00 a 31 jan. 93, às 24h00	Rio de Janeiro	+ 7 min	23 graus
17 out. 93, à 00h00 a 20 fev. 94, às 24h00	Rondônia	– 3 min	9 graus
16 out. 94, à 00h00 a 19 fev. 95, às 24h00	Roraima	– 16 min	3 graus (N)
15 out. 95, à 00h00 a 11 fev. 96, às 24h00	Santa Catarina	– 14 min	28 graus
06 out. 96, à 00h00 a 16 fev. 97, às 24h00	São Paulo	– 6 min	23 graus
06 out. 97, à 00h00 a 01 mar. 98, às 24h00	Sergipe	+ 32 min	10 graus
11 out. 98, à 00h00 a 21 fev. 99, às 24h00	Tocantins	– 17 min	10 graus
03 out. 99, à 00h00 a 27 fev. 00, às 24h00			
08 out. 00, à 00h00 a 18 fev. 01, às 24h00			
14 out. 01, à 00h00 a 17 fev. 02, às 24h00			
03 nov. 02, à 00h00 a 16 fev. 03, às 24h00			
18 out. 03, à 00h00 a 14 fev. 04, às 24h00			
02 nov. 04, à 00h00 a 20 fev. 05, às 24h00			
16 out. 05, à 00h00 a 18 fev. 06, às 24h00			
05 nov. 06, à 00h00 a 24 fev. 07, às 24h00			
14 out. 07, à 00h00 a 17 fev. 08, às 24h00			
18 out. 08, à 00h00 a 15 fev. 09, às 24h00			
18 out. 09, à 00h00 a 21 fev. 10, às 24h00			
17 out. 10, à 00h00 a 20 fev. 11, às 24h00			
16 out. 11, à 00h00 a 26 fev. 12, às 24h00			
21 out. 12, à 00h00 a 17 fev. 13, às 24h00			
19 out. 13, à 00h00 a 16 fev. 14, às 24h00			
18 out. 14, à 00h00 a 22 fev. 15, às 24h00			
18 out. 15, à 00h00 a 21 fev. 16, às 24h00			
16 out. 16, à 00h00 a 19 fev. 17, às 24h00			
15 out. 17, à 00h00 a 18 fev. 18, às 24h00			
21 out. 18, à 00h00 a 17 fev. 19, às 24h00			

(1) Só SP, MG, RJ e ES.
(2) Todos os demais Estados.

Tabela 3 – HORA SIDERAL

Dia	Jan.	Fev.	Mar.	Abr.	Maio	Jun.	Jul.	Ago.	Set.	Out.	Nov.	Dez.
1	18h42	20h45	22h39	0h41	2h39	4h42	6h36	8h38	10h40	12h40	14h41	18h40
2	18h46	20h49	22h43	0h45	2h43	4h46	6h40	8h42	10h44	12h44	14h45	16h43
3	18h50	20h53	22h47	0h49	2h47	4h50	6h44	8h46	10h48	12h48	14h49	16h47
4	18h54	20h57	22h51	0h53	2h51	4h54	6h48	8h50	10h52	12h52	14h53	16h51
5	18h58	21h00	22h55	0h57	2h55	4h57	6h52	8h54	10h56	12h55	14h57	16h55
6	19h02	21h04	22h59	1h01	2h59	5h01	6h56	8h58	11h00	12h58	15h01	16h59
7	19h06	21h08	23h03	1h05	3h03	5h05	7h00	9h02	11h04	13h02	15h05	17h03
8	19h10	21h12	23h07	1h09	3h07	5h09	7h04	9h06	11h08	13h06	15h09	17h07
9	19h14	21h16	23h11	1h13	3h11	5h13	7h08	9h10	11h12	13h10	15h13	17h11
10	19h18	21h20	23h14	1h17	3h15	5h17	7h12	9h14	11h16	13h14	15h17	17h15
11	19h22	21h24	23h18	1h21	3h19	5h21	7h15	9h18	11h20	13h18	15h21	17h19
12	19h26	21h28	23h22	1h25	3h23	5h25	7h19	9h22	11h24	13h22	15h24	17h23
13	19h30	21h32	23h26	1h29	3h27	5h29	7h23	9h26	11h28	13h28	15h28	17h27
14	19h34	21h36	23h30	1h32	3h31	5h33	7h27	9h30	11h32	13h30	15h32	17h31
15	19h38	21h40	23h34	1h36	3h35	5h37	7h31	9h33	11h36	13h34	15h36	17h34
16	19h42	21h44	23h38	1h40	3h39	5h41	7h35	9h37	11h40	13h38	15h40	17h38
17	19h48	21h48	23h42	1h44	3h43	5h45	7h39	9h41	11h44	13h42	15h44	17h42
18	19h49	21h52	23h46	1h48	3h47	5h49	7h43	9h45	11h48	13h46	15h48	17h46
19	19h53	21h56	23h50	1h52	3h50	5h53	7h47	9h49	11h52	13h50	15h52	17h50
20	19h57	22h00	23h54	1h56	3h54	5h57	7h51	9h53	11h56	13h54	15h56	17h54
21	20h02	22h04	23h58	2h00	3h58	6h01	7h55	9h57	11h58	13h58	16h00	17h58
22	20h06	22h08	0h02	2h04	4h02	6h05	7h59	10h01	12h02	14h02	16h04	18h02
23	20h10	22h12	0h06	2h06	4h06	6h09	8h03	10h05	12h06	14h06	16h08	18h06
24	20h14	22h16	0h10	2h12	4h10	6h13	8h07	10h09	12h10	14h10	16h12	18h10
25	20h18	22h20	0h14	2h18	4h14	6h17	8h11	10h13	12h14	14h14	16h16	18h14
26	20h22	22h24	0h18	2h20	4h18	6h21	8h15	10h17	12h18	14h18	16h20	18h18
27	20h26	22h27	0h23	2h24	4h22	6h24	8h19	10h21	12h22	14h22	16h24	18h22
28	20h30	22h31	0h26	2h28	4h25	6h28	8h23	10h25	12h26	14h26	16h28	18h26
29	20h33	22h35	0h30	2h32	4h30	6h32	8h26	10h29	12h30	14h29	16h32	18h30
30	20h37		0h34	2h36	4h34	6h36	8h30	10h33	12h36	14h33	16h36	18h34
31	20h41		0h37		4h38		8h34	10h37		14h37		18h38

Tabela 4 – SIGNO ASCENDENTE

Latitude Sul		5 graus	10 graus	15 graus	20 graus	25 graus	30 graus
Áries	das às	6h00 7h59	6h00 8h09	6h00 8h09	6h00 8h14	6h00 8h19	6h00 8h24
Touro	das às	8h00 9h59	8h05 10h09	8h10 10h19	8h15 10h29	8h20 10h39	8h25 10h49
Gêmeos	das às	10h00 12h19	10h10 12h29	10h20 12h39	10h30 12h49	10h40 12h59	10h50 13h09
Câncer	das às	12h20 13h39	12h30 13h54	12h40 14h09	12h50 14h24	13h00 14h39	13h10 14h54
Leão	das às	13h40 15h39	13h55 15h49	14h10 15h59	14h25 16h09	14h40 16h19	14h55 16h29
Virgem	das às	15h40 17h59	15h50 17h59	16h00 17h59	16h10 17h59	16h20 17h59	16h30 17h59
Libra	das às	18h00 20h19	18h00 20h09	18h00 19h59	18h00 19h49	18h00 19h39	18h00 19h29
Escorpião	das às	20h20 22h19	20h10 22h04	20h00 21h49	19h50 21h34	19h40 21h19	19h30 21h04
Sagitário	das às	22h20 23h39	22h05 23h29	21h50 23h19	21h35 23h09	21h20 22h59	21h05 22h49
Capricórnio	das às	23h40 01h59	23h30 01h49	23h20 01h39	23h10 01h29	23h00 01h19	22h50 01h09
Aquário	das às	02h00 03h59	01h50 03h54	01h40 03h49	01h30 03h49	01h20 03h39	01h10 03h34
Peixes	das às	04h00 05h59	03h55 05h59	03h50 05h59	03h50 05h59	03h40 05h59	03h35 05h59

A ASTROLOGIA COMO SUPORTE NA PSICOTERAPIA

A Astrologia pode ser uma grande aliada nos processos psicoterapêuticos, oferecendo um suporte adicional às técnicas utilizadas no ambiente do consultório. A psicoterapia é um processo que se estabelece entre o terapeuta e o cliente e que se destina a promover mudanças que levem ao fortalecimento da autoestima, a maior autonomia e mais qualidade nos relacionamentos. Destaco aqui algumas linhas de trabalho: a Psicologia, que aborda as questões de conhecimento da pessoa e se ocupa dos processos conscientes; da Psicanálise, que é um método de investigação do inconsciente individual e seu funcionamento; e ainda a Psicologia Analítica que também se ocupa dos processos inconscientes porém numa visão mais ampla que transcende a experiência individual e envolve o inconsciente coletivo e os arquétipos. Existem ainda outras abordagens de processos psicoterapêuticos, como as linhas comportamental, transpessoal e a humanista, porém as três linhas maiores aqui mencionadas são as que melhor dialogam com as possibilidades que a interpretação do mapa astrológico oferece para o indivíduo.

Vista como um saber consolidado da movimentação dos astros e suas correspondências com o comportamento humano, a Astrologia, por sua vez, estabelece uma associação entre os posicionamentos celestes e os eventos de uma dada trajetória pessoal. Esse conhecimento é organizado numa linguagem própria, com seus símbolos e mitos associados, dando significado a cada posicionamento astrológico e tornando possível a compreensão do efeito dessa posição.

Quando uma pessoa nasce e respira pela primeira vez, ela fica impregnada com a memória cósmica daquele momento e passa a reproduzir autonomamente a dinâmica daquele recorte do tempo/espaço registrado em seu mapa astrológico. Cada pessoa tem um céu particular, as posições dos planetas, do Sol e da Lua se inter-relacionam de tal forma que geram estímulos ao indivíduo que, por sua vez, opera segundo determinados padrões (os signos) nas diversas dimensões da vida (as casas astrológicas).

Então, pelo mapa de nascimento é possível identificar a forma como alguém interage com seu ambiente, por exemplo: se tem uma tendência maior à ação e ao enfrentamento ou se é mais observadora para contornar as dificuldades (posições de Lua e Marte), se é uma pessoa mais imaginativa ou mais pragmática e lógica (posições de Mercúrio e Sol), se está predisposta a superar dificuldades e ascender em ambição ou se está mais voltada para a vida familiar e à experimentação dos afetos (Planetas nas Casas 4 e 10), e assim por diante.

São muitas as possibilidades que a leitura do mapa de nascimento apresenta, mas o ponto fundamental de uma leitura astrológica é a capacidade de autorreconhecimento que esse estudo promove na pessoa. Em todas as interpretações de mapas que eu já realizei, em nenhum momento alguém afirmou estar diante de alguma completa novidade a seu respeito, tudo que é acessado numa leitura astrológica a pessoa já havia experimentado ou pressentido de alguma forma. Porém a leitura teve o efeito de reafirmar algo, de esclarecer ou mesmo de oferecer um nome para uma percepção própria que ainda não tinha sido bem elaborada.

Nomear nossos atributos, qualidades e capacidades é um processo fundamental para termos nitidez sobre nossos contornos. Ao perceber o que somos, e também o que não somos, vamos formando uma imagem mental cada vez mais acurada a nosso respeito e dessa forma fica mais fácil identificar quais conteúdos e escolhas são próprios de verdade e quais são resultado da influência do externo (dos pais, da família, do social) que muitas vezes nos confunde, nos afasta da nossa vontade e nos faz infelizes.

As pessoas que buscam a psicoterapia desejam alcançar maior clareza a respeito de seus acontecimentos, contam e recontam suas histórias para poder entendê-las com mais profundidade e, assim, encontrar um sentido na sua trajetória.

Especialmente as abordagens que lidam com o inconsciente, a psicanálise de Freud e a psicologia analítica de Jung, enquanto métodos, favorecem o reencontro do indivíduo consigo mesmo através do uso da linguagem, "a cura pela fala", e da atenção à vida simbólica que se manifesta nos sonhos, nas associações das figuras de linguagem (metonímia), nos atos de humor (chiste), nos lapsos e escorregadelas de linguagem ou comportamento (ato falho) e até mesmo em sintomas físicos e adoecimentos (metáfora).

Na psicoterapia não só o que indivíduo diz como também o que ele não fala é levado em conta pelo terapeuta para ajudá-lo a estruturar essa linguagem própria, única e particular que será o fio condutor do reencontro consigo mesmo. É por meio dessa linguagem tão singular que se revela a cosmovisão individual; uma vez estruturada pelo próprio indivíduo, a linguagem pessoal apresenta para o consciente quais os reais fundamentos, valores e significadores que serão capazes de dar sentido à vida.

É nesse aspecto que a Astrologia pode colaborar com a psicoterapia porque o mapa astrológico é justamente a cosmovisão de um indivíduo, em detalhes. O mapa indica sua forma de expressão (Sol), de sentir (Lua), de pensar (Mercúrio), de se vincular (Vênus) e de agir (Marte), qual seu caminho de desenvolvimento (Júpiter) e como superar desafios e adquirir responsabilidades (Saturno). Além disso, cada mapa possui uma mecânica que interage com as posições atuais dos astros e assim podemos identificar etapas de vida, ciclos que se abrem e fecham, repetições e possibilidades.

Essa correspondência entre a cosmovisão individual, estruturação de linguagem e o mapa astrológico foi percebida especialmente por C. G. Jung, que não só dominava esse conhecimento como também utilizava da astrologia para esclarecer diagnósticos de seus pacientes. Mais do que isso, Jung parece ter se apropriado do conhecimento astrológico como orientador de sua própria teoria sobre a psique humana, dividida em cinco interaspectos (Ego, Persona, Sombra, Animus e Anima) que definem a personalidade, sendo que a cada interaspecto corresponderia um determinado arquétipo. Essa é justamente a proposta da astrologia, identificar a representação arquetípica dos posicionamentos celestes que implicam no modo de agir do humano.

Então, sabendo que o mapa astrológico da pessoa possui todas essas informações sobre ela e é essa ferramenta tão precisa sobre o seu funcionamento psíquico, não seria mais fácil usar apenas a Astrologia?

A resposta é não. Apesar de todas as informações e detalhes pessoais que o mapa astrológico apresenta, conhecer o seu mapa não é suficiente por si só para que a pessoa se aceite, se fortaleça ou faça os ajustes necessários em sua vida para se sentir mais feliz.

O mapa astrológico pode apresentar muitas das nossas potencialidades para a vida, mas não é conhecendo seu mapa que a pessoa se torna automaticamente um ser de luz. Da mesma forma, não se deve assumir posturas que tenham a ver com um determinado aspecto astrológico apenas para nos "encaixarmos" ao nosso mapa. Antes de tudo o mapa é bem isso que o nome diz, um mapa, um guia dos caminhos a serem percorridos para que alcancemos um tesouro bem guardado, esperando para ser encontrado.

Essa também é a proposta da psicoterapia, um profundo e honesto reencontro com a alma. O poder de transformação da vida reside nesse trajeto, no processo de tomada de consciência, e isso irá ocorrer na medida e no ritmo próprios de cada um e de acordo com a sua capacidade de assimilação da realidade. A tomada de consciência é uma conquista, algo que precisa ser desejado e pela qual o indivíduo tem que se dedicar, exige abertura para revisões dos nossos acontecimentos e também tempo para digerir e analisar. A mente só se abre pelo lado de dentro.

É nessa jornada para "tornar-se o que se é" que o desenvolvimento pessoal acontece, sair dos envolvimentos, se des-envolver de tudo que não é próprio para assumir tudo o que se é, na sua integralidade. Nessa perspectiva, o mapa é muito mais que um recurso de previsões para o futuro: o mapa astrológico é um convite para compreender a consciência cósmica no espaço-tempo que é a sua experiência individual de vida.

Verbenna Yin, outono de 2021

O MAGO, Arcano Regido por Mercúrio para Inspirar o seu Ano

PALAVRAS-CHAVE: Iniciativa, persuasão, consciência, ação

FRASES-CHAVE: Capacidade de manifestação; Consciência de seu potencial; Foco no objetivo

LADO NEGATIVO: Tendência à sugestão de mentiras em benefício próprio; exploração a boa-fé de pessoas; alto poder de persuasão; mau uso do poder intelectual

O Mago é o empreendedor arquetípico. Simboliza a ponte entre o eu interior e o eu exterior, a maneira como seus desejos inconscientes são filtrados pelo seu consciente e fazem as coisas acontecerem. É uma carta que nos remete a: "vá e faça acontecer". Esse arcano também representa a nossa capacidade de fazer escolhas e de usar com confiança seus talentos e conhecimentos, mas sem pensar que temos resposta para tudo.

HORÓSCOPO CHINÊS

Astrologia chinesa fundamenta-se no ano lunar, que dura 12 meses e 29 dias. Cada ano lunar é regido por um signo, representado por um animal. Segundo a tradição chinesa, os seres humanos recebem as características do signo regente de cada ano.

Verifique na tabela a seguir qual é o seu animal-signo, tomando por base a data do seu nascimento. Se estiver interessado em conhecer seu signo Ascendente no horóscopo chinês, consulte também a tabela das horas regidas pelos signos.

Os anos lunares de 1900 a 2031				
Signos	**Período correspondente**		**Elemento**	**Polaridade**
Rato	de 31 de janeiro de 1900	até 18 de fevereiro de 1901	Metal	+
Boi	de 19 de fevereiro de 1901	até 7 de fevereiro de 1902	Metal	–
Tigre	de 8 de fevereiro de 1902	até 28 de janeiro de 1903	Água	+
Coelho	de 29 de janeiro de 1903	até 15 de fevereiro de 1904	Água	–
Dragão	de 16 de fevereiro de 1904	até 3 de fevereiro de 1905	Madeira	+
Serpente	de 4 de fevereiro de 1905	até 24 de janeiro de 1906	Madeira	–
Cavalo	de 25 de janeiro de 1906	até 12 de fevereiro de 1907	Fogo	+
Carneiro	de 13 de fevereiro de 1907	até 1o de fevereiro de 1908	Fogo	–
Macaco	de 2 de fevereiro de 1908	até 21 de janeiro de 1909	Terra	+
Galo	de 22 de janeiro de 1909	até 9 de fevereiro de 1910	Terra	–
Cão	de 10 de fevereiro de 1910	até 29 de janeiro de 1911	Metal	+
Javali	de 30 de janeiro de 1911	até 17 de fevereiro de 1912	Metal	–
Rato	de 18 de fevereiro de 1912	até 5 de fevereiro de 1913	Água	+
Boi	de 6 de fevereiro de 1913	até 25 de janeiro de 1914	Água	–
Tigre	de 26 de janeiro de 1914	até 13 de fevereiro de 1915	Madeira	+
Coelho	de 14 de fevereiro de 1915	até 12 de fevereiro de 1916	Madeira	–
Dragão	de 13 de fevereiro de 1916	até 22 de janeiro de 1917	Fogo	+

Os anos lunares de 1900 a 2031

Signos	Período correspondente		Elemento	Polaridade
Serpente	de 23 de janeiro de 1917	até 10 de fevereiro de 1918	Fogo	−
Cavalo	de 11 de fevereiro de 1918	até 31 de janeiro de 1919	Terra	+
Carneiro	de 1o de fevereiro de 1919	até 19 de fevereiro de 1920	Terra	−
Macaco	de 20 de fevereiro de 1920	até 7 de fevereiro de 1921	Metal	+
Galo	de 8 de fevereiro de 1921	até 27 de janeiro de 1922	Metal	−
Cão	de 28 de janeiro de 1922	até 15 de fevereiro de 1923	Água	+
Javali	de 16 de fevereiro de 1923	até 4 de fevereiro de 1924	Água	−
Rato	de 5 de fevereiro de 1924	até 24 de janeiro de 1925	Madeira	+
Boi	de 25 de janeiro de 1925	até 12 de fevereiro de 1926	Madeira	−
Tigre	de 13 de fevereiro de 1926	até 1o de fevereiro de 1927	Fogo	+
Coelho	de 2 de fevereiro de 1927	até 22 de janeiro de 1928	Fogo	−
Dragão	de 23 de janeiro de 1928	até 9 de fevereiro de 1929	Terra	+
Serpente	de 10 de fevereiro de 1929	até 9 de janeiro de 1930	Terra	−
Cavalo	de 10 de janeiro de 1930	até 16 de fevereiro de 1931	Metal	+
Carneiro	de 17 de fevereiro de 1931	até 5 de fevereiro de 1932	Metal	−
Macaco	de 6 de fevereiro de 1932	até 25 de janeiro de 1933	Água	+
Galo	de 26 de janeiro de 1933	até 13 de fevereiro de 1934	Água	−
Cão	de 14 de fevereiro de 1934	até 3 de fevereiro de 1935	Madeira	+
Javali	de 4 de fevereiro de 1935	até 23 de janeiro de 1936	Madeira	−
Rato	de 24 de janeiro de 1936	até 10 de fevereiro de 1937	Fogo	+
Boi	de 11 de fevereiro de 1937	até 30 de janeiro de 1938	Fogo	−
Tigre	de 31 de janeiro de 1938	até 18 de fevereiro de 1939	Terra	+
Coelho	de 19 de fevereiro de 1939	até 7 de fevereiro de 1940	Terra	−
Dragão	de 8 de fevereiro de 1940	até 26 de janeiro de 1941	Metal	+
Serpente	de 27 de janeiro de 1941	até 14 de fevereiro de 1942	Metal	−
Cavalo	de 15 de fevereiro de 1942	até 4 de fevereiro de 1943	Água	+
Carneiro	de 5 de fevereiro de 1943	até 24 de janeiro de 1944	Água	−
Macaco	de 25 de janeiro de 1944	até 12 de fevereiro de 1945	Madeira	+
Galo	de 13 de fevereiro de 1945	até 1o de fevereiro de 1946	Madeira	−
Cão	de 2 de fevereiro de 1946	até 21 de janeiro de 1947	Fogo	+
Javali	de 22 de janeiro de 1947	até 9 de fevereiro de 1948	Fogo	−
Rato	de 10 de fevereiro de 1948	até 28 de janeiro de 1949	Terra	+

Os anos lunares de 1900 a 2031

Signos	Período correspondente		Elemento	Polaridade
Boi	de 29 de janeiro de 1949	até 16 de fevereiro de 1950	Terra	−
Tigre	de 17 de fevereiro de 1950	até 5 de fevereiro de 1951	Metal	+
Coelho	de 6 de fevereiro de 1951	até 26 de janeiro de 1952	Metal	−
Dragão	de 27 de janeiro de 1952	até 13 de fevereiro de 1953	Água	+
Serpente	de 14 de fevereiro de 1953	até 2 de fevereiro de 1954	Água	−
Cavalo	de 3 de fevereiro de 1954	até 23 de janeiro de 1955	Madeira	+
Carneiro	de 24 de janeiro de 1955	até 11 de fevereiro de 1956	Madeira	−
Macaco	de 12 de fevereiro de 1956	até 30 de janeiro de 1957	Fogo	+
Galo	de 31 de janeiro de 1957	até 17 de fevereiro de 1958	Fogo	−
Cão	de 18 de fevereiro de 1958	até 7 de fevereiro de 1959	Terra	+
Javali	de 8 de fevereiro de 1959	até 27 de janeiro de 1960	Terra	−
Rato	de 28 de janeiro de 1960	até 14 de fevereiro de 1961	Metal	+
Boi	de 15 de fevereiro de 1961	até 4 de fevereiro de 1962	Metal	−
Tigre	de 5 de fevereiro de 1962	até 24 de janeiro de 1963	Água	+
Coelho	de 25 de janeiro de 1963	até 12 de fevereiro de 1964	Água	−
Dragão	de 13 de fevereiro de 1964	até 1o de fevereiro de 1965	Madeira	+
Serpente	de 2 de fevereiro de 1965	até 20 de janeiro de 1966	Madeira	−
Cavalo	de 21 de janeiro de 1966	até 8 de fevereiro de 1967	Fogo	+
Carneiro	de 9 de fevereiro de 1967	até 29 de janeiro de 1968	Fogo	−
Macaco	de 30 de janeiro de 1968	até 16 de fevereiro de 1969	Terra	+
Galo	de 17 de fevereiro de 1969	até 5 de fevereiro de 1970	Terra	−
Cão	de 6 de fevereiro de 1970	até 26 de janeiro de 1971	Metal	+
Javali	de 27 de janeiro de 1971	até 14 de fevereiro de 1972	Metal	−
Rato	de 15 de fevereiro de 1972	até 2 de fevereiro de 1973	Água	+
Boi	de 3 de fevereiro de 1973	até 22 de janeiro de 1974	Água	−
Tigre	de 23 de janeiro de 1974	até 10 de fevereiro de 1975	Madeira	+
Coelho	de 11 de fevereiro de 1975	até 30 de janeiro de 1976	Madeira	−
Dragão	de 31 de janeiro de 1976	até 17 de fevereiro de 1977	Fogo	+
Serpente	de 18 de fevereiro de 1977	até 6 de fevereiro de 1978	Fogo	−
Cavalo	de 7 de fevereiro de 1978	até 27 de janeiro de 1979	Terra	+
Carneiro	de 28 de janeiro de 1979	até 15 de fevereiro de 1980	Terra	−
Macaco	de 16 de fevereiro de 1980	até 4 de fevereiro de 1981	Metal	+

Os anos lunares de 1900 a 2031

Signos	Período correspondente		Elemento	Polaridade
Galo	de 5 de fevereiro de 1981	até 24 de janeiro de 1982	Metal	−
Cão	de 25 de janeiro de 1982	até 12 de fevereiro de 1983	Água	+
Javali	de 13 de fevereiro de 1983	até 1o de fevereiro de 1984	Água	−
Rato	de 2 de fevereiro de 1984	até 19 de fevereiro de 1985	Madeira	+
Boi	de 20 de fevereiro de 1985	até 8 de fevereiro de 1986	Madeira	−
Tigre	de 9 de fevereiro de 1986	até 28 de janeiro de 1987	Fogo	+
Coelho	de 29 de janeiro de 1987	até 16 de fevereiro de 1988	Fogo	−
Dragão	de 17 de fevereiro de 1988	até 5 de fevereiro de 1989	Terra	+
Serpente	de 6 de fevereiro de 1989	até 26 de janeiro de 1990	Terra	−
Cavalo	de 27 de janeiro de 1990	até 14 de fevereiro de 1991	Metal	+
Carneiro	de 15 de fevereiro de 1991	até 3 de fevereiro de 1992	Metal	−
Macaco	de 4 de fevereiro de 1992	até 22 de janeiro de 1993	Água	+
Galo	de 23 de janeiro de 1993	até 9 de fevereiro de 1994	Água	−
Cão	de 10 de fevereiro de 1994	até 30 de janeiro de 1995	Madeira	+
Javali	de 31 de janeiro de 1995	até 18 de fevereiro de 1996	Madeira	−
Rato	de 19 de fevereiro de 1996	até 6 de fevereiro de 1997	Fogo	+
Boi	de 7 de fevereiro de 1997	até 27 de janeiro de 1998	Fogo	−
Tigre	de 28 de janeiro de 1998	até 15 de fevereiro de 1999	Terra	+
Coelho	de 16 de fevereiro de 1999	até 4 de fevereiro de 2000	Terra	−
Dragão	de 5 de fevereiro de 2000	até 23 de janeiro de 2001	Metal	+
Serpente	de 24 de janeiro de 2001	até 11 de fevereiro de 2002	Metal	−
Cavalo	de 12 de fevereiro de 2002	até 31 de janeiro de 2003	Água	+
Carneiro	de 1º de fevereiro de 2003	até 21 de janeiro de 2004	Água	−
Macaco	de 22 de janeiro de 2004	até 8 de fevereiro de 2005	Madeira	+
Galo	de 9 de fevereiro de 2005	até 28 de janeiro de 2006	Madeira	−
Cão	de 29 de janeiro de 2006	até 17 de fevereiro de 2007	Fogo	+
Javali	de 18 de fevereiro de 2007	até 6 de fevereiro de 2008	Fogo	−
Rato	de 7 de fevereiro de 2008	até 25 de janeiro de 2009	Terra	+
Boi	de 26 de janeiro de 2009	até 13 de fevereiro de 2010	Terra	−
Tigre	de 14 de fevereiro de 2010	até 2 de fevereiro de 2011	Metal	+
Coelho	de 3 de fevereiro de 2011	até 22 de janeiro de 2012	Metal	−
Dragão	de 23 de janeiro de 2012	até 9 de fevereiro de 2013	Água	+

Os anos lunares de 1900 a 2031			
Signos	Período correspondente	Elemento	Polaridade
Serpente	de 10 de fevereiro de 2013 até 30 de janeiro de 2014	Água	−
Cavalo	de 31 de janeiro de 2014 até 18 de fevereiro de 2015	Madeira	+
Carneiro	de 19 de fevereiro de 2015 até 7 de fevereiro de 2016	Madeira	−
Macaco	de 8 de fevereiro de 2016 até 27 de janeiro de 2017	Fogo	+
Galo	de 28 de janeiro de 2017 até 15 de fevereiro de 2018	Fogo	−
Cão	de 16 de fevereiro de 2018 até 4 de fevereiro de 2019	Terra	+
Javali	de 5 de fevereiro de 2019 até 24 de janeiro de 2020	Terra	−
Rato	de 25 de janeiro de 2020 até 11 de fevereiro de 2021	Metal	+
Boi	de 12 de fevereiro de 2021 até 31 de janeiro de 2022	Metal	−
Tigre	de 1º de fevereiro de 2022 até 21 de janeiro de 2023	Água	+
Coelho	de 22 de janeiro de 2023 até 9 de fevereiro de 2024	Água	−
Dragão	de 10 de fevereiro de 2024 até 28 de janeiro de 2025	Madeira	+
Serpente	de 29 de janeiro de 2025 até 16 de fevereiro de 2026	Madeira	−
Cavalo	de 17 de fevereiro de 2026 até 5 de fevereiro de 2027	Fogo	+
Carneiro	de 6 de fevereiro de 2027 até 25 de janeiro de 2028	Fogo	−
Macaco	de 26 de janeiro de 2028 até 12 de fevereiro de 2029	Terra	+
Galo	de 13 de fevereiro de 2029 até 2 de fevereiro de 2030	Terra	−
Cão	de 3 de fevereiro de 2030 até 22 de janeiro de 2031	Metal	+
Javali	de 23 de janeiro de 2031 até 10 de fevereiro de 2032	Metal	−

Os signos e as horas

Das 23h à 1h, horas governadas pelo Rato
Da 1h às 3h, horas governadas pelo Boi
Das 3h às 5h, horas governadas pelo Tigre
Das 5h às 7h, horas governadas pelo Coelho
Das 7h às 9h, horas governadas pelo Dragão
Das 9h às 11h, horas governadas pela Serpente
Das 11h às 13h, horas governadas pelo Cavalo
Das 13h às 15h, horas governadas pelo Carneiro
Das 15h às 17h, horas governadas pelo Macaco
Das 17h às 19h, horas governadas pelo Galo
Das 19h às 21h, horas governadas pelo Cão
Das 21h às 23h, horas governadas pelo Javali

Características Gerais de Cada Signo

RATO: Quem nasce no signo do Rato é sedutor e encantador, o que é uma vantagem na vida. Por serem simpáticos e joviais, os Ratos são sempre convidados para todos os eventos e têm vida social intensa. Mas esses nativos, como todas as pessoas, também têm um lado mais negativo: é quando manipulam os sentimentos dos outros, pois são ávidos pelo poder; além de gostarem de jogar, pois são ambiciosos. Mas são generosos e honestos também, isto é, as qualidades superam os defeitos.

BOI: Os nativos deste signo são reservados, mas é possível perceber que são muito dedicados à família. Na área profissional, são dignos de confiança pelo seu grande senso de responsabilidade e espírito de sacrifício, que os leva a fazer de tudo para cumprir bem seu dever. Eles inspiram confiança, embora sejam autoritários, lentos e resistentes às mudanças. Um defeito grave é serem teimosos e vingativos.

TIGRE: A coragem é um dos traços mais marcantes da personalidade do Tigre. Além disso, ele é forte, autoritário e honrado. Mas pode tornar-se intransigente, impulsivo e irritadiço. É um otimista, prevendo sempre o melhor. Ter dinheiro é importante para sentir-se seguro. Os Tigres gostam de se arriscar e têm muita sorte ao fazê-lo. Ninguém fica indiferente a um Tigre, pois ele é muito magnético e atraente. Ou você o ama ou o odeia, dependendo das circunstâncias.

COELHO: O Coelho é discreto, senhor de si, sensato e dotado de muita diplomacia, além de sensível e hospitaleiro. Em contrapartida pode ser pedante, misterioso e hipocondríaco. Gosta de viver de forma independente; não fica deprimido com a solidão. Não costuma apegar-se a relacionamentos que se deterioram com o tempo. Não hesita em se divorciar; gosta de encontrar o próprio caminho. Fica perturbado com a agitação ao redor e aprecia ver as coisas como elas são. O Coelho não é violento; mostra seu talento na santa paz.

DRAGÃO: Este nativo é entusiasta, intuitivo e repleto de vitalidade. Bafejado pelo êxito, pode ser um artista admirável. Dá preferência a trabalhos autônomos. Mas pode ficar inquieto e mostrar-se inflexível, agastando-se com o mundo quando insatisfeito. Está sempre pronto a julgar os outros. No amor, é atraente, e os que se apaixonam por ele disputam os seus favores. Não é algo simples tentar descrever um Dragão, pois ele é difícil de interpretar, por ser muito imprevisível. Além disso, é bastante voluntarioso e egoísta. Tem os pés bem fincados no chão.

SERPENTE: Em geral, a Serpente é culta, cerebral e intuitiva. É bem-educada e costuma ter sorte. Mas pode ser má perdedora, extravagante e vingativa. Uma característica negativa é a preguiça. Tem um magnetismo pessoal que pode ser desagradável de tão intenso. Gosta de manipular as outras pessoas e acaba conseguindo, porque é muito atraente, e sua beleza não é superficial; ela irradia uma espécie de luz interior. A Serpente é muito sagaz. Sempre ajuda a família, dando-lhe apoio e conselhos, embora não goste de distribuir dinheiro ou presentes.

CAVALO: O Cavalo é amável, atlético, divertido e muito independente, além de trabalhador, franco e bastante sensual. Mas exalta-se com facilidade, podendo se tornar impiedoso, desprovido de tato e insensível – é quando põe muita coisa a perder. Sabe quando avançar nos negócios, quando parar e quando ficar para trás, em segundo plano. O Cavalo costuma vencer as discussões com outros signos, mas não com outro Cavalo. Relacionamentos com ele exigem muita paciência, bom senso e tolerância.

CARNEIRO: Muito elegante, o Carneiro é criativo, inteligente e inventivo. Também é muito maleável e altruísta. Mas pode ser bastante caprichoso, indiscreto e indisciplinado. Conforme as circunstâncias, pode se tornar irresponsável. Resiste à injustiça, é muito organizado com seus pertences pessoais e não admite desordem. Às vezes, é um pouco tímido nos relacionamentos. As mulheres de Carneiro podem ser descritas como muito atraentes.

MACACO: O Macaco costuma ser muito inteligente, espirituoso e amável. Tem facilidade para resolver problemas. Apaixona-se várias vezes, pois é um pouco imaturo e não tem grandes escrúpulos. Tem tendência para ser divertido; pelo lado negativo, é um mentiroso nato, mesmo que não minta por mal. Na melhor definição: é um velhaco. É sincero ao fazer suas críticas, sem perceber que magoa os outros. Em geral, fica rico na meia-idade.

GALO: Muito franco, desembaraçado e talentoso, o Galo também é elegante e divertido. Mas, quando atacado, pode se tornar desconfiado, pomposo e até mesmo descarado. Esse signo é um trunfo para os homens; a dicotomia de interesses entre sua família e os relacionamentos amorosos e comerciais o acompanha do começo até o final da vida. A fidelidade não é seu ponto forte. Deve pensar antes de falar para não incorrer em erros graves.

CÃO: O Cão é magnânimo, nobre e leal. Muito responsável, gosta de analisar tudo antes de agir; é bastante discreto e lúcido. Por outro lado, sua reserva natural exagerada o leva a perder oportunidades, e sua introversão também não contribui para o sucesso. Bastante moralista, e até um pouco pessimista, por vezes é dotado de um cinismo mordaz. A hipocrisia fere a alma do Cão.

JAVALI: O Javali é muito escrupuloso; em geral dedica-se aos estudos e é culto. Muito sensível e profundo, não custa a se magoar com as palavras dos outros, defendendo-se, porém, por trás de uma máscara de indulgência. Mas de fato é indefeso e ingênuo, pois não tem espírito de rivalidade, tornando-se presa fácil dos inimigos. É muito crédulo. Quando enraivecido, torna-se mordaz e suas críticas atingem o ponto fraco dos outros.

Ano do Tigre

De 1º de fevereiro de 2022 a 21 de janeiro de 2023

Este ano, segundo a astrologia chinesa, será um período bastante explosivo, marcado por todo tipo de desavenças e desastres, tanto no âmbito pessoal quanto no profissional – embora, ao mesmo tempo, haja a perspectiva de ser um ano grandioso, pois tudo tende a acontecer em grandes escalas: as coisas boas e as não tão boas virão em grandes proporções. Enquanto algumas pessoas colherão grandes frutos, outras terão grandes perdas. É um ano para se agir com muita cautela, pois, se o fizermos com impulso e pelo coração, os resultados poderão ser drásticos.

Ano propício ao trabalho em equipe e para pôr em dia assuntos relacionados ao passado que foram interrompidos. Mesmo com todos esses aspectos "negativos", o ano do Tigre vai despertar o que há de melhor em nós. Expanda todo o seu potencial, mas cuide para não se envolver demais nos assuntos românticos nem nos problemas dos outros; seja menos indiferente, ouça o conselho dos demais, cultive a alegria e não desanime.

A personalidade se manterá em evidência, pois as pessoas vão cultivá-la até com certa agressividade. Aborde os problemas de maneira direta, o ano do Tigre, embora turbulento, poderá se mostrar produtivo, caloroso e afortunado.

Eis o que nos reserva o ano do Tigre

RATO: No quesito segurança, o ano do Tigre não é dos melhores para o Rato. Tente evitar situações que gerem interpretação dúbia, pois é melhor perder um negócio ou um romance do que se arrepender depois quando não houver mais jeito. Como o nativo deste signo tem raciocínio rápido, as fases de provação e situações inesperadas serão tiradas de letra. Mais uma vez: cuidado com situações que gerem incertezas; não force os resultados e sempre espere a situação propícia para inovar e crescer.

BOI: Ano de cuidar da ansiedade, já que, no ano do Tigre, os nativos de Boi dificilmente manterão a calma habitual. Atenção para não cultivar a violência, pois os resultados não serão favoráveis. Na vida profissional, os negócios tendem a melhorar e o nativo deste signo, a prosperar bastante, desde que seja diplomático e trabalhe de forma árdua. Conte com a ajuda de amigos em suas empreitadas e situações difíceis. Evite guardar ressentimentos e alimentar sentimentos de vingança. O nativo de Boi tem forte determinação e um notável dom de realização; logo, neste ano, prossiga com determinação que nada nem ninguém o impedirá de colher os frutos no final do ano.

TIGRE: Ano de alta para os nativos deste signo. Seus projetos têm grande probabilidade de dar certo; a hora de colocá-los em prática é agora! Cuidado para não ser muito liberal nem excessivamente corajoso. Como o Tigre é nobre e justo, não costuma brincar com os sentimentos dos outros, mas muitas pessoas não enxergam dessa forma. Portanto, escolha bem as pessoas que vão participar da sua vida! Neste ano, trabalhe em equipe; esqueça a máxima que aconselha a resolver tudo sozinho. Evite também correr riscos desnecessários, pois 2022 não será favorável a nenhum tipo de exagero.

COELHO: No ano do Tigre, as coisas não serão muito fáceis para o nativo de Coelho. Tente revisar suas ideias e pontos de vista, pois 2022 promete grandes mudanças. O que realmente vai contar nesse período é o fato de ser dono de si mesmo, ambicioso e extremamente engenhoso; com essas características, você conseguirá evitar a depressão ou mesmo algum trauma emocional. Assuntos relacionados à família ficarão em segundo plano, pois a ênfase será no campo profissional. Procure um ambiente tranquilo e agradável para realizar suas tarefas; assim, você renderá muito mais. Para ter êxito nas finanças, mantenha um nível saudável de ambição e, com os frutos do seu trabalho, terá uma vida agradável até a melhor idade.

DRAGÃO: O nativo de Dragão é entusiasta por natureza. Redobre a tenacidade neste ano, pois é bem possível que tenha êxito em grandes projetos, empreendimentos e negócios. Embora a projeção seja de ótimos resultados, existem também grandes responsabilidades e preocupações.

Muito cuidado com envolvimentos amorosos, principalmente os extraconjugais, pois podem prejudicar sua vida sentimental. Devido à rotina intensa, pratique bastante exercícios físicos para evitar o desgaste mental. No mais, o ano do Tigre promete tirar de você o seu melhor.

SERPENTE: Para os nativos deste signo, o ano do Tigre será extremamente exaustivo, com muitos problemas e pequenas e constantes irritações, sendo os nativos de Serpente muitas vezes arrastados a conflitos que gerarão dificuldade de relacionamento, seja no lar ou no trabalho.

Apesar disso, tente manter a positividade e o bom humor. Como o nativo deste signo confia demais no próprio julgamento, deve continuar a fazê-lo, especialmente em 2022; siga sua intuição e mantenha seu caráter.

Este ano é desfavorável também aos jogos de azar, embora excepcionalmente propício ao aprendizado, inclusive aquele que advém da observação das próprias experiências. Você pode iniciar um novo relacionamento ou incrementar algum que já exista.

CAVALO: Em 2022, o Cavalo deve cultivar o exercício físico e mental, pois se trata de um ano de grandes decisões, e estar preparado tanto de corpo quanto de espírito o fará agir com rapidez e tomar decisões acertadas, ainda que repentinas. Desenvolva seu lado prático e não se aborreça com parceiros e colegas de trabalho que não tenham o mesmo ritmo que você.

Os nativos deste signo estarão muito focados em seus objetivos neste ano; logo, algumas horas de relaxamento evitarão a fadiga e possíveis doenças. Se sobrar tempo, dedique-se a fazer uma pequena viagem para se desligar da rotina.

Ano favorável ao crescimento profissional e pessoal.

CARNEIRO: Os nativos deste signo são muito criativos e perseverantes, mas a indisciplina e a ansiedade também são uma constante. O ano do Tigre não será o mais feliz para o Carneiro, por isso, é de máxima importância manter as características favoráveis e deixar de lado as desfavoráveis. Em 2022, o nativo de Carneiro vai desfrutar de uma sorte fantástica e recorrente: heranças, entradas repentinas de dinheiro e sorte nos relacionamentos. Tente fazer sociedade com alguém mais disciplinado que você, pois assim poderá desenvolver todo o seu talento e autodisciplina. Cuidado com despesas exageradas; evite ser perdulário, administre bem as finanças e chegará ao final do ano do Tigre com bastante grandiosidade.

Ano propício também para uma viagem em família.

MACACO: Este ano vai exigir paciência do nativo deste signo. Evite se envolver em novos empreendimentos, aventuras ou mesmo atividades de risco. Muita gente mal-intencionada vai tentar achar uma oportunidade para prejudicar o Macaco. Não faça, em hipótese nenhuma, empréstimos com juros altos!

De modo geral, em 2022, você não sofrerá influências mais sérias do ano do Tigre. Sendo assim, mantenha-se à margem dos problemas e espere a hora certa de agir sozinho e com toda a prudência. Não corra riscos desnecessários e evite contendas.

GALO: Como este ano promete ser de bastante atividade, aconselha-se tirar um tempo para desfrutar de um merecido descanso e recarregar as energias.

O nativo deste signo não deve temer de forma nenhuma a influência do Tigre, pois haverá sorte na área financeira, e os projetos tenderão a dar certo, gerando muitos lucros. Para que tudo isso resulte em bons frutos, diversifique os investimentos em várias áreas de atuação e linhas de atividade. Cuide um pouco mais dos seus relacionamentos e da vida doméstica, pois estes sim solicitarão um pouco mais do seu tempo e podem trazer certa preocupação. Os planos de médio e longo prazos seguirão uma trajetória bastante vitoriosa. Recomenda-se cautela, no entanto; seja bastante criterioso ao analisar as situações.

CÃO: Ano excelente para relacionamentos e no âmbito profissional. O nativo deste signo vai resolver todos os problemas pendentes, pois terá a calma necessária para fazê-lo. No amor, pode ser que surjam algumas questões ou mesmo discussões, mas sem maiores consequências. Como o círculo de amizades do nativo de Cão é bem intenso, alguns amigos não muito convencionais poderão demandar mais do seu tempo e dedicação. Para que tudo flua em um ritmo melhor, deve-se deixar de lado o modo crítico, intransigente e pessimista de ver as coisas. Embora você não se preocupe muito com ganhos materiais, pois depende somente dos próprios esforços para subir de vida, ainda assim tenha muito cuidado com sua obstinação para não colocar as coisas a perder; evite a inflexibilidade. Ano bastante propício à felicidade; depende apenas de você.

JAVALI: Como neste ano a popularidade do Javali estará em evidência, os relacionamentos serão demasiado facilitados, assim como contatos profissionais. Por outro lado, o ano do Tigre poderá ser bastante cansativo, pois talvez você terá de enfrentar algumas dificuldades sozinho: despesas inesperadas e empréstimos negados serão motivo de preocupação. Cobrar as pessoas que lhe devem alguma quantia será também algo bastante penoso. Evite confiar cegamente nos outros e tenha bastante autoconfiança para lidar com os desafios. Não se impressione com a riqueza e a autoprojeção dos outros; tenha paciência que, com esforço e perseverança, seu dia em breve chegará.

CALENDÁRIO PERMANENTE (1901 – 2092)

Tabela A – Anos								Tabela B – Meses											
1901-2000				2001-2092				J	F	M	A	M	J	J	A	S	O	N	D
	25	53	81		09	37	65	4	0	0	3	5	1	3	6	2	4	0	2
	26	54	82		10	38	66	5	1	1	4	6	2	4	0	3	5	1	3
	27	55	83		11	39	67	6	2	2	5	0	3	5	1	4	6	2	4
	28	56	84		12	40	68	0	3	4	0	2	5	0	3	6	1	4	6
01	29	57	85		13	41	69	2	5	5	1	3	6	1	4	0	2	5	0
02	30	58	86		14	42	70	3	6	6	2	4	0	2	5	1	3	6	1
03	31	59	87		15	43	71	4	0	0	3	5	1	3	6	2	4	0	2
04	32	60	88		16	44	72	5	1	2	5	0	3	5	1	4	6	2	4
05	33	61	89		17	45	73	0	3	3	6	1	4	6	2	5	0	3	5
06	34	62	90		18	46	74	1	4	4	0	2	5	0	3	6	1	4	6
07	35	63	91		19	47	75	2	5	5	1	3	6	1	4	0	2	5	0
08	36	64	92		20	48	76	3	6	0	3	5	1	3	6	2	4	0	2
09	37	65	93		21	49	77	5	1	1	4	6	2	4	0	3	5	1	3
10	38	66	94		22	50	78	6	2	2	5	0	3	5	1	4	6	2	4
11	39	67	95		23	51	79	0	3	3	6	1	4	6	2	5	0	3	5
12	40	68	96		24	52	80	1	4	5	1	3	6	1	4	0	2	5	0
13	41	69	97		25	53	81	3	6	6	2	4	0	2	5	1	3	6	1
14	42	70	98		26	54	82	4	0	0	3	5	1	3	6	2	4	0	2
15	43	71	99		27	55	83	5	1	1	4	6	2	4	0	3	5	1	3
16	44	72	00		28	56	84	6	2	3	6	1	4	6	2	5	0	3	5
17	45	73		01	29	57	85	1	4	4	0	2	5	0	3	6	1	4	6
18	46	74		02	30	58	86	2	5	5	1	3	6	1	4	0	2	5	0
19	47	75		03	31	59	87	3	6	6	2	4	0	2	5	1	3	6	1
20	48	76		04	32	60	88	4	0	1	4	6	2	4	0	3	5	1	3
21	49	77		05	33	61	89	6	2	2	5	0	3	5	1	4	6	2	4
22	50	78		06	34	62	90	0	3	3	6	1	4	6	2	5	0	3	5
23	51	79		07	35	63	91	1	4	4	0	2	5	0	3	6	1	4	6
24	52	80		08	36	64	92	2	5	6	2	4	0	2	5	1	3	6	1

Tabela C – Dias da Semana

D	1	8	15	22	29	36
S	2	9	16	23	30	37
T	3	10	17	24	31	
Q	4	11	18	25	32	
Q	5	12	19	26	33	
S	6	13	20	27	34	
S	7	14	21	28	35	

Exemplo

É muito simples usar o calendário permanente. Vamos tomar como exemplo o dia 1º de janeiro do ano de 2022, para saber em que dia da semana começará a segunda década do século XXI. Procure na Tabela A os últimos dois dígitos do ano 2022 (neste caso, 22) e siga essa mesma linha à direita, parando no mês de janeiro na Tabela B. (Os meses nessa tabela são indicados apenas pela primeira letra.) Ao número encontrado (neste caso, 6), adicione o número do dia em questão (1) e terá o resultado 7. Verifique na Tabela C (ao lado) em que dia da semana cai o número 7. É um sábado (indicado, na Tabela C, pela letra S).

MERCÚRIO, REGENTE DE 2022

A Astrologia é um campo de conhecimento que visa compreender os ciclos da vida, e sua linguagem simbólica é uma ponte estendida entre o cosmos e a humanidade como um todo. Estudiosos dizem que a Astrologia é o estudo comparado entre o céu e a terra, e esse relacionamento, desde as mais antigas civilizações, traz aos homens sentido e compreensão para sua existência. Em termos astrológicos, os planetas têm diversos significados, por meio dos quais atuam no psiquismo humano. Como símbolos arquetípicos, representam diferentes impulsos, desejos e motivações que são comuns a toda a humanidade.

Em 2022, estaremos sob as bênçãos de Mercúrio, cujo simbolismo abrange várias dimensões da vida. Conforme você verá a seguir, em seu simbolismo astrológico e mítico, Mercúrio para os romanos, ou Hermes na antiga Grécia, era a divindade da oratória, da inteligência, da astúcia, dos movimentos. Como mensageiro dos deuses, transitava livremente no Olimpo e também entre os humanos.

Nesse novo ciclo astrológico, em que estarão em destaque as viagens, o comércio e o turismo, poderemos estar mais receptivos ao aprendizado em geral, beneficiando-nos de atividades intelectuais, informações, debates produtivos e interações sociais.

Do ponto de vista individual, Mercúrio nas diferentes casas do mapa de nascimento informará em que áreas da vida o indivíduo vai expressar sua natureza mais inquieta, curiosa e flexível. Pode mostrar também os interesses de natureza intelectual e a forma como cada um assimila e discrimina as informações que recebe, se comunica e interage socialmente. A seguir, o leitor poderá considerar Mercúrio em Áries ou na Casa I, e assim por diante.

ÁRIES: Casa I ➤ natureza curiosa, flexível, mutável. O indivíduo tem interesses variados, o que traz predisposição para a dispersão. Comunicativo, tem habilidades para promover o intercâmbio cultural, gosta da escrita e tende a ser mentalmente competitivo.

TOURO: Casa II ➤ versatilidade e pragmatismo voltados para ganhos materiais. Pode gerar recursos por meio de atividades ligadas aos meios de comunicação que demandem presença de espírito e inteligência. Êxito em áreas editoriais, marketing, educação, advocacia, além de facilidade para o comércio em geral.

GÊMEOS: Casa III ➤ mente inquieta, agitada e criativa, com certa dificuldade de concentração. Pode estudar vários assuntos ao mesmo tempo. Vai se sentir mais à vontade se puder trabalhar viajando, pesquisando, dando palestras, sempre conhecendo lugares diferentes, por exemplo, na área de turismo. É capaz de se relacionar com qualquer tipo de pessoa.

CÂNCER: Casa IV ➤ valoriza as tradições do passado e as histórias de seus familiares. O indivíduo pode gostar de trabalhar em sua própria casa e até ter uma biblioteca pelo simples prazer da leitura. Gosto por poesia e romances históricos.

LEÃO: Casa V ➤ natureza comunicativa e extrovertida. Gosta de aprender novidades e mostrar aos outros seu conhecimento. Pode ser um bom professor; tem facilidade para interagir com crianças e jovens, sendo seu espírito leve e brincalhão. Interesses artísticos voltados para a área literária.

VIRGEM: Casa VI ➤ pensamento lógico e formal. Êxito em ciências exatas, que exijam método, pesquisa e concentração. Favorece todo tipo de trabalho que demande habilidades em discriminação, organização e eficiência. Precisão e perfeccionismo em tudo o que realiza.

LIBRA: Casa VII ➤ talentos para mediação e trabalho em equipe, pois é um bom intérprete dos interesses do grupo ou da sociedade. Sabe entender bem o pensamento do outro, ouvir e informar com clareza. Capacidade de abstrair e ser estratégico em suas decisões. Sabe conquistar e encantar com o dom da oratória.

ESCORPIÃO: Casa VIII ➤ a forma de comunicar é incisiva, profunda e direta; sabe perceber e atacar o ponto fraco do outro. Interesses voltados para o simbolismo e o ocultismo, e também para assuntos secretos ou misteriosos que exijam sigilo. Facilidade em atividades no mercado de capitais e de investimentos de risco.

SAGITÁRIO: Casa IX ➤ gosta de ensinar e compartilhar conhecimentos; quer sempre aperfeiçoar aquilo que já sabe. Valoriza a justiça, a filosofia e a verdade. Atração por culturas ou línguas de outros países, amor por viagens de longa distância. Interesse por religião e espiritualidade em geral.

CAPRICÓRNIO: Casa X ➤ pensamento racional. Preza a razão e os aspectos práticos da vida. Sabe obter conhecimentos para poder planejar sua carreira. Capacidade de execução para planos de longo prazo. Talento para falar em público e interagir com pessoas poderosas ou influentes.

AQUÁRIO: Casa XI ➤ mente original e rápida, que necessita de liberdade para refletir e escolher as próprias verdades. Capacidade para ver o que ainda não aconteceu, pressentir o futuro. Pensa e age com o intuito de coordenar ou beneficiar grupos de forma intuitiva e imparcial.

PEIXES: Casa XII ➤ pensa geralmente de modo idealista e fantasioso, sendo influenciado por sentimentos ou pela própria subjetividade. Sensibilidade psíquica extremada, seu pensamento acontece de maneira mais circular, o que significa grande facilidade com analogias e o uso de metáforas. Interesses artísticos na área visual e musical.

Dica para o leitor: caso tenha em mãos seu mapa astrológico de nascimento, poderá ver, na página 104 ("**Mercúrio nos Signos**"), uma interpretação de Mercúrio mais personalizada, de acordo com o dia em que nasceu.

Particularidades e correspondências astrológicas de mercúrio

☆ **Elementos:** Ar e Terra.

☆ **Signos que rege:** Gêmeos e Virgem.

☆ **Ritmo:** mutável.

☆ **Função psíquica:** pensamento.

☆ **Natureza:** jovial, curiosa e sociável.

☆ **Metal:** mercúrio.

- ☆ **Pedras:** citrino e ágata.
- ☆ **Cores:** amarelo e laranja.
- ☆ **Animais:** borboleta, papagaio e pássaros pequenos, macaco.
- ☆ **Flores:** margarida, alstroméria, lavanda.
- ☆ **Ervas:** manjericão e alecrim.
- ☆ **Dia da semana:** quarta-feira.
- ☆ **Plantas:** samambaia, avenca e bambu.
- ☆ **Símbolos:** caduceu e sandálias aladas.
- ☆ **Anatomia zodiacal:** sistema nervoso central, sistema respiratório, pulmões, brônquios, diafragma. Braços, mãos e ouvidos.
- ☆ **Patologias:** bronquite, asma.
- ☆ **Atividades e profissões:** intelectuais, jornalistas, escritores, intérpretes, advogados, professores, estudantes, oradores, publicitários, comerciantes, agentes de turismo, livreiros, mágicos.
- ☆ **Características positivas:** rapidez, destreza, flexibilidade, memória, adaptação, sociável, inteligente, comunicativo.
- ☆ **Características negativas:** inconstância, indecisão, prolixidade, desassossego, tendência a criar polêmica, oportunismo, dissimulação, nervosismo, ansiedade, dispersão.
- ☆ **Personalidades de Gêmeos:** Angelina Jolie, Marília Gabriela, Prince, Ivete Sangalo, Marco Nanini, Johnny Depp, Bob Dylan, Morgan Freeman.
- ☆ **Personalidades de Virgem:** Gustavo Kuerten, Malu Mader, Beyoncé, Ana Carolina, Paulo Coelho, Tony Ramos, Luana Piovani.

Mercúrio na mitologia, na astrologia e no tarô Mercúrio

Mercúrio é filho de Zeus e da ninfa Maia, tendo nascido em uma caverna no monte Cilene. Sua mãe o envolveu em faixas e o colocou no vão de um salgueiro, uma árvore sagrada, símbolo da fecundidade na Grécia antiga. Assim que sua mãe adormeceu, Mercúrio se desvencilhou de seus cueiros e saiu andando, mostrando já uma enorme precocidade.

No caminho, ele se deparou com um rebanho que ficava sob os cuidados de Apolo, o deus do Sol. Mercúrio resolveu então roubá-lo, mas arquitetou um plano para não ser descoberto. Amarrou no rabo de cada animal galhos de árvores para que as marcas de suas patas fossem apagadas à medida que caminhavam. E assim decidiu voltar para casa.

Mas, antes, ele sacrificou duas novilhas, cortando-as em doze pedaços e oferecendo-os aos deuses do Olimpo, que até então eram apenas onze. Nesse instante, Mercúrio se autoproclamou o décimo segundo deus entre todos eles. O restante do rebanho ele deixou escondido em uma caverna.

Ainda nessa jornada, Mercúrio encontrou uma tartaruga. Rapidamente matou-a, retirou sua carapaça e, com as tripas das novilhas, inventou um instrumento musical: a lira. Ao entrar em casa, enfaixou-se novamente e fingiu estar dormindo.

Ao nascer do dia, Apolo, que tudo vê, percebeu o sumiço do rebanho, mas logo adivinhou quem era o responsável. Dirigiu-se raivoso à caverna de Maia, culpando o bebê pelo roubo. Mercúrio, com muita eloquência, negou tudo. Apolo, enfurecido, foi ao Olimpo relatar a Zeus o ocorrido. Seu pai teve de conter o riso ao ver as artimanhas de seu filho, mas interveio no caso, dizendo a ele que deveria prometer nunca mais mentir. Mercúrio concordou, mas respondeu a Zeus: "Está bem, mas não me obrigue a dizer a verdade por inteiro".

No final, Apolo acabou se encantando com a inteligência do menino e também com a música que tocava na lira, e assim fizeram uma negociação: Mercúrio ficaria com o rebanho e Apolo ficaria com a lira. Muito esperto, Mercúrio ainda fez mais duas reivindicações, exigindo o cajado de ouro de Apolo, usado para tocar o rebanho, e aprender os dons da adivinhação. Apolo era o deus dos oráculos no templo de Delfos e da mântica profética. O cajado acabou se transformando no caduceu que Mercúrio sempre carregava consigo.

Assim, os irmãos Apolo e Mercúrio, ambos filhos de Zeus, reconciliaram-se para sempre.

Simbolismo de mercúrio

Na Grécia antiga, Hermes/Mercúrio era o deus mensageiro. Era ele quem levava as ordens e mediava as informações que iam do Olimpo para os homens mortais e vice-versa. Versátil e rápido, usava um capacete e sandálias com asas, que garantiam a velocidade necessária para ir de um lado para o outro. Era também o deus protetor dos comerciantes, das fronteiras, dos viajantes e das estradas, e de todos aqueles que precisavam dos atributos de esperteza, malícia e senso de oportunidade. Em sua homenagem havia marcos feitos de pedras que eram colocados nas encruzilhadas dos caminhos. Eles representavam as mudanças de rota ou direção que acontecem em certos momentos da vida.

Hermes/Mercúrio tinha sempre em mãos seu caduceu, um bastão com duas serpentes enroladas em sentidos opostos. Trata-se de um símbolo da dualidade mercurial, que vem a ser o dia e a noite, a esquerda e a direita, a integração e a união dos opostos complementares. Em outras palavras, os dois lados da verdade, a própria dialética existencial, a solução das contradições e oposições que encontramos na vida. Mercúrio, para os romanos, era a síntese de duas divindades muito importantes: Thot, o deus egípcio da escrita e da palavra, e Hermes, o deus alado dos gregos. Esse sincretismo perdurou por muitos séculos na Antiguidade.

Mercúrio na astrologia

Na Astrologia, o planeta expressa a forma de apreensão e adaptação ao mundo que é intrínseca a cada pessoa. É o pensamento que antecede a ação. Vemos que Mercúrio tem diferentes formas de manifestação de acordo com o signo e o elemento em que o planeta se encontra no mapa de nascimento. Como vimos no mito, Mercúrio é o símbolo da inteligência, da comunicação, da oratória, da astúcia, da curiosidade, do poder mental, dos movimentos e da capacidade de persuasão.

Representa também: fluidez, perspicácia, destreza, eloquência, diferentes formas de aprender e memorizar o conhecimento. Mercúrio rege dois signos zodiacais: Gêmeos e Virgem. No primeiro signo, temos a inteligência em estado puro e, no segundo, a inteligência se manifesta de maneira mais pragmática e diferenciada, focada na realidade material. O indivíduo observa mais a si mesmo e assim aperfeiçoa não só a sua pessoa, mas também seus conhecimentos.

Mercúrio e o tarô

No tarô, observamos uma analogia interessante entre os símbolos mercuriais e a carta número I, que é a do Mago. Ele personifica o pensamento que precede a ideia que está por nascer. Nessa carta, vemos geralmente um jovem que tem as mãos apontando para direções opostas, uma para cima, a outra para baixo. Há uma mesa com três pés, e sobre ela há um gládio, que é uma espada pequena, uma taça, um bastão e uma moeda de ouro. Seu chapéu é grande e nele há um desenho que representa o infinito.

A carta do Mago simboliza a dualidade, o paradoxo, a luz e a escuridão, o efêmero e o eterno, a gota d'água e o oceano. O gládio tem um punho em forma de cruz; é o símbolo dos princípios feminino e masculino, a conexão com os quatro elementos. O bastão é o comando da energia vital que está ativa e direcionada para a vida como uma força mais assertiva, e a taça, por sua vez, representa a força feminina, que é receptiva e contém a vida. A moeda dourada se associa à riqueza material, à posse do dinheiro, ao comércio e suas transações.

Para alguns autores, a espada representa o poder do pensamento que sabe separar e discriminar. A dualidade que está presente na carta também guarda semelhança com a origem de Mercúrio. Zeus, seu pai, era o símbolo da luz espiritual, e sua mãe, a ninfa Maia, também era chamada de Mãe Noite, o que expressa uma ambiguidade em relação ao simbolismo de seus progenitores.

Alguns autores relacionam o bastão à varinha do mágico, que faz acontecer algo inusitado ou uma transformação que encantará o olhar externo; ou então à batuta do maestro, que vai reger uma orquestra com seus vários instrumentos.

O Mago, como já vimos, está associado a Mercúrio, que é também o deus da adivinhação e das revelações que levam o indivíduo ao conhecimento de si mesmo. O Mago é nosso guia interior, que pode surgir inesperadamente na imagem de um sonho, um livro, ou por meio de algo que transforma e muda a direção do nosso destino. Portanto, ambos simbolizam a intuição e o auxílio que chega para nos proteger em momentos difíceis e mostrar possibilidades ainda não exploradas, além de toda a dimensão da criatividade que é inerente ao ser humano.

MERCÚRIO NOS SIGNOS

Por Tereza Kawall

Na Astrologia, Mercúrio indica o processo mental do indivíduo, sua capacidade intelectual, sua forma de comunicação, o ritmo e a maneira como aprende e assimila as informações de seu ambiente. Esse planeta representa a palavra, seja escrita ou falada, e a necessidade de se adaptar ao mundo por meio do conhecimento que se obtém dele.

Mercúrio em Áries: O pensamento do indivíduo é sempre rápido e da mesma maneira é o ritmo de sua capacidade de aprender. Sua mente é combativa e competitiva, apreciando entrar em discussões; sem tato, as habituais franqueza e espontaneidade por vezes causam problemas em suas relações. As ideias são originais; há um apreço por tomar iniciativas e liderar projetos pessoais, e tendência a se destacar em todos os tipos de ação empreendedora, criativas e pioneira.

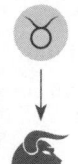

Mercúrio em Touro: Neste signo do elmento Terra, o pensamento é geralmente determinado por circunstâncias práticas e materiais. O indivíduo costuma ser lento para processar as informações externas e, uma vez que tenha uma opinião formada, dificilmente mudará seu ponto de vista. É concentrado no trabalho, ao qual sempre vai se dedicar com afinco, paciência e perseverança. Essa posição astrológica assinala uma tendência para trabalhos de promoção de artes, como dança, música e canto.

Mercúrio em Gêmeos: O planeta aqui está no próprio signo, o que endossa suas qualidades mercuriais. O indivíduo tem o pensamento ágil, é muito curioso, jovial e abraça interesses variados ao longo da vida. Inteligente, é capaz de ver a mesma coisa sob ângulos diferentes, e adora trocar ideias com todo tipo de pessoas. Geralmente gosta de escrever, comunica-se bem, tem bom vocabulário, é eloquente, e possui ainda o dom da oratória. Pode se sair bem em atividades relacionadas ao comércio, ao setor da educação e dos meios de comunicação em geral.

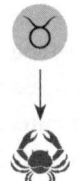

Mercúrio em Câncer: Neste signo, o pensamento do indivíduo pode ser influenciado pelas emoções, o que torna sua mente mais subjetiva e pouco linear. Costuma ter boa memória e valorizar os conhecimentos do passado, sejam eles associados à sua história familiar ou da sociedade em que vive. Sua forma de ver o mundo é colorida por forte romantismo, imaginação e nostalgia, o que pode se manifestar por talentos para a escrita poética. Em função de sua natureza empática e receptiva, pode ter êxito também em profissões que envolvam cuidados e ajuda de modo geral.

Mercúrio em Leão: Mercúrio neste signo manifesta grande poder mental e concentração; o pensamento se dirige para propósitos determinados e seguros. Leão tem a ver com a alegria de viver, o que dota o indivíduo de bom humor, otimismo e um modo de expressão mais direto e extrovertido. Sua forma de comunicação é geralmente exagerada, teatral ou dramática, e as emoções são verbalizadas com facilidade. Autoconfiante, não costuma de importar muito com a opinião alheia. Sua criatividade e espontaneidade podem ser muito apreciadas pelas crianças e também na dramaturgia.

Mercúrio em Virgem: Este signo também está sob a regência de Mercúrio, priorizando mais a mente racional, analítica, detalhista e pragmática. O indivíduo tem forte capacidade para discriminar, organizar, categorizar, o que lhe dá talento para trabalhar com números, cálculos, estatísticas e pesquisas científicas. Seu pensamento é essencialmente prático e está sempre voltado para finalidades específicas. Gosta de ensinar, escrever e das regras da gramática, o que lhe permite ser um bom escritor, revisor ou orador.

Mercúrio em Libra: A forma de comunicação é facilmente compartilhada, justa e objetiva. O indivíduo está sempre com a atenção voltada para as relações humanas e a compreensão de modelos de comportamento, como vemos na sociologia ou na psicologia. É um bom conselheiro; pensa e decide em termos de alcançar o equilíbrio e a harmonia entre todos. Como bom estrategista, pode se sobressair em trabalhos de equipe, sabendo avaliar os diferentes talentos que a compõem.

Mercúrio em Escorpião: A mente do indivíduo é intuitiva e perspicaz, sempre em busca de desvendar algo misterioso, seja no plano material ou psicológico. Comumente introvertido, seu pensamento é profundo e não se contenta com informações rápidas ou superficiais; a sagacidade e a ironia em geral permeiam suas palavras ou comentários. É determinado e um bom estrategista quando o assunto é alcançar seus objetivos; também desiste deles com facilidade. Sua comunicação é incisiva, direta, porém discreta; sabe como ninguém apontar o ponto frágil e não óbvio das coisas.

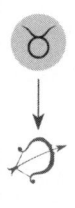

Mercúrio em Sagitário: Neste signo de elemento Fogo, o pensamento se manifesta de forma abstrata ou filosófica. O indivíduo possui uma mente intuitiva, rápida e idealista, receptiva aos conhecimentos metafísicos, que tragam um significado para a existência. É sem dúvida um grande divulgador de ideias ou conhecimentos que ampliem a consciência da sociedade. Sua maneira de pensar pode ser representada pelo *status* do mundo acadêmico, as instituições do ensino superior onde se produz o conhecimento mais refinado e que poderá atender às demandas sociais. Em sua mente, os valores e ideais de justiça se expandem para que todos possam ser deles beneficiados. Essa posição astrológica costuma expressar interesses espirituais, em que o indivíduo está permanentemente em busca da verdade, seja ela uma ideologia ou uma religião.

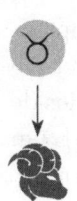

Mercúrio em Capricórnio: O pensamento se expressa de modo metódico e organizado. O indivíduo gosta de estruturas e de planejar sua vida no tempo, estabelecendo prazos para a realização de suas metas. Sua mente é realista, pragmática e racional; a prudência em cada etapa de vida é fundamental. O status econômico e o êxito profissional e social sempre vão pautar a organização mental. A interação com o mundo externo se dá de forma mais reservada e mesmo desconfiada; sua natureza é observadora, beirando o ceticismo. No entanto, em suas opiniões, não raro podemos perceber sagacidade e um humor irônico.

Mercúrio em Aquário: Essa posição astrológica representa uma mente aberta para o novo, o inusitado, o vir a ser. O indivíduo é um livre-pensador que precisa de autonomia e liberdade para acatar e assimilar as informações. Sua mente é ágil, clara e não raro possui uma forte intuição para perceber ou antecipar o que ainda está por acontecer, rompendo com condicionamentos ou valores ultrapassados. Seu pensamento não é convencional e evita seguir tendências momentâneas; a originalidade é sua marca registrada, assim como a necessidade de compartilhar seu conhecimento. Pode ter êxito em áreas de ciências e tecnologia de ponta, voltadas para ao futuro da coletividade.

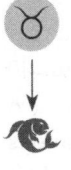

Mercúrio em Peixes: O pensamento do indivíduo se forma por meio de sua fértil imaginação. A comunicação se dá por uma forte intuição e sensibilidade psíquica. A mente é não linear, guiando-se mais pelos sentimentos, e pode ser dispersiva, fantasiosa ou mesmo caótica. Se houver excesso de informações difíceis de serem assimiladas, haverá uma tendência de se proteger instintivamente delas. Sua visão de mundo é mais holística ou circular, e por isso não se prende a detalhes mais concretos da realidade. Esse forte manancial psíquico e imagético pode ser transformado e canalizado em manifestações artísticas, como música, fotografia, pintura, artes visuais em geral.

ENTRADA DO SOL NOS SIGNOS DO ZODÍACO EM 2022

Signo	Data	Horário de ingresso
♒ Aquário	19 de janeiro	23h40
♓ Peixes	18 de fevereiro	13h44
♈ Áries	20 de março	12h35
♉ Touro	19 de abril	23h25
♊ Gêmeos	20 de maio	22h24
♋ Câncer	21 de junho	6h15
♌ Leão	22 de julho	17h08
♍ Virgem	23 de agosto	24h17
♎ Libra	22 de setembro	22h05
♏ Escorpião	23 de outubro	7h37
♐ Sagitário	22 de novembro	5h22
♑ Capricórnio	21 de dezembro	18h49

TÁBUA DO NASCIMENTO E OCASO DO SOL
(HORA LEGAL DE BRASÍLIA)

Data	Brasília		Rio de Janeiro		São Paulo	
	Nasc. (hora)	Ocaso (hora)	Nasc. (hora)	Ocaso (hora)	Nasc. (hora)	Ocaso (hora)
1º de janeiro	05h44	18h47	05h11	18h42	05h24	18h57
11 de janeiro	05h50	18h50	05h18	18h44	05h31	18h59
21 de janeiro	05h56	18h51	05h25	18h43	05h38	18h58
1º de fevereiro	06h02	18h49	05h33	18h40	05h46	18h55
11 de fevereiro	06h07	18h46	05h40	18h35	05h53	18h50
21 de fevereiro	06h10	18h41	05h45	18h28	05h58	18h42
1º de março	06h12	18h36	05h49	18h22	06h02	18h36
11 de março	06h15	18h30	05h53	18h13	06h07	18h27
21 de março	06h16	18h22	05h57	18h03	06h11	18h17
1º de abril	06h18	18h14	06h01	17h53	06h15	18h06
11 de abril	06h19	18h07	06h05	17h43	06h19	17h57
21 de abril	06h21	18h01	06h09	17h35	06h23	17h48
1º de maio	06h23	17h55	06h13	17h28	06h27	17h41
11 de maio	06h26	17h51	06h17	17h22	06h32	17h35
21 de maio	06h29	17h49	06h22	17h18	06h37	17h30
1º de junho	06h33	17h47	06h27	17h16	06h42	17h28
11 de junho	06h36	17h48	06h30	17h15	06h46	17h28
21 de junho	06h38	17h50	06h33	17h17	06h48	17h29
1º de julho	06h40	17h52	06h35	17h20	06h50	17h32
11 de julho	06h40	17h55	06h34	17h23	06h49	17h36
21 de julho	06h39	17h58	06h32	17h28	06h47	17h40
1º de agosto	06h36	18h01	06h27	17h32	06h42	17h45
11 de agosto	06h32	18h04	06h21	17h36	06h36	17h49
21 de agosto	06h26	18h05	06h13	17h40	06h28	17h53
1º de setembro	06h18	18h06	06h04	17h43	06h18	17h56
11 de setembro	06h11	18h07	05h54	17h46	06h08	18h00
21 de setembro	06h03	18h08	05h44	17h49	05h58	18h03
1º de outubro	05h55	18h09	05h34	17h52	05h47	18h06
11 de outubro	05h47	18h11	05h24	17h56	05h38	18h10
21 de outubro	05h41	18h13	05h16	18h00	05h29	18h15
1º de novembro	05h36	18h16	05h08	18h06	05h21	18h21
11 de novembro	05h32	18h20	05h03	18h12	05h16	18h27
21 de novembro	05h31	18h26	05h00	18h19	05h13	18h34
1º de dezembro	05h31	18h31	04h59	18h26	05h12	18h41
11 de dezembro	05h34	18h37	05h01	18h32	05h13	18h47
21 de dezembro	05h38	18h42	05h05	18h38	05h17	18h53

Como a variação do horário é mínima, apresentamos apenas o nascimento e ocaso do Sol dos dias 1º, 11 e 21 de cada mês.

Dados cedidos pelo Departamento de Astronomia do Instituto Astronômico e Geofísico da Universidade de São Paulo (IAG-USP). Agradecemos ao Dr. João Luiz Kohl Moreira.

TÁBUA SOLAR PARA 2022

O Sol caminha em média 1 grau por dia ao se deslocar ao longo do zodíaco. Nesta tabela, você vai encontrar a posição dele a cada 5 dias, calculada para a meia-noite e a partir do meridiano de Greenwich.

\multicolumn{3}{c}{Janeiro}			\multicolumn{3}{c}{Fevereiro}			\multicolumn{3}{c}{Março}	
Dia	Posição	Signo	Dia	Posição	Signo	Dia	Posição	Signo
1º	10°31'	Capricórnio	1º	12°5'	Aquário	1º	10°22'	Peixes
5	14°36'	Capricórnio	5	16°8'	Aquário	5	14°23'	Peixes
10	19°42'	Capricórnio	10	21°12'	Aquário	10	19°23'	Peixes
15	24°47'	Capricórnio	15	26°16'	Aquário	15	24°22'	Peixes
20	29°53'	Capricórnio	20	1°18'	Peixes	20	29°21'	Peixes
25	4°58'	Aquário	25	6°20'	Peixes	25	4°19'	Áries
31	11°4'	Aquário	28	9°21'	Peixes	31	10°15'	Áries

\multicolumn{3}{c}{Abril}			\multicolumn{3}{c}{Maio}			\multicolumn{3}{c}{Junho}	
Dia	Posição	Signo	Dia	Posição	Signo	Dia	Posição	Signo
1º	11°14'	Áries	1º	10°36'	Touro	1º	10°30'	Gêmeos
5	15°11'	Áries	5	14°29'	Touro	5	14°20'	Gêmeos
10	20°6'	Áries	10	19°20'	Touro	10	19°7'	Gêmeos
15	25°0'	Áries	15	24°9'	Touro	15	23°54'	Gêmeos
20	29°54'	Áries	20	28°58	Touro	20	28°40'	Gêmeos
25	4°46'	Touro	25	3°47'	Gêmeos	25	3°26'	Câncer
30	9°38'	Touro	31	9°33'	Gêmeos	30	8°13'	Câncer

\multicolumn{3}{c}{Julho}			\multicolumn{3}{c}{Agosto}			\multicolumn{3}{c}{Setembro}	
Dia	Posição	Signo	Dia	Posição	Signo	Dia	Posição	Signo
1º	9°10'	Câncer	1º	8°45'	Leão	1º	8°33'	Virgem
5	12°59'	Câncer	5	12°35'	Leão	5	12°25'	Virgem
10	17°45'	Câncer	10	17°22'	Leão	10	17°16'	Virgem
15	22°31'	Câncer	15	22°10'	Leão	15	22°8'	Virgem
20	27°17'	Câncer	20	26°58'	Leão	20	27°1'	Virgem
25	2°3'	Leão	25	1°47'	Virgem	25	1°54'	Libra
31	7°48'	Leão	31	7°35'	Virgem	30	6°49'	Libra

\multicolumn{3}{c}{Outubro}			\multicolumn{3}{c}{Novembro}			\multicolumn{3}{c}{Dezembro}	
Dia	Posição	Signo	Dia	Posição	Signo	Dia	Posição	Signo
1º	7°48'	Libra	1º	8°32'	Escorpião	1º	8°45'	Sagitário
5	11°44'	Libra	5	12°32'	Escorpião	5	12°48'	Sagitário
10	16°40'	Libra	10	17°33'	Escorpião	10	17°53'	Sagitário
15	21°36'	Libra	15	22°35'	Escorpião	15	22°58'	Sagitário
20	26°34'	Libra	20	27°37'	Escorpião	20	28°3'	Sagitário
25	1°33'	Escorpião	25	2°40'	Sagitário	25	3°8'	Capricórnio
31	7°32'	Escorpião	30	7°44'	Sagitário	31	9°15'	Capricórnio

HORÁRIO DA SEMANA DE ACORDO COM A REGÊNCIA PLANETÁRIA

Convém lembrar que a hora astrológica de alguns planetas coincide: os assuntos regidos por Urano devem ser tratados na hora de Mercúrio, e o mesmo acontece com Netuno e Plutão, cujos assuntos devem ser tratados nas horas de Vênus e Marte, respectivamente.

Use esta tabela para concluir o cálculo das Horas Planetárias e saber quais são as horas mais propícias para tratar dos seus empreendimentos.

Horas	Domingo	Segunda	Terça	Quarta	Quinta	Sexta	Sábado
1ª do dia	Sol	Lua	Marte	Mercúrio	Júpiter	Vênus	Saturno
2ª do dia	Vênus	Saturno	Sol	Lua	Marte	Mercúrio	Júpiter
3ª do dia	Mercúrio	Júpiter	Vênus	Saturno	Sol	Lua	Marte
4ª do dia	Lua	Marte	Mercúrio	Júpiter	Vênus	Saturno	Sol
5ª do dia	Saturno	Sol	Lua	Marte	Mercúrio	Júpiter	Vênus
6ª do dia	Júpiter	Vênus	Saturno	Sol	Lua	Marte	Mercúrio
7ª do dia	Marte	Mercúrio	Júpiter	Vênus	Saturno	Sol	Lua
8ª do dia	Sol	Lua	Marte	Mercúrio	Júpiter	Vênus	Saturno
9ª do dia	Vênus	Saturno	Sol	Lua	Marte	Mercúrio	Júpiter
10ª do dia	Mercúrio	Júpiter	Vênus	Saturno	Sol	Lua	Marte
11ª do dia	Lua	Marte	Mercúrio	Júpiter	Vênus	Saturno	Sol
12ª do dia	Saturno	Sol	Lua	Marte	Mercúrio	Júpiter	Vênus
1ª da noite	Júpiter	Vênus	Saturno	Sol	Lua	Marte	Mercúrio
2ª da noite	Marte	Mercúrio	Júpiter	Vênus	Saturno	Sol	Lua
3ª da noite	Sol	Lua	Marte	Mercúrio	Júpiter	Vênus	Saturno
4ª da noite	Vênus	Saturno	Sol	Lua	Marte	Mercúrio	Júpiter
5ª da noite	Mercúrio	Júpiter	Vênus	Saturno	Sol	Lua	Marte
6ª da noite	Lua	Marte	Mercúrio	Júpiter	Vênus	Saturno	Sol
7ª da noite	Saturno	Sol	Lua	Marte	Mercúrio	Júpiter	Vênus
8ª da noite	Júpiter	Vênus	Saturno	Sol	Lua	Marte	Mercúrio
9ª da noite	Marte	Mercúrio	Júpiter	Vênus	Saturno	Sol	Lua
10ª da noite	Sol	Lua	Marte	Mercúrio	Júpiter	Vênus	Saturno
11ª da noite	Vênus	Saturno	Sol	Lua	Marte	Mercúrio	Júpiter
12ª da noite	Mercúrio	Júpiter	Vênus	Saturno	Sol	Lua	Marte

HORAJ PLANETÁRIAJ

O método mais prático para você aproveitar a influência das horas planetárias na sua vida diária é sincronizar as suas atividades mais importantes com os dias e horas mais favoráveis. Você obterá a informação quanto aos dias mais e menos propícios ao início dos seus empreendimentos no *Guia Astral*. E as influências e as características da hora associada a cada planeta são dadas a seguir, a fim de que você possa usá-las em combinação com o dia mais favorável, de modo a conseguir um grande sucesso. Consulte também a seção "Cálculo das Horas Planetárias", p. 113.

☾ LUA

Influência mais acentuada à noite. Sua hora é boa para fazer viagens e mudanças não definitivas, e para estipular comissões e todas as coisas de natureza provisória ou variável. É também uma boa hora para fazer as pessoas mudarem de opinião ou alterarem seus planos. Facilita negociações rápidas e o comércio varejista.

Os negócios tratados nessa hora precisam ser concluídos logo; caso contrário, correm o risco de sofrer mudanças ou ser cancelados.

Devemos ter cautela com os arranjos feitos nessa hora porque todas as coisas correm o risco de ficar incertas e serão passageiras.

☿ MERCÚRIO

A influência de sua hora é sempre duvidosa e variável, pois gera oscilações e tem um caráter secundário.

É uma hora favorável para a redação de cartas, estudos de toda natureza, teorias, escrituras, documentos e textos literários. Boa para a troca de correspondência, compra de livros e trabalho com impressoras.

A compreensão e a percepção são rápidas devido à fertilidade de ideias. Favorece os profissionais de vendas, os professores e todos os que se ocupam de atividades intelectuais. Também favorece os joalheiros que fabricam objetos de precisão.

Na hora de Mercúrio, geralmente encontramos pessoas volúveis e inconstantes, que dificilmente sustentam a palavra dada ou levam adiante seus projetos.

A hora de Mercúrio é sempre seguida pela da Lua e pela de Saturno, de modo que é melhor chegar logo a uma conclusão ou adiar os negócios para uma ocasião mais propícia.

♀ VÊNUS

A hora de Vênus é favorável à recreação, à diversão, ao canto, à música, à dança e a todas as áreas relativas ao vestuário, ornamentos e luxo.

É boa para a compra de objetos artísticos, de roupas, de perfumes e de outros itens do gênero. Favorece o amor e a galanteria, bem como o estudo das belas-artes. Favorece a restauração de objetos artísticos.

Essa hora governa o lado doméstico e feminino da vida e tudo o que é relativo aos sentimentos; facilita a dissolução do ódio e dos rancores; amplia os assuntos ligados à construção de formas (arquitetura, manipulação de projetos).

É a hora em que existe o perigo do excesso e da extravagância.

Favorece a maledicência de que são alvo aqueles que só vivem para o presente.

☉ SOL

A hora do Sol favorece as relações com pessoas que ocupam posição de destaque – autoridades, juízes, altos funcionários do governo, homens de Estado.

Esta hora é própria para solicitar favores e proteção dos maiorais; favorável a projetos que ativam a consciência das atividades no planeta Terra.

As melhores horas solares são as que vêm antes do meio-dia. Elas reeducam ou retiram o sentimento de usura, de avareza e usurpação.

♂ MARTE

A hora de Marte é propícia a todos os empreendimentos ousados. Há forças suplementares nas situações difíceis e tensas. É geralmente nessa hora que aumenta a incidência de acidentes, disputas e desentendimentos.

Ela favorece os impulsos, o domínio da força e tende a produzir contestações e argumentações, enfrentando-se concorrentes profissionais sem agressões, além de fazer aflorar a decisão firme com bases sólidas.

Nesta hora é preciso fazer tudo para não provocar a cólera alheia. Não se deve começar novas amizades durante esta hora, nem transitar por lugares reconhecidamente perigosos. É boa hora para nos ocuparmos de coisas práticas, referentes à mecânica, às minas, aos metais e aos materiais de natureza explosiva e inflamável, como o carvão, o petróleo etc. É prudente não assumir compromissos nesta hora, nem tomar atitudes com respeito a situações sérias e graves. É a hora em que convém nos precavermos contra roubos e assaltos, pois é considerada uma das mais perigosas do dia.

♃ JÚPITER

De todas as horas planetárias, a mais favorável é a de Júpiter, durante a qual pode se iniciar novos empreendimentos de qualquer tipo.

Favorece toda espécie de assuntos financeiros e é boa para as questões legais e religiosas.

É a hora mais fecunda de todas; as coisas que forem executadas pela "primeira vez" nesta hora devem ser repetidas até que o sucesso recompense a iniciativa.

Todas as coisas de valor, seja de caráter objetivo ou subjetivo, podem ser tratadas na hora de Júpiter. Ela faz aflorar a sabedoria, proporcionando confiança sem fanatismo.

♄ SATURNO

A influência deste planeta é lenta e pesada. As coisas começadas nesta hora caminham devagar, porém a passos firmes.

Saturno confere determinação, simplicidade, prudência e maturidade. Governa a terra de onde o homem tira seu sustento e a casa que lhe serve de abrigo; por isso Saturno rege os negócios imobiliários e a agricultura. Influencia os estudos avançados e de compreensão lenta. Tendência a ponderar como sair da vida diária criando, modelando, construindo novas vivências. Trata-se da experiência sábia dos idosos. É o planeta da destruição e da reconstrução.

⛢ URANO

Este planeta governa todas as atividades do mundo moderno e a tecnologia avançada; a eletricidade, a eletrônica, a aeronáutica, a indústria automobilística etc. Sua influência é imprevisível, e os negócios iniciados em sua hora podem ter os mesmos resultados duvidosos ou variáveis induzidos por Mercúrio, pois a hora de Urano é a mesma de Mercúrio. Tendência à renovação e à originalidade.

♆ NETUNO

Este planeta governa a inspiração artística e todas as faculdades extrassensoriais: intuição, clarividência etc. Sua hora favorece os assuntos artísticos, o amor desinteressado e os atos de benevolência. A hora de Netuno é a mesma de Vênus. É a inspiração da vida, que modifica o modo de agir e de pensar em todas as atividades do cotidiano.

♇ PLUTÃO

Plutão ainda é um enigma para a maioria dos astrólogos. Ele representa uma força estranha, um tanto destrutiva e em parte desconhecida. Está relacionado com o poder atômico, favorecendo mudanças drásticas, descobertas de cunho técnico e exigindo que se saiba lidar com essa energia planetária para que não cause danos. Plutão atua destruindo para que se possa reconstruir. Favorece as ações que requerem entusiasmo e uma nova visão dos fatos. A hora de Plutão é a mesma de Marte. Plutão nos impulsiona a transformações profundas.

Cálculo das Horas Planetárias

Depois de conhecer as características da hora de cada planeta, na seção "Horas Planetárias", aprenda a calcular essa hora, para poder usar essas características de forma benéfica e proveitosa.

As 12 horas planetárias diurnas e as 12 noturnas às vezes têm mais de 60 minutos, às vezes têm menos, dependendo do horário do nascimento ou do ocaso do Sol. Por isso, é preciso calcular em primeiro lugar o momento exato em que começa e termina a primeira hora do dia que lhe interessa. Para tanto, use a "Tábua do Nascimento e Ocaso do Sol" e verifique o horário em que esse astro nasce e se põe. Por exemplo, consultando essa tabela, você saberá que em Brasília, no dia 1º de janeiro, o Sol nasceu às 5h44min e se pôs às 18h47min. Se subtrairmos 5h44min de 18h47min, saberemos que o dia durou 13 horas e 3 minutos. Transforme as 13 horas em minutos (780 min), acrescente os 3 minutos restantes (783 min) e divida o resultado por 12. Você saberá, então, que cada hora desse dia terá 65 minutos e 3 segundos, ou 1 hora e 3 minutos – podendo-se deixar de lado os segundos.

Portanto, a primeira hora do dia 1º de janeiro de 2022 começará, em Brasília, às 5h44min e terminará às 6h47min; a segunda hora começará às 6h48min e assim por diante. (O período noturno deve ser calculado da mesma forma.)

Consulte, a seguir, a tabela "Horário da Semana de acordo com a Regência Planetária". Com ela você saberá que, em 1º de janeiro de 2022, um sábado, Saturno rege a 1ª hora diurna, Júpiter rege a 2ª hora etc. Portanto, o melhor momento do dia para tratar dos assuntos regidos por Saturno, será ao longo da 1ª hora, que vai das 5h44min às 6h47min. Quanto aos assuntos relacionados com Júpiter, o melhor é esperar até a 2ª hora do dia.

Com base nessas informações, você poderá organizar as atividades desse dia, levando em conta o horário em que elas serão mais favorecidas!

TÁBUA PLANETÁRIA PARA 2022

Segue abaixo a posição dos planetas em cada signo do zodíaco à zero hora de Greenwich do dia 1º de cada mês. A posição está indicada por graus (º) e minutos ('), bem como qualquer mudança que houver para outro signo no decorrer do mês. Note ainda que estão indicados também o início do movimento retrógrado, assinalado pela letra (R), ou a retomada do movimento direto, indicada pela letra (D).

◈ JANEIRO ◈

Mercúrio: 28°10' de Capricórnio; no dia 3, a 0°57' de Aquário; no dia 14, a 10°18' de Aquário (R); no dia 27, a 28°59' de Capricórnio
Vênus: 23°17' de Capricórnio (R), no dia 29, a 11°4' de Capricórnio (D)
Marte: 13°5' de Sagitário; no dia 25, a 0°20' de Capricórnio
Júpiter: 0°32' de Peixes
Saturno: 11°54' de Aquário
Urano: 10°57' de Touro; no dia 18, a 10°49' de Touro (D)
Netuno: 20°40' de Peixes
Plutão: 25°56 de Capricórnio

◈ FEVEREIRO ◈

Mercúrio: 25°3' de Capricórnio (R); no dia 4, a 24°22' de Capricórnio (D); no dia 15, a 0°4' de Aquário
Vênus: 11°12' de Capricórnio
Marte: 5°25' de Capricórnio
Júpiter: 7°12' de Peixes
Saturno: 15°29' de Aquário
Urano: 10°53' de Touro
Netuno: 21°25' de Peixes
Plutão: 26°57' de Capricórnio

◆◇ MARÇO ◇◆

Mercúrio: 16°37' de Aquário; no dia 11, a 1°28' de Peixes; no dia 28, a 1°18' de Áries
Vênus: 25°35' de Capricórnio; no dia 7, a 0°38' de Aquário
Marte: 26°4' de Capricórnio; no dia 7, a 0°32' de Aquário
Júpiter: 13°51' de Peixes
Saturno: 18°47' de Aquário
Urano: 11°32' de Touro
Netuno: 22°24' de Peixes
Plutão: 27°46' de Capricórnio

◆◇ ABRIL ◇◆

Mercúrio: 9°11' de Áries; no dia 12, a 1°51' de Touro; no dia 30, a 0°3' de Gêmeos
Vênus: 25°4' de Aquário; no dia 6, a 0°23' de Peixes
Marte: 19°19' de Aquário; no dia 16, a 0°39' de Peixes
Júpiter: 21°17' de Peixes
Saturno: 22°2' de Aquário
Urano: 12°53' de Touro
Netuno: 23°34' de Peixes
Plutão: 28°24' de Capricórnio; no dia 29, a 28°35' de Capricórnio (R)

◆◇ MAIO ◇◆

Mercúrio: 0°56' de Gêmeos; no dia 10, a 4°50' de Gêmeos (R); no dia 24, a 29°27' de Touro
Vênus: 28°5' de Peixes; no dia 3, a 0°22' de Áries; no dia 29, a 0°27' de Touro
Marte: 11°59' de Peixes; no dia 25, a 0°1' de Áries
Júpiter: 27°59' de Peixes; no dia 11, a 0°0' de Áries
Saturno: 24°16' de Aquário
Urano: 14°32' de Touro
Netuno: 24°33' de Peixes
Plutão: 28°35' de Capricórnio (R)

◇ JUNHO ◇

Mercúrio: 26°17' de Touro (R); no dia 3, a 26°5' de Touro (D); no dia 14, a 0°16' de Gêmeos
Vênus: 3°58' de Touro; no dia 24, a 1°9' de Gêmeos
Marte: 5°13' de Áries
Júpiter: 3°44' de Áries
Saturno: 25°14' de Aquário; no dia 4, a 25°15 de Aquário (R)
Urano: 16°18' de Touro
Netuno: 25°14' de Peixes; no dia 28, a 25°26' de Peixes (R)
Plutão: 28°21' de Capricórnio (R)

◇ JULHO ◇

Mercúrio: 22°3' de Gêmeos; no dia 6, a 1°26' de Câncer; no dia 20, a 0°59' de Leão
Vênus: 9°30' de Gêmeos; no dia 19, a 1°7' de Câncer
Marte: 27°0' de Áries; no dia 6, a 0°31' de Touro
Júpiter: 7°28' de Áries; no dia 28, a 8°43' de Áries (R)
Urano: 17°44' de Touro
Netuno: 25°26' de Peixes (R)
Plutão: 27°48' de Capricórnio (R)

◇ AGOSTO ◇

Mercúrio: 24°17' de Leão; no dia 5, a 1°11' de Virgem; no dia 27, a 0°57' de Libra
Vênus: 16°52' de Câncer; no dia 12, a 0°16' de Leão
Marte: 18°4' de Touro; no dia 21, a 0°23' de Gêmeos
Júpiter: 8°42' de Áries (R)
Saturno: 22°54' de Aquário (R)
Urano: 18°41' de Touro; no dia 24, a 18°55' de Touro (R)
Netuno: 25°8' de Peixes (R)
Plutão: 27°4' de Capricórnio (R)

◈ SETEMBRO ◈

Mercúrio: 5°16' de Libra; no dia 10, a 8°55' de Libra (R); no dia 24, a 29°28' de Virgem
Vênus: 24°50' de Leão; no dia 6, a 1°1' de Virgem; no dia 30, a 0°50' de Libra
Marte: 6°33' de Gêmeos
Júpiter: 6°52' de Áries (R)
Saturno: 20°38' de Aquário (R)
Urano: 18°53' de Touro (R)
Netuno: 24°27' de Peixes (R)
Plutão: 26°26' de Capricórnio

◈ OUTUBRO ◈

Mercúrio: 24°21' de Virgem (R); no dia 2, a 24°12' de Virgem (D); no dia 30, a 0°19' de Escorpião
Vênus: 2°5' de Libra; no dia 24, a 0°50' de Escorpião
Marte: 20°4' de Gêmeos; no dia 30, a 25°36' de Gêmeos (R)
Júpiter: 3°8' de Áries (R); no dia 29, a 29°56' de Peixes
Saturno: 18°59' de Aquário (R); no dia 23, a 18°35' de Aquário (D)
Urano: 18°21' de Touro (R)
Netuno: 23°38' de Peixes (R)
Plutão: 26°7' de Capricórnio; no dia 8, a 26°7' de Capricórnio (D)

◈ NOVEMBRO ◈

Mercúrio: 3°39' de Escorpião; no dia 18, a 0°59' de Sagitário
Vênus: 10°52' de Escorpião; no dia 17, a 0°56' de Sagitário
Marte: 25°35' de Gêmeos (R)
Júpiter: 29°41' de Peixes (R); no dia 23, a 28°48' de Peixes (D)
Saturno: 18°39' de Aquário
Netuno: 22°56' de Peixes (R)
Plutão: 26°14' de Capricórnio

◈ DEZEMBRO ◈

Mercúrio: 21°3' de Sagitário; no dia 7, a 0°6' de Capricórnio; no dia 29, a 24°20' de Capricórnio (R)
Vênus: 18°30' de Sagitário; no dia 11, a 1°3' de Capricórnio
Marte: 18°52' de Gêmeos (R)
Júpiter: 28°53' de Peixes; no dia 21, a 0°2' de Áries
Saturno: 19°51' de Aquário
Urano: 16°2' de Touro
Netuno: 22°38' de Peixes; no dia 3, a 22°38' de Peixes (D)
Plutão: 26°46' de Capricórnio

AS LUNAÇÕES E OS TRÂNSITOS PLANETÁRIOS PARA 2022

O movimento dos cinco planetas lentos (Júpiter, Saturno, Urano, Netuno e Plutão) através do Zodíaco indica os ciclos planetários e as tendências das manifestações individuais e coletivas da humanidade. A interpretação astrológica dos trânsitos e dos planetas lentos bem como a interpretação das lunações mensais revelam as tendências de processos internos e externos e da mentalidade das pessoas durante o ano de 2022.

O movimento dos planetas lentos durante o ano de 2022

- **Júpiter** inicia o ano em movimento direto a 0°32' do signo de Peixes. Entrará no signo de Áries, a 0°0', no dia 11 de maio. No dia 28 de julho, entrará em movimento retrógrado, a 8°43' desse mesmo signo, retornando ao signo de Peixes, a 29°56', no dia 29 de outubro desse mesmo signo. Retomará seu movimento direto em 23 de novembro, a 28°48' de Peixes. No dia 21 de dezembro, entrará novamente a 0°2' do signo de Áries, terminando o ano a 1°4' desse signo. Júpiter fará sextil com Urano em meados de fevereiro deste ano. Nos primeiros vinte dias de abril, Júpiter fará conjunção com Netuno. Júpiter fará sextil com Plutão nos primeiros dez dias do mês de maio.

- **Saturno** inicia o ano em movimento direto a 11°54' do signo de Aquário. No dia 4 de junho entrará em movimento retrógrado, a 25°15' desse mesmo signo. No dia 23 de outubro, retoma seu movimento direto a 18°35' de Aquário, terminando o ano a 22°19' desse signo. Saturno fará quadratura com Urano nos primeiros vinte dias de outubro.

- **Urano** inicia o ano a 10°57' de Touro, em movimento retrógrado. No dia 18 de janeiro retoma o movimento direto a 10°49' desse signo. No dia 24 de agosto entra em movimento retrógrado a 18°55' desse signo. Terminará o ano a 15°10' ainda no signo de Touro. Urano fará quadratura com Saturno no mês de outubro.

- ☆ **Netuno** inicia o ano em movimento direto a 20°40' de Peixes. No dia 28 de junho, entra em movimento retrógrado a 25°26' desse signo. No dia 3 de dezembro, retomará seu movimento direto a 22°38' de Peixes, terminando o ano a 22°51' desse signo. Netuno fará conjunção com Júpiter no mês de abril.

- ☆ **Plutão** inicia o ano em movimento direto a 25°56' de Capricórnio. No dia 29 de abril entrará em movimento retrógrado a 28°35' desse signo. No dia 8 de outubro, retomará seu movimento direto a 26°7' desse signo, terminando o ano a 27°37' de Capricórnio. Plutão fará sextil com Júpiter no mês de maio.

Interpretação do trânsito dos Planetas lentos em 2022

Em fevereiro, teremos Júpiter fazendo sextil com Urano, que vem a ser um trânsito favorável para investimentos em áreas de energias sustentáveis como solar, eólica e biomassa. Haverá também inovações em movimentações financeiras, como dinheiro digital, bem como investimentos expressivos na área de aviação, tecnologia adequada para carros elétricos, agricultura, agronegócio. Expansão do turismo e transporte fluvial ou marítimo.

Em abril, Júpiter, em conjunção com Netuno em Peixes, aponta uma expansão da espiritualidade, de ações filantrópicas e humanitárias em nível global que busquem e valorizem a justiça, a igualdade e uma ética de transparência entre os seres humanos. Os cuidados paliativos e a medicina complementar, quântica ou vibracional, devem ganhar mais espaço. Haverá cada vez mais interesse pelas profissões de ajuda, em especial as terapias que visam o bem-estar emocional e psíquico da população. As técnicas holísticas de meditação, assim como acupuntura, florais, relaxamento, yoga e Reiki, devem seguir essa tendência no sentido de poder reduzir o estresse da vida urbana, decorrente do uso excessivo de aparatos tecnológicos.

Em maio teremos Júpiter e Plutão em ângulo favorável, o que deve representar um momento melhor para a economia em geral, e esse crescimento deve seguir um ritmo sustentável, pois há também uma consciência maior que visa, ainda que idealmente, uma distribuição de renda mais igualitária para a sociedade como um todo, no sentido de reduzir as enormes discrepâncias já conhecidas por todos.

A quadratura entre Saturno e Urano em outubro deste ano assinala um impasse entre forças mais conservadoras que se antagonizam com forças mais radicais da vida política. Esse ângulo planetário evidencia as tensões entre as forças de renovação e as velhas estruturas de poder que encontram grande resistência para as mudanças necessárias ao processo evolutivo da sociedade no contexto global. Essa oposição pode gerar lentidão ou paralisia nos setores produtivos, gerando revolta e insatisfação naqueles que querem mais liberdade e não têm medo das transições inexoráveis que chegam com a passagem do tempo. Novas tecnologias exigem maior capacidade de adaptação para seu aprendizado, mas o ritmo de assimilação e implementação dessas mudanças pode não acontecer no ritmo compatível com essas demandas.

As lunações de 2022 – calculadas no fuso horário de Brasília (DF)
(Observação: neste ano teremos 13 lunações; duas em abril.)

1ª lunação

A primeira lunação de 2022 ocorrerá no dia 2 de janeiro, às 15h35, a 12°20' do signo de Capricórnio. Podemos observar um *stellium* nesse signo ocupando a casa VIII da carta celeste. Plutão e Mercúrio fazem trígono com o signo ascendente que está no final do signo de Touro. Poderá haver êxito em investimentos provenientes de países estrangeiros que consolidam uma posição positiva no país na área da economia. Netuno encontra-se na casa X na carta e faz sextil com Vênus, o que também propicia harmonia e boa diplomacia para acordos, além de alianças favoráveis à nação. Esse planeta é o regente da casa V e vai estimular o setor de entretenimento e das artes em geral, com destaque para música, cinema e audiovisual. Marte em Sagitário faz bom ângulo com Saturno em Aquário, que é o planeta regente da lunação. Esse ângulo favorece a troca de conhecimentos e iniciativas pioneiras com bons resultados de longo prazo para pesquisas e inovação em áreas de tecnologia espacial e da aeronáutica.

2ª lunação

A segunda lunação ocorrerá a 12°20' do signo de Aquário, no dia 1º de fevereiro, às 2h47. Temos novamente um *stellium* que ocupa as casas I e II da carta, com planetas em Capricórnio e Aquário, respectivamente. Urano em Touro faz trígono com Vênus, o que pode colocar em evidência a imagem positiva do país, fato esse que estimula o turismo local e também as manifestações artísticas e culturais. Mercúrio em conjunção com Plutão faz trígono com o Meio do Céu da carta, favorecendo e ampliando oportunidades no comércio internacional e nosso superávit. Destaque para o intercâmbio cultural, o crescimento das redes sociais e as trocas de conhecimentos relevantes que dinamizam esse setor. Urano em Touro faz quadratura com Sol e Lua, o que sinaliza gastos excessivos de nossas instituições que precisam ser controlados com mais pragmatismo e eficiência.

3ª lunação

A terceira lunação do ano acontecerá no dia 2 de março, às 14h36, a 12°7' do signo de Peixes. Essa lunação tem um *stellium* na casa VIII; nela, temos uma conjunção de Mercúrio e Saturno em Aquário, que fazem sextil com o Meio do Céu em Áries, favorecendo boas negociações, contratos e troca de informações relevantes para o setor tecnológico e de segurança do país. Positivo para investimentos em energia eólica, ciência, sustentabilidade e o aprendizado com aqueles que já detêm mais conhecimento nessas áreas. Temos outra conjunção de Sol, Lua e Júpiter, que se dá no signo de Peixes, do elemento Água, podendo significar a expansão do turismo fluvial e marítimo, assim como o incremento da pesca. Os órgãos responsáveis devem trazer incentivos importantes para a conscientização dos cuidados com a poluição marítima e também com o saneamento básico, que aflige grande parte da população mais carente. Júpiter é o regente da casa VI, que também favorece investimentos na saúde pública em geral.

4ª lunação

A quarta lunação se dará a 11°31' do signo de Áries, às 3h26 do dia 1º de abril. Os luminares ocupam a casa II da carta ao lado de Mercúrio, que também está em Áries. Essa configuração planetária tende a trazer impulsos e iniciativas eficientes para a economia do país e que podem estar associados a privatizações de setores estratégicos. Bons dividendos podem vir também da mineração e de outras riquezas do solo brasileiro. Júpiter, que está ao lado de Netuno, é o regente da casa X, e isso pode ampliar o turismo internacional, assim como as trocas e o aperfeiçoamento de conhecimentos em nível superior com o estrangeiro. Marte e Saturno ocupam a casa XII, podendo gerar a repetição de eventos crônicos e violentos dentro do sistema carcerário, chamando a atenção das autoridades mais uma vez para soluções mais efetivas e realistas.

5ª lunação

No dia 30 de abril, às 17h29, ocorrerá a quinta lunação, a 10°28' do signo de Touro. Nessa carta, encontramos os luminares, ao lado de Urano na casa VII, fazendo sextil com Marte em Peixes. O setor de diplomacia pode ganhar mais destaque e relevância nesse ciclo, com êxito em bons acordos comerciais. Há uma conjunção exata entre Vênus e Júpiter no signo de Peixes, que ocupam a casa VI e sinalizam um momento de prosperidade e abundância no setor do agronegócio e pecuário, solidificando a boa posição do país no *ranking* da economia mundial. Plutão ocupa a casa IV e está em sextil com essa mesma conjunção e em trígono com Mercúrio, o que vem a corroborar o êxito econômico relacionado ao setor de produção e exportação agrícola, e o aproveitamento crescente de energias alternativas e sustentáveis. Os setores de infraestrutura, assim como a área petrolífera, se fortalecem de forma gradual e contínua.

6ª lunação

Teremos a sexta lunação deste ano no dia 30 de maio, a 9°3' do signo de Gêmeos, às 8h31. Os luminares estão ocupando a casa XI, sem aspectos relevantes. Temos Júpiter e Marte em Áries elevados na carta, em quadratura com o Ascendente no signo de Câncer. Decisões ou iniciativas arbitrárias por parte do setor judiciário podem não contar com o apoio da população. Podem surgir conflitos de interesses dentro das universidades que prejudicarão o meio acadêmico, gerando críticas ou paralisações. O ângulo desafiador entre Mercúrio e Saturno indica também possíveis divergências na área do Ensino Fundamental, e isso vai demandar grande esforço para que surjam soluções. Isso se dará pelo fato de esses dois planetas se encontrarem em signos fixos, o que gera muita resistência e falta de flexibilidade para algum acordo entre as partes envolvidas. Vênus e Plutão também mostram dificuldades para possíveis acordos e recuos.

7ª lunação

A sétima lunação se dará no dia 28 de junho às 23h53, a 7°23' do signo de Câncer. Sol e Lua ocupam a casa IV da carta celeste e fazem quadratura exata a Júpiter em Áries. Esse ângulo sinaliza um momento em que pode haver gastos excessivos em função de eventos climáticos sobre os quais não se tem controle. No campo político, forças de oposição devem estar mais ativas, podendo gerar instabilidades nas grandes cidades. Por outro lado, Vênus na casa III faz sextil com Júpiter, amenizando as tensões do ciclo anterior, a partir do qual já podem estar sendo acenados acordos e providências favoráveis à superação da crise. Saturno e Mercúrio em ângulo positivo também apontam diálogos produtivos e construtivos, além de maior movimentação econômica, que advém do turismo interno.

8ª lunação

No dia 28 de julho, às 14h56, teremos a oitava lunação, a 5°39' do signo de Leão. O planeta Mercúrio encontra-se também no signo de Leão, sendo o regente do Meio do Céu; faz ainda oposição a Saturno em Aquário e quadratura com Urano em Touro. Esses ângulos desafiadores podem expressar dificuldades na área das comunicações e do comércio em geral, e lentidão na realização dos planos do governo, em especial na área de infraestrutura e transportes. Vênus em Câncer está na casa VII da carta, fazendo sextil com Marte em Touro, o que pode minimizar essas tensões e abrir caminhos para entendimentos e acordos em que a diplomacia possa prevalecer; os interesses se tornam mais convergentes para todos. Sol e Lua recebem um aspecto positivo de Júpiter em Áries, o que aponta decisões e iniciativas rápidas e acertadas dos Poderes Judiciário e Executivo. Essas ações agem no sentido de superar as barreiras no andamento de reformas mais urgentes do país e promovem um espírito de mais otimismo na população.

9ª lunação

A nona lunação ocorrerá a 4°4' do signo de Virgem, às 5h18 do dia 27 de agosto. Plutão ocupa a casa VI e faz trígono com Mercúrio e o Meio do Céu da carta. Isso sugere boas notícias para o setor econômico, possivelmente em função do agronegócio, incluindo também a agricultura familiar, que gera empregos e renda em várias regiões do país. Favorece ainda os investimentos em escolas técnicas, na saúde pública e na melhoria da alimentação da população mais carente. Os luminares fazem um ângulo difícil com Marte. Podem surgir revoltas e focos de violência no país, ou incêndios que demandem ações enérgicas e defensivas por parte das autoridades militares. Por outro lado, Marte recebe um sextil de Júpiter, podendo impulsionar maiores investimentos em universidades, e expansão no turismo internacional e do intercâmbio cultural para estudantes que buscam pós-graduação no estrangeiro.

10ª lunação

A décima lunação do ano se dará no dia 25 de setembro às 18h56, a 2°49' do signo de Libra. Observamos um *stellium* na casa VI, com destaque para os aspectos que Mercúrio e Vênus fazem com Plutão elevado na casa X, todos em signos de Terra. O Poder Executivo tende a se beneficiar com os bons resultados da economia que vimos nos meses anteriores. O setor petrolífero e de mineração pode avançar mais, trazendo mais divisas para a nação. Saturno em Aquário e Marte em Gêmeos indicam a perspectiva de mais empregos e renda, em função do aumento da produção industrial e da confiança dos investidores. Marte ocupa a casa III, que representa os transportes rodoviário e ferroviário, promovendo a integração entre áreas distantes e garantindo segurança para importações e exportações. Saturno está na casa XI, indicando ações mais responsáveis por parte dos congressistas, que devem pensar mais em políticas de Estado e no futuro das novas gerações.

11ª lunação

No dia 25 de outubro acontecerá, às 7h50, a décima primeira lunação, a 2°0' do signo de Escorpião. Os luminares e Vênus ocupam a casa XI, que pertence ao signo de Aquário no Zodíaco natural e diz respeito aos amigos e a planos e projetos para o amanhã. Essa posição mostra o forte interesse de muitos pela política e por ações do Congresso, e tudo o que está se delineando para o futuro da nação. Saturno em quadratura com Urano assinala um impasse entre forças mais conservadoras que se antagonizam com forças mais radicais da vida política. Saturno em Aquário, no entanto, faz ângulos positivos com Mercúrio e Marte, que estão em Libra e Gêmeos, respectivamente. Em termos astrológicos, isso significa que esses três planetas (Saturno, Mercúrio e Marte) estão em signos de Ar e ocupam as casas de ar da carta. Essa configuração acentua de forma expressiva o dinamismo e a interação nas redes sociais para que as informações cheguem a todos o mais rápido possível. Marte em quadratura com Netuno indica possíveis problemas na apuração da votação, que deve ocorrer nesse período.

12ª LUNAÇÃO

No dia 23 de novembro ocorrerá a décima segunda lunação do ano, às 19h58, a 1°38' do signo de Sagitário. Há um *stellium* na casa VI, sendo que Sol e Lua fazem trígono com Júpiter, que ocupa a casa IX. Essa configuração representa a possibilidade de um ciclo de expansão de intercâmbios e acordos financeiros e culturais que trarão créditos positivos ao país. Esses acordos diplomáticos favorecem também as exportações e as importações. A balança comercial pode produzir um superávit expressivo no final do ano, com destaque ainda para o agronegócio. Saturno em Aquário faz um ângulo positivo com Marte e o signo ascendente, que estão em Gêmeos, o que deve propiciar mais investimentos em transportes em geral, mobilidade urbana, rodovias e ferrovias. Na casa IX da carta temos Júpiter e Netuno em Peixes, que tendem a mostrar melhores índices na área da saúde pública, assistência social para as famílias mais carentes e expansão das profissões de ajuda em geral.

13ª lunação

A décima terceira e última lunação do ano acontecerá às 7h18 do dia 23 de dezembro, a 1°23' do signo de Capricórnio. Na carta encontramos, além dos luminares, Vênus e Mercúrio, que ocupam a casa XII da carta. Netuno faz bons aspectos com eles e isso aponta para ações positivas nas áreas filantrópica, humanitária e assistencial, voltadas para a saúde pública. Júpiter em Áries faz quadratura com Lua e Sol, podendo significar escassez de recursos para esses setores, que exigirão mais atenção dos governantes. Júpiter ocupa a casa III e faz sextil com Plutão, que está na casa I, mostrando movimentação positiva na economia e no comércio em geral. Estimula o comércio, o turismo interno e as inciativas que impulsionem a comunicação, a internet, as redes sociais etc. Urano em trígono com Vênus traz um ambiente favorável para o setor imobiliário, a construção civil e o agronegócio; da mesma forma, cria um clima favorável para a expressão de tradições culturais do país e do patriotismo.

REGÊNCIAS PLANETÁRIAS

Aqui relacionamos os planetas, as áreas e assuntos regidos por cada um deles. Com esses dados em mãos, o leitor poderá escolher as melhores datas para praticar suas atividades do dia a dia, de acordo com as previsões do Guia Astral.

LUA: Rege as viagens; as mudanças temporárias; a água e os líquidos em geral, bem como seu respectivo comércio; o comércio varejista; os artigos de primeira necessidade; a pesca; os assuntos domésticos; a saúde; as comissões e o cotidiano.

MERCÚRIO: Influencia os contratos; os assuntos relacionados com cartas, papéis e escritos; a literatura; os transportes; o correio; o fax; viagens curtas e excursões; mudanças de residência; estudos e o raciocínio com relação a questões práticas.

VÊNUS: Rege as artes em geral, tais como a música, o teatro e o cinema, a moda. Influencia também os amores, as amizades, o casamento, as diversões, as plantações, os tratamentos de beleza, a decoração dos ambientes e os assuntos domésticos e sociais.

SOL: Favorece o trabalho profissional, a publicidade, as honrarias, os favores e as melhorias. Os seus bons aspectos são positivos quando se solicita emprego ou aumento de salário, bem como quando se trata com autoridades ou superiores em geral.

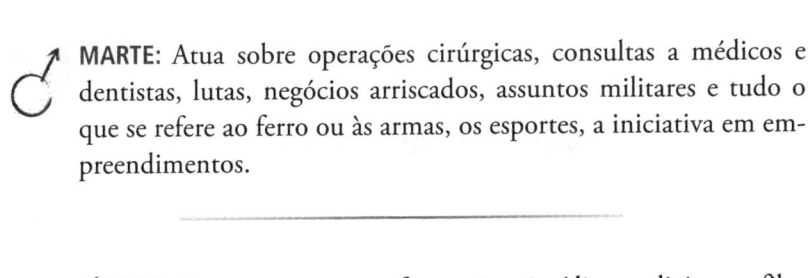

MARTE: Atua sobre operações cirúrgicas, consultas a médicos e dentistas, lutas, negócios arriscados, assuntos militares e tudo o que se refere ao ferro ou às armas, os esportes, a iniciativa em empreendimentos.

JÚPITER: Governa os assuntos financeiros, jurídicos, religiosos e filosóficos, o comércio, os empréstimos, a expansão, a vida cultural, o estrangeiro, as viagens longas, os estudos superiores.

SATURNO: Rege o trabalho em geral, os negócios relativos a terras, casas, minas e construções, a agricultura, os estudos e as coisas antigas. Também favorece os que tratam com pessoas famosas ou idosas.

URANO: Influencia mudanças repentinas, assuntos e negócios relativos à eletricidade e ao magnetismo, drogas medicinais, novos empreendimentos, alta tecnologia, novas ideias e astrologia.

NETUNO: Tem sob sua atuação questões psíquicas, tais como clarividência, clariaudiência, telepatia e intuição, o misticismo, as manifestações coletivas e os assuntos marítimos.

PLUTÃO: Atua sobre tudo aquilo que exige energia e entusiasmo, as ideias originais, o pioneirismo, os assuntos relacionados à energia nuclear e as transformações radicais.

GUIA ASTRAL PARA 2022

As informações a seguir se referem aos aspectos que o Sol, a Lua e os planetas formam entre si diariamente. Para melhor aproveitamento dessas informações, verifique na seção "Regências planetárias", na p. 126, a relação de planetas, atividades e assuntos que são regidos por eles.

Aqui são observados e interpretados os trânsitos da Lua, que se move rapidamente, e dos demais planetas em um único dia. Esse fato faz com que as interpretações deste *Guia* e das previsões astrológicas por vezes pareçam contraditórias entre si; no entanto, elas são complementares.

Janeiro

1º Começando o ano, temos Sol e Urano positivamente ativados. Esse aspecto pode torná-lo mais criativo e dinâmico e sem receio de investir tempo e energia em ações inusitadas. Evite o excesso de comida ou guloseimas. **Desfavorável para Netuno e Lua**.

2 Dia de lua nova é favorável para momentos de introspecção, em que você pode continuar traçando seus novos projetos e metas. Mentalize o que deseja alcançar, e não tenha medo de ser feliz. **Favorável para Sol e Urano**.

3 Neste ciclo, você pode experimentar mais intensidade em sua vida amorosa e social. Algumas inquietações e dúvidas talvez surjam; entenda que elas sugerem insegurança de sua parte diante de novos cenários possíveis. Não exija demais dos outros, que também têm os seus desafios. **Desfavorável para Plutão e Vênus**.

4 Mercúrio e Lua estão juntos no signo de Aquário, estimulando o uso de tecnologia, bem como sua inteligência e presença de espírito. Assim, temos a confirmação de um ciclo de criatividade que certamente vai gerar bons frutos. **Favorável para Urano**.

5 Fase de lua nova, com um sextil entre Lua e Marte. Essa posição planetária tornará o dia mais adequado para tomar iniciativas, traçar novas estratégias e trocar ideias sobre os seus projetos futuros. **Favorável para todos os planetas**.

6 Algumas instabilidades na vida afetiva podem ser rapidamente esclarecidas; não seja refém do seu orgulho que só faz prejudicar seu relacionamento. Confie mais em quem quer o seu bem de verdade e não tema acolher e compreender o outro, pois o senso de união promete crescimento mútuo. Simples assim. **Favorável para Netuno, Lua e Júpiter**.

7 Ótimo dia para namorar, interagir com os amigos e se divertir mais, deixar-se levar por bons sentimentos, valorizando as boas companhias. Os eventos culturais e artísticos também serão muito apreciados e bem-vindos. **Favorável para Vênus**.

8 Suas ideias encontram receptividade em seu ambiente de trabalho e assim vão tomando uma forma mais definida, é um bom momento para planejar a vida profissional. Colocar sonhos em prática não deixa de ser uma forma de felicidade, aproveite bem essa fase. **Favorável para todos os planetas**.

9 Vênus e Sol estão lado a lado no signo de Capricórnio, indicando um dia no qual você pode enraizar relações sociais e amorosas. Amizades de longa data tendem a ser valorizadas como nunca. Considere que alguns planos dependem de tempo e mais foco da sua parte. **Favorável para Lua e Marte**.

10 Momento adequado para fazer consultas e exames médicos que devem sinalizar diagnósticos acertados. Invista mais tempo nos cuidados físicos e melhore sua alimentação, seu corpo vai agradecer. **Favorável para Sol e Netuno**.

11 Bom momento para superar medos e procrastinações, liberando-se de compromissos que não contribuem mais para o seu crescimento. Porém, as altas expectativas podem gerar decepções com pessoas queridas; evite projetar seus anseios nos outros e perceba o que está ao seu alcance executar. Substitua as críticas por mais compreensão e tolerância com todos. **Favorável para Sol e Vênus**.

12 As contrariedades tendem a se dissolver ao longo do dia, perceba que foi a sua ingenuidade que criou desilusões. Confie mais no seu poder pessoal, e olhe para a frente, sem se culpar pelo ocorrido. **Desfavorável para Marte e Netuno.**

13 Boas intenções nem sempre são bem compreendidas. Tenha cautela com as palavras e mais paciência com o ritmo lento dos outros. É importante não pensar o tempo todo na mesma coisa, busque mais leveza e diversão ao longo do dia. **Desfavorável para Mercúrio.**

14 A dificuldade com a comunicação ainda permanece. Será preciso atenção redobrada com os destemperos verbais e a ansiedade exagerada que podem custar o afastamento de pessoas queridas. **Desfavorável para Urano.**

15 Cuide bem de seus documentos, faça uma cópia deles para não ter surpresas desagradáveis. Atenção com assinaturas de documentos, contratos e acordos. Continue precavido com a comunicação, sendo mais flexível e tolerante em relação às contrariedades pessoais. **Desfavorável para Marte.**

16 A Lua em Câncer favorece o aconchego familiar ou um almoço com pessoas íntimas. O desejo de sentir-se protegido é mais forte hoje, assim como a necessidade de sentir-se útil por meio de gestos generosos e de uma escuta acolhedora. **Favorável para Júpiter e Urano.**

17 Período em que pode exercer seu poder pessoal e capacidade de liderança, apropriando-se melhor da sua experiência e méritos profissionais. Se necessário, crie regras mais definidas de horários, favorecendo seu desempenho no trabalho. O esforço concentrado valerá a pena. **Favorável para Sol e Plutão.**

18 Na fase de lua cheia as emoções afloram para todos e isso pode levá-lo a alguns excessos emocionais. Algumas memórias podem ser revisitadas ou segredos podem ser revelados; isso terá consequências positivas para que os esclarecimentos cheguem rápido. **Favorável para Mercúrio.**

19 Contrariedades à vista no campo afetivo. Se optar pela vitimização, o resultado será ainda pior. Assumir responsabilidades por algum erro é sempre mais nobre do que procurar por culpados. É hora de amadurecer e fazer ajustes na relação, para que ela seja mais equilibrada. **Desfavorável para Lua e Saturno.**

20 A Lua está no signo de Leão e faz trígono com Marte em Sagitário, ambos signos de Fogo. Momento de mais ânimo e vitalidade, coragem e alegria de viver. Faça bom uso disso tomando decisões assertivas para o seu futuro, e não deixe se exercitar. **Favorável para todos os planetas.**

21 Bons aspectos entre Urano e Lua nos signos de Touro e Virgem, respectivamente, podem sinalizar mais organização, pragmatismo e eficiência no trabalho cotidiano. Excelente também para investir em uma alimentação mais saudável. **Favorável para Vênus.**

22 Você está mais sensível do ponto de vista psíquico, com tendência a criar fantasias negativas a seu respeito ou por adotar uma postura autocrítica muito severa. Não se deixe levar por elas, fazendo uma análise mais objetiva daquilo que deseja melhorar nas suas relações. **Desfavorável para Netuno e Marte.**

23 Lua em Libra em bom aspecto com Sol e Mercúrio em Aquário. Dia excelente para contatos, encontros e reuniões, tanto no âmbito de trabalho quanto no social. Valorize o diálogo e a diplomacia, mantendo as portas abertas para chegar aos seus objetivos. Aproveite as ótimas ideias e sugestões para assuntos relativos a viagens e turismo presentes em redes sociais. **Favorável para todos os planetas.**

24 Marte adentra o signo de Capricórnio neste dia. Com essa posição poderá ter mais foco, disciplina e eficiência para assumir mais responsabilidades em seu trabalho. A perseverança é o trunfo dos fortes, vá em frente. **Favorável para Lua e Saturno.**

25 Momento propício para expandir e mostrar seus talentos voltados à vida profissional. Tome as rédeas da situação para liderar seus colegas, se for necessário. A ousadia e o planejamento estratégico são bem-vindos neste momento. **Favorável para Lua e Júpiter.**

26 Hoje o dia exige mais esforço no sentido de conciliar interesses relativos à vida familiar e ao trabalho. Isso vai exigir mais flexibilidade de sua parte para atender as prováveis demandas, adie o que não for urgente. Cuidado com os gastos por impulso. **Favorável para Lua e Vênus.**

27 Cultive a leveza de espírito para ver o lado positivo dos acontecimentos que o contrariam, pois são circunstanciais e momentâneos. Não se preocupe, e deixe as coisas fluírem sem a sua intervenção. **Favorável para Lua e Plutão.**

28 A tendência à dispersão é forte, mas você vai conseguir superá-la, não desanime. A questão prioritária neste dia é organizar seu tempo e dar preferência ao que é mais relevante. **Desfavorável para Netuno e Lua.**

29 Não tenha receio de abraçar projetos mais ambiciosos em seu trabalho. Todo talento demanda dedicação e disciplina e com você não será diferente. Atente-se para discussões e posturas inflexíveis, sempre é possível compor interesses. Cuide da sua alimentação. **Favorável para Marte e Saturno.**

30 Dia propício para interagir mais e se divertir, encontrar amigos de longa data. No entanto, evite rupturas por causa de discussões sobre temas polêmicos ou por querer mudar a opinião dos outros. **Desfavorável para Sol e Urano.**

31 Dia ótimo para estudar, ler e aprofundar conhecimentos sobre temas de seu interesse. Assim como o corpo precisa de alimentos, o espírito precisa de estímulos para ter mais motivação intelectual. **Favorável para Mercúrio e Plutão.**

Fevereiro

1º Tente não controlar os acontecimentos que atrapalham a sua rotina ou atrasam o andamento de seus projetos. Veja aquilo que é prioridade neste momento, com foco nas soluções que são possíveis. É um bom momento para usar a criatividade e pensar em caminhos inovadores para solucionar suas questões. **Favorável para Saturno.**

2 A fase de lua nova e o sextil entre Lua e Marte no céu são propícios para impulsionar suas metas com mais determinação. Não tenha receio de defender seus pontos de vista com mais assertividade e coragem. **Favorável para todos os planetas**.

3 Lua e Júpiter no signo de Peixes indicam mais sensibilidade psíquica, capacidade de imaginar ou sonhar acordado. Excelente dia para meditar, fazer yoga, receber uma massagem e ouvir boa música. Enfim, se dedicar a si mesmo. **Favorável para Urano**.

4 Dia favorável para aprofundar seus conhecimentos, pesquisar temas diferentes que se somam ao que você já estudou. A orientação intelectual de pessoas mais experientes ou maduras terá muita serventia para seus objetivos. **Favorável para Sol e Saturno**.

5 Marte e Júpiter em ângulo positivo tornam o momento propício para o planejamento de viagens interessantes, que incluam esportes ou aventuras desconhecidas. Expandir conhecimentos ou relacionamentos só faz bem. **Desfavorável para Lua**.

6 Neste momento, alguma inquietação emocional ou ressentimentos podem surgir, minando a confiança em seu parceiro. Nada que um diálogo bastante honesto não possa consertar, fique atento e fuja de discussões inúteis. **Desfavorável para Plutão e Lua**.

7 Você certamente terá grandes benefícios por meio do uso da tecnologia para alavancar seus interesses profissionais e comerciais. Continue pesquisando e investindo nessas ferramentas que vieram para ficar. **Favorável para Urano e Marte**.

8 Um aspecto de harmonia entre Lua e Vênus tornam este dia auspicioso para sua vida sentimental. Lembre-se de que contrariedades sempre vão existir e que príncipes e princesas só existem em contos de fadas! **Favorável para todos os planetas**.

9 Siga em frente com suas decisões e escolhas mais arrojadas, o momento é de inovação e de iniciativas acertadas. Momento favorável também para expandir seus contatos nas mídias sociais e ganhar visibilidade. **Favorável para Mercúrio, Plutão e Lua**.

10 Muitas responsabilidades devem aparecer em seu dia a dia e você está apto para assumi-las sem grandes problemas, confie mais na

sua versatilidade e mantenha o foco para não se perder em distrações. Preste atenção também aos excessos de comida processada ou de carboidratos. **Favorável para Saturno e Lua.**

11 Momento de introspecção e muito interessante para estudar assuntos de natureza mística, esotérica ou simbólica. Será favorável investir mais tempo em conhecer as artes mânticas, que também promovem o autoconhecimento. **Favorável para todos os planetas.**

12 É provável que seu espírito aventureiro prevaleça contra a rotina habitual. Ótimo dia para exercitar seu corpo, fazer uma viagem diferente, conhecer lugares novos ou fazer novos amigos. **Favorável para Júpiter e Lua.**

13 Não se contente com menos do que merece, procure ficar perto das pessoas que ama e ter um dia prazeroso. A atmosfera da vida amorosa pode trazer emoções intensas. **Favorável para Vênus e Marte.**

14 Mercúrio entra em Aquário, signo do elemento Ar, associado ao pensamento e à lógica. Excelente ciclo para aprender, escrever e trocar ideias com aqueles que entendem ou compartilham sua visão de mundo. **Desfavorável para Lua.**

15 Procure evitar a autocrítica exagerada em função de contrariedades pessoais. Ruminar o passado e reclamar são o caminho certo para negatividade e infelicidade, preste mais atenção a essa tendência. **Desfavorável para Saturno e Urano.**

16 Com a lua cheia e Júpiter em sextil com Urano neste dia, você terá a experiência de movimentação na sua vida social, mais ênfase na vontade de interagir, trocar afeto, conversar, visitar seus familiares, ou seja, celebrar a vida. **Favorável para todos os planetas.**

17 Um aspecto entre Vênus e Marte deverá animar sua vida a dois. Hora certa para encontrar alguém que lhe dê a segurança que espera encontrar. E também para estruturar laços que já existem, como noivados ou casamentos. **Desfavorável para Júpiter e Lua.**

18 Veja com bons olhos as oportunidades que surgirem em seu ambiente profissional. Sua rotina pode ser alterada, e a mesmice não é a demanda mais adequada para este momento. Vida é mudança, vida é movimento. **Favorável para Lua e Plutão.**

19 Boas notícias devem chegar e animar seu espírito. Toda troca de informação é muito bem-vinda. Abra a mente e mude de opinião se isso for para o seu próprio bem, ou seja, sua evolução pessoal. Aproxime-se das pessoas que podem contribuir para o futuro que você deseja. **Favorável para Lua, Mercúrio e Urano.**

20 Hoje a Lua está em Libra, o que torna o dia benéfico para se reunir com amigos de longa data e ter momentos prazerosos com as boas recordações. Não tenha pressa em concluir algum tipo de trabalho que esteja atrasado. **Desfavorável para Marte.**

21 Júpiter em harmonia com Urano no céu promove um ciclo de mais entusiasmo e motivação por meio de contatos feitos nas redes sociais. O conhecimento e o uso de tecnologia pode ser um *upgrade* em seus negócios. Bom momento para definir estratégias de médio prazo. **Desfavorável para Plutão e Lua.**

22 Os astros hoje apontam para uma visão mais otimista e mesmo romântica da vida, aumentando assim seu bem-estar e o sentimento de gratidão por tudo que o cerca. Pode haver mais reciprocidade e confiança entre você e a pessoa amada. **Favorável para Lua e Júpiter.**

23 A lua minguante vai entrando no signo de Sagitário. Favorece seus interesses filosóficos ou espirituais que abrem os caminhos para seu processo evolutivo. Fique mais focado naquilo que considera essencial em sua vida. **Favorável para todos os planetas.**

24 Netuno e Marte encontram-se em ângulo harmônico, criando um dia propício para cuidar de sua saúde e bem-estar. Muito adequado para uma dieta de desintoxicação, com frutas, chás ou sucos. Também é um bom dia para encarar as situações que tenham soluções práticas. **Favorável para Mercúrio e Saturno.**

25 Permita-se a viver mais um dia com romantismo e gentilezas com a pessoa amada. Na rotina diária é fácil esquecer que pequenos gestos sempre são importantes. Todos gostam de agrados e elogios. **Favorável para Vênus e Netuno.**

26 Um bom dia para concluir assuntos pendentes e liberar espaços internos para se inspirar com novos sonhos. Um espírito mais

criativo e oxigenado sempre vai mais longe porque dessa forma consegue ver o que ainda está no futuro. Nada de ficar com preguiça de estudar; trate de ler e conhecer mais sobre outras áreas de seu interesse. **Favorável para Lua, Mercúrio e Júpiter**.

27 Os planetas no céu proporcionam um dia oportuno para você reformular memórias emocionais que ficaram no passado. No entanto, assim que possível, deixe para trás essas impressões, viva mais no prazer e na liberdade do aqui e agora. **Favorável para todos os planetas**.

28 Hoje você pode encarar as mesmas coisas vendo-as de um ângulo mais positivo. Avalie as pessoas com mais empatia e solidariedade, respeitando opiniões divergentes das suas. Isso é inteligência emocional. **Favorável para Mercúrio e Saturno**.

Março

1º Neste ciclo, temos Lua e Saturno juntos no signo de Aquário. A Lua representa nossos sentimentos e a inteligência emocional. Saturno representa nossa razão e a responsabilidade. Hoje há um diálogo positivo entre essas duas características, fique atento, pois tudo será um aprendizado. **Favorável para todos os planetas**.

2 Hoje temos lua nova em Peixes e Mercúrio junto a Saturno no céu. Ótimo para aprofundar seus conhecimentos espirituais ou filosóficos, perseverar em suas metas profissionais. Não se aborreça com a lentidão no ritmo dos outros, exercite a paciência. **Favorável para Sol e Urano**.

3 Três planetas estão juntos em Capricórnio: Vênus, Marte e Plutão. Podem surgir turbulências em sua vida amorosa, sensação de impotência e inquietação. Não tenha receio, o que está errado virá à tona para ser modificado ou transformado. **Favorável para Lua e Netuno**.

4 É preciso ver com bons olhos para compreender que algumas coisas precisam ir embora para criar espaço para novidades. Sol e Júpiter em conjunção indicam maior confiança e otimismo naquilo que está por vir. Acredite na força do seu pensamento e em ações mais colaborativas. **Favorável para Vênus**.

5 Momento em que pode haver um sentimento de compaixão e empatia em seu coração. Atitudes generosas e altruístas vão deixá-lo mais realizado e convencido de que fazer o bem é sempre fonte de alegria. **Favorável para todos os planetas.**

6 Marte e Vênus estão no signo de Aquário. Devem dinamizar as interações, a vida cultural, os ideais coletivos ou fraternos, voltados para o bem-estar da coletividade. Siga sua intuição para tomar decisões acertadas. **Desfavorável para Lua e Plutão.**

7 Siga em frente na direção daquilo que o deixa feliz, é tempo de irradiar boas energias em seu trabalho. Sempre que possível, estimule amigos e familiares, todos gostam de obter reconhecimento ou ganhar um elogio. **Favorável para Júpiter, Lua e Urano.**

8 Momento interessante para perceber a maturidade emocional que vem conquistando, tais como tomar decisões mais assertivas, e não mais perder tempo querendo mudar as pessoas. Cada um é o que é, assim como você! **Favorável para Lua e Plutão.**

9 Lua em Gêmeos torna o dia ideal para trocar ideias com pessoas inteligentes, ampliar seus conhecimentos. Bom também para namorar, curtir a vida a dois, ver coisas bonitas, exposições, filmes ou espetáculos de música. **Favorável para Vênus e Marte.**

10 Neste momento, é possível que alguma decepção inesperada o deixe desanimado. Antes de julgar, procure esclarecer os fatos, não se deixando levar por intrigas ou fofocas. Exercite o bom senso e o discernimento. **Desfavorável para Netuno e Lua.**

11 Dia benéfico para tratar de assuntos relacionados a documentos importantes, contratos de compra e venda, organizar papéis, agendar encontros. Interessante também para divulgar mais o seu trabalho, especialmente nas redes sociais. **Favorável para Lua e Mercúrio.**

12 Ciclo interessante para encaminhar pendências jurídicas com sucesso. Você está mais confiante e isso atrai mais oportunidades de trabalho, que decorrem também de sua abertura para novos caminhos que vão surgindo. **Favorável para Júpiter e Urano.**

13 Dia benéfico para desfrutar de calma e paz de espírito. Se possível, busque o contato com a natureza, faça uma caminhada prazerosa

ou tome um banho de rio ou de mar. O corpo e a alma vão agradecer. **Favorável para Sol e Netuno**.

14 Procure não perder tempo em discussões inúteis com pessoas negligentes ou sem compromisso com a realidade. Cuide mais da sua saúde, evitando alimentos muito calóricos ou condimentados. Pode ser bom incluir mais exercícios no seu dia a dia, aliviando tensões e mantendo a flexibilidade, evitando tensões. **Desfavorável para Marte e Lua**.

15 Lua e Saturno em oposição se manifestam como falta de vitalidade ou excesso de autocrítica; observe se não está sendo muito exigente. Talvez seja interessante desacelerar um pouco. Comer melhor, dormir mais e desligar o celular são uma boa pedida para este momento. **Favorável para os demais planetas**.

16 A Lua hoje está no signo de Virgem em oposição a Mercúrio em Virgem. Pode haver um paradoxo entre uma percepção mais analítica e pragmática do momento, que se opõe a uma mente sonhadora. Desta feita, evite tomar decisões definitivas. **Favorável para os demais planetas**.

17 Ainda hoje predomina essa contradição entre aspectos mais subjetivos dos eventos e a dimensão do que é mais real e palpável. Melhor será deixar que a intuição guie seus passos. **Desfavorável para Lua e Netuno**.

18 É possível que não queira se submeter a alguém que tenha autoridade sobre você. Procure mostrar seu ponto de vista sendo estratégico e imparcial. Um bom dia para exercitar sua capacidade de escuta e manter o diálogo, construindo pontes. Mantenha a mente aberta a novas possibilidades. **Desfavorável para Sol**.

19 Hoje você terá condições e autoconfiança para se colocar e falar com clareza o que pretende reformular em seu trabalho sendo mais assertivo. Não tenha medo do sucesso e aceite elogios, pois você merece; lembre-se de usar a diplomacia e a reciprocidade. **Favorável para Sol, Plutão, Vênus e Marte**.

20 O Sol entra em Áries, e esse fator astrológico representa a energia de ação, comando e conquista. Na vida a dois será muito importante controlar a irritabilidade e julgamentos com palavras

ríspidas que nada constroem de positivo. **Desfavorável para Vênus e Urano.**

21 Neste dia, existe a possibilidade de ficar refém de instabilidades emocionais e acabar falando o que não deve para a pessoa amada. Tudo poderá ser dito de maneira verdadeira, mas com gentileza e bênção sem agressividade. **Desfavorável para Vênus, Urano e Marte.**

22 Excelente momento para fazer bom uso das palavras, em especial aquelas que estimulem no próximo a confiança na vida. Uma mão amiga genuína é uma benção para quem passa por dificuldades. **Favorável para Júpiter e Netuno.**

23 O céu favorece encontros interessantes, estimulando a vida social, artística e cultural. Alguma disputa no ambiente de trabalho poderá deixá-lo estressado. No entanto, fique tranquilo, pois tudo será resolvido de forma rápida e sem consequências. **Desfavorável para Marte e Urano.**

24 Preste mais atenção na forma como vem se alimentando nos últimos tempos. Se está pensando em fazer alguma dieta, esta é a hora certa. Logo perceberá aumento de vitalidade, disposição e bem-estar. **Favorável para todos os planetas.**

25 Dedique mais tempo à vida doméstica, cuidando de seus familiares. Não se preocupe demais com questões financeiras, fique focado no aqui agora, as soluções vão chegar na hora certa. **Favorável para Urano e Lua.**

26 Podem surgir boas notícias para a sua vida profissional e financeira. Mesmo assim evite fazer gastos supérfluos, uma vez que a confiança excessiva não é uma boa conselheira nessas horas. **Favorável para Mercúrio e Júpiter.**

27 Mercúrio entra hoje no signo de Áries, do elemento Fogo. Essa posição estimula a comunicação mais espontânea e sincera. Por um lado, isso é estimulante, mas, por outro, pode custar uma boa amizade, pense nisso. **Favorável para todos os planetas.**

28 Hoje você poderá abusar de seu charme e magnetismo pessoal para conquistar alguém interessante, deixe de lado as desculpas de falta de tempo. Momento ótimo para planejar programações culturais,

ter lazer com seus familiares ou com amigos. **Favorável para Lua, Vênus e Marte.**

29 Saturno e Vênus estão no signo de Aquário. Surgem duas situações em sua vida a dois: valorizar demais o passado ou se aventurar em novas experiências nas quais se sinta mais livre para ser como é. Pense antes de tomar alguma decisão relevante ou madura. **Favorável para os demais planetas.**

30 Uma postura mais tolerante e compreensiva será fundamental na convivência com seus colegas de trabalho e familiares. Deixe de lado as intrigas ou discussões sem importância. Busque uma posição mais agregadora e assim todos serão beneficiados. **Favorável para Júpiter e Lua.**

31 Este dia promete um bom empenho no planejamento de seus negócios para uma boa saúde financeira. Bons resultados poderão chegar a médio ou a longo prazos, por isso mesmo não tenha pressa no momento, tudo tem a hora certa para acontecer. **Favorável para Plutão e Lua.**

Abril

1º A lua nova ocorre no signo de Áries, que simboliza os inícios, o comando, a liderança. Hoje é um dia auspicioso para criar mentalmente tudo aquilo que deseja realizar com rapidez e sucesso. O universo pode ouvir seus pedidos, acredite no seu senso de oportunidade! **Favorável para todos os planetas.**

2 Momento delicado em que surge insatisfação em sua vida sentimental, ressentimentos antigos vêm à tona e perturbam sua autoestima. Será preciso um diálogo bem franco para poder superar esse impasse. **Desfavorável para Plutão e Lua.**

3 Momento oportuno para aperfeiçoar seu poder intelectual por meio de estudos, leituras e diálogos criativos. Mas preste atenção também nas suas intuições, observando que elas chegam inesperadamente. **Favorável para Urano, Sol e Mercúrio.**

4 Lua e Saturno em tensão indicam que um certo recolhimento pode ser positivo para você reorganizar sua mente e seus sentimentos.

Não exagere na autocrítica, que agirá como uma lente de aumento para aquilo que já está difícil. **Favorável para os demais planetas**.

5 É possível que não consiga manter o ritmo de seu trabalho como gostaria. Atrasos e contratempos podem surgir e deixá-lo estressado. Delegue algumas responsabilidades e não desanime, pois tudo é circunstancial. **Desfavorável para Marte e Saturno**.

6 Não subestime a capacidade de trabalho de seus colegas, mesmo com alguns conflitos de relacionamento com eles. Continue fazendo o seu melhor, sabendo que o ritmo que você gostaria de ter não será possível. **Favorável para Mercúrio**.

7 Você está mais animado e com coragem para liderar as pessoas próximas. Dia benéfico para o contato com pessoas de mais idade e experiência, que podem ter muito para ensinar com seu conhecimento acumulado. **Favorável para Saturno e Mercúrio**.

8 Júpiter e Netuno estão em harmonia, propiciando um bom momento para relaxamento e práticas meditativas. Você pode agir de forma mais generosa com pessoas desconhecidas e isso fará bem ao seu espírito idealista. **Favorável para Urano e Lua**.

9 Hoje também há uma predisposição para compaixão e empatia por aqueles que são menos favorecidos. Siga seu coração, deixe-se levar por sentimentos mais nobres e altruístas por todos que estiverem em seu caminho. **Favorável para Júpiter, Lua e Netuno**.

10 Mercúrio em ângulo tenso com Plutão sinaliza tendência a discussões por divergência de opiniões e valores. Isso pode tumultuar seu ambiente familiar e atrapalhar seu desempenho profissional, fique atento. **Favorável para os demais planetas**.

11 Dia adequado para trabalhar a resiliência e a vontade de superar as dificuldades, sabendo que em algum momento elas vão terminar. Siga em frente com altivez e dignidade, só recue se for necessário. **Favorável para Sol, Lua e Saturno**.

12 Um bom dia para fechar negócios e lidar com dinheiro de forma inteligente, mas seja cauteloso. Você colhe os frutos dos esforços feitos no passado e que agora tendem a aparecer. Os conselhos de pessoas mais velhas foram importantes nesse processo, e você soube contar com a sabedoria delas. **Desfavorável para Lua e Marte**.

13 Hoje também temos um ciclo positivo entre Sol e Saturno, o que configura perseverança e disciplina ao lado de ousadia e assertividade para realizações futuras. Bom planejamento será essencial para seu êxito. **Favorável para todos os planetas.**

14 A Lua em oposição a Netuno pode levá-lo a um estado de espírito confuso ou nebuloso. Você fica sujeito a decepções por ser idealista ou ingênuo demais em relação aos reais motivos alheios, preste atenção e mantenha os pés no chão. **Favorável para Lua e Plutão.**

15 A Lua em Libra favorece parceiras e atividades em grupo, assim como a capacidade de dialogar, cooperar e solucionar conflitos. Seu ótimo trabalho obterá o reconhecimento que estava esperando faz algum tempo. **Favorável para Netuno e Júpiter.**

16 A lua cheia está em Libra e totalmente iluminada pelo Sol em Áries. Momento oportuno para avaliarmos nossas relações em que o eu e o tu se contrapõem e se complementam de forma criativa, fortalecendo os vínculos produtivos e equilibrados. **Favorável para Saturno.**

17 Saber ouvir é uma arte. Hoje a comunicação se torna mais flexível, aberta para novidades e os encontros são mais prazerosos. Bom também para passear, comer bem e desfrutar de momentos alegres, com mais beleza e prazer de viver. **Favorável para Mercúrio e Vênus.**

18 Hoje permanece esse ciclo de mais entendimento, trocas afetivas, maior interação com amigos de longa data. De preferência ao vivo e a cores, sem muita intermediação de aparelhos eletrônicos! A capacidade intuitiva estará muito forte, aproveite a imaginação e preste atenção aos sonhos. **Favorável para Urano e Mercúrio.**

19 Hoje será preciso entender que nem todos os seus desejos e demandas podem ser solucionados. Não exija do outro aquilo que ele não pode lhe oferecer. Evite o rancor e a negatividade em seus pensamentos. **Desfavorável para Sol, Plutão e Vênus.**

20 O céu planetário indica uma tendência para cometer excessos por confiança exagerada. Assim, seja mais cauteloso com gastos feitos por impulso, que depois vão comprometer o seu orçamento. Evite

os excessos de sentimentalismo. **Desfavorável para Lua, Júpiter e Vênus.**

21 Dia movimentado com a Lua em trígono com o Sol e em sextil com Marte. Propício para você dirigir sua vida com garra e confiança. Positivo para atividades físicas que exijam esforço, disciplina e muita concentração. **Favorável para todos os planetas.**

22 Não deixe para amanhã o que pode fazer hoje. O ritmo da vida continua acelerado e você se sente mais produtivo para trabalhar. Presença de espírito e eficiência para achar soluções rápidas e emergenciais. **Favorável para Urano e Netuno.**

23 Não vai adiantar dar murro em ponta de faca porque seus desejos foram contrariados. Pergunte para si mesmo se vale a pena se desgastar tanto com alguém que não o merece. **Desfavorável para Plutão e Lua.**

24 Neste ciclo, é aconselhável ser cauteloso com as palavras, pois o que é dito não pode ser apagado facilmente. Evite o pessimismo e o ceticismo que vão deixá-lo isolado do convívio social. **Desfavorável para Saturno e Mercúrio.**

25 Hoje o dia está com uma atmosfera mais leve, pois você já mudou sua maneira de ver as mesmas coisas. De qualquer modo, evite discussões acaloradas ou posicionamentos rígidos; o momento pede mais bom senso e reflexão. **Favorável para Mercúrio e Netuno.**

26 Invista mais tempo e conhecimento em tecnologia para poder divulgar seu trabalho em redes sociais. Os recursos são muitos, por esse motivo poderá fazer bom uso deles e ampliar seus rendimentos. **Favorável para Urano e Marte.**

27 Neste dia estão favorecidos encontros, contatos, reuniões produtivas e negócios rápidos. Também há oportunidades para se qualificar por meio de cursos, seminários e trocas sociais. Vá em frente. **Favorável para Mercúrio e Júpiter.**

28 Mercúrio em Touro faz trígono com Plutão em Capricórnio e aponta para um ciclo de eficiência e produtividade. Foco e objetividade para tomar decisões rápidas e criatividade para resolver questões que envolvam planejamento financeiro. Na vida a dois, tudo caminha com tranquilidade. **Favorável para Netuno e Vênus.**

29 Mercúrio está adentrando Gêmeos, o signo que está sob a sua regência. Essa posição dinamiza os temas relacionados à comunicação, à divulgação e ao compartilhamento de ideias. Mais facilidade para aprender e memorizar. **Favorável para Lua e Saturno.**

30 Vênus e Júpiter estão juntos no céu no signo aquático de Peixes. Muitas emoções permeiam esse momento. Ótimo para namorar, sentir-se importante pela pessoa amada, trocar confidências, ter inspirações e sonhar com um mundo mais solidário e justo. **Favorável para todos os planetas.**

Maio

1º O Sol em Touro e Marte em Peixes estão em ângulo favorável. Dia propício para tomar iniciativas acertadas, tendo em vista sua segurança financeira. Bom para fazer caminhadas ao ar livre. **Favorável para todos os planetas.**

2 Ótimo momento para investir em autoconhecimento, observar as emoções mais profundas, refletir sobre seus desejos mais íntimos, para que fiquem mais claros, principalmente para você. **Favorável para Lua e Plutão.**

3 O desafio de hoje é ser mais flexível e diplomático com as pessoas. Deixe os julgamentos de lado e se adapte ao que vier. Isso não é resignação, mas saber jogar melhor com as adversidades. **Desfavorável para Marte e Lua.**

4 Neste dia, você pode ser solicitado a resolver assuntos mais urgentes ou inesperados. Positivo para fazer algum investimento mais arriscado, e melhor ainda se for de longo prazo. **Favorável para Marte e Saturno.**

5 O ritmo dos acontecimentos está muito acelerado; agora cabe a você se desembaraçar mais rápido das contrariedades. Foque mais no amanhã, em si mesmo e fique atento às boas dicas que sua intuição está sugerindo. **Favorável para Sol, Urano e Marte.**

6 A Lua em Câncer deixa o ambiente familiar mais pacífico e aconchegante. Bom momento para receber os amigos mais íntimos em casa, trocar afeto, colocar conversas em dia. **Favorável para Vênus.**

7   Neste dia, você está mais confiante e otimista, mesmo que surjam contrariedades. É preciso relativizar o peso delas, para não ser refém de situações momentâneas. Esta é a prática da inteligência emocional. Use seu charme, pois o dia promete conquistas. **Favorável para Mercúrio e Vênus**.

8   Hoje é um dia em que você precisa superar desafios e seu maior prazer será sentir-se vitorioso. Aproveite para praticar exercícios, fazer alongamentos, estimular sua musculatura, melhorar seu tônus vital. **Favorável para Marte e Sol**.

9   É possível que fique um pouco abatido com dores, talvez as atividades do dia não saiam como o esperado ou você sinta que limitações do seu corpo atrapalham o seu dia a dia. Não brigue consigo mesmo, adie o que não for urgente e descanse mais, pois tudo é passageiro. **Desfavorável para Saturno e Lua**.

10 Mercúrio entra em movimento retrógrado, exigindo mais de sua atenção nas decisões imediatas, como, por exemplo, comprar, vender ou assinar documentos. Fique focado em datas e horários. Não hesite em mudar encontros ou reuniões de trabalho, se for preciso. **Desfavorável para Lua**.

11 O planeta Júpiter entra em Áries e ficará por volta de um ano nesse signo. Mas hoje estão valendo ações corajosas e assertivas, em que você se sente mais capaz de liderar os outros, pensando no bem-estar de todos. **Favorável para todos os planetas**.

12 Não hesite em modificar suas opiniões diante de um bom argumento do outro, uma vez que a realidade também está sempre mudando. Isso é sinal de maturidade e de sabedoria. Excelente para interagir em redes sociais, movimentar os negócios e interesses. **Favorável para Plutão e Mercúrio**.

13 A vida amorosa pode estar passando por um momento decisivo, uma vez que você já sinalizou alguns limites. Agora espere a poeira baixar e dê tempo ao tempo, com paciência. O que o seu coração realmente deseja? **Desfavorável para Lua e Vênus**.

14 Lua em trígono com Saturno indica atitudes mais sérias e responsáveis em relação à vida familiar; pessoas mais idosas necessitam

da sua atenção. Isso vale também para seu trabalho, no qual você quer gerar mais confiabilidade e determinação. **Desfavorável para Lua e Plutão**.

15 Hoje é um dia para você recarregar as baterias. Sol e Saturno em tensão no céu tendem a trazer mais indisposição ou cansaço a seu corpo. Delegue responsabilidades se for esse o caso, e relaxe com boa música ou filmes mais leves. **Favorável para Sol e Netuno**.

16 A lua cheia está em Escorpião, que faz oposição ao Sol. Uma visão mais clara e abrangente de tudo e todos predomina. Esse fato lhe dará mais segurança para fazer escolhas mais acertadas. Mais energia e presença de espírito na sua interação pessoal. **Favorável para Netuno e Plutão**.

17 Lua e Vênus favorecem a vida amorosa e social, facilitando encontros, empatia e a disposição para ouvir os outros de coração aberto. Evite o excesso de comidas pesadas, aposte num cardápio mais leve com frutas e saladas. **Desfavorável para Netuno e Marte**.

18 Sua sensibilidade psíquica está no máximo e o melhor seria evitar lugares com muita gente, e principalmente discussões e intrigas com familiares. Não tome partido de ninguém, observe mais e julgue menos. **Desfavorável para Netuno e Lua**.

19 Seu esforço e muita determinação foram fundamentais para seu êxito, a perseverança é realmente a arma dos fortes. O reconhecimento profissional que esperava pode chegar, e o apoio dos amigos também é importante nesse dia. **Favorável para Sol e Plutão**.

20 A Lua está em Capricórnio em trígono com Sol neste dia. Você pode assumir mais responsabilidades sem nenhum receio. A autoconfiança conquistada é um mérito seu por não ter desistido em épocas difíceis. **Favorável para todos os planetas**.

21 Algum imprevisto no cotidiano vai testar sua paciência, mas não se aborreça, é momentâneo. Dia animado e positivo para estar com amigos, trocar ideias e ser estimulado intelectualmente. **Desfavorável para Urano e Lua**.

22 Sol e Mercúrio juntos em Gêmeos dinamizam o poder das palavras e do intelecto. Sua mente está mais ágil e novas ideias chegam

repentinamente. Ótimo para planejar uma viagem rápida de negócios ou de lazer. **Favorável para todos os planetas.**

23 Convites e boas oportunidades para se desenvolver profissionalmente podem surgir. Abrace o que vem chegando, sem falsa modéstia. Uma mente otimista e aberta faz toda a diferença e atrai coisas boas. Evite distrações e mantenha o foco. **Favorável para Marte e Plutão.**

24 Continua a boa fase em que as estrelas estão a seu favor. Bom para planejar a longo prazo e de forma bem realista os próximos passos. Ótimo para estudar, aprender línguas, aperfeiçoar os conhecimentos em geral. **Favorável para Sol e Júpiter.**

25 Neste ciclo, os conselhos e a convivência com pessoas mais velhas e experientes serão muito úteis e significativos. Na vida social, tudo corre bem. Você poderá reencontrar pessoas queridas que não vê há muito tempo. **Favorável para Saturno e Vênus.**

26 Boas notícias podem deixar seu dia mais animado logo cedo. Sua mente está alerta e, com acentuada presença de espírito, você vai direto ao ponto daquilo que é realmente importante no âmbito profissional. **Favorável para Plutão e Mercúrio.**

27 Este dia pode ser marcado por situações mais intempestivas no setor pessoal e principalmente amoroso. Não faça provocações sem necessidade, pois o que está difícil pode piorar. Espere a poeira baixar e a cabeça esfriar. **Desfavorável para Vênus e Plutão.**

28 Vênus está entrando no signo de Touro. Bom dia para cuidar de assuntos financeiros e organizar os gastos, evitando surpresas complicadas no final do mês. Excelente para cuidados estéticos, sentir-se bem com o corpo e a aparência. **Favorável para Urano e Lua.**

29 Momento benéfico para relações sociais, rever pessoas queridas. Você poderá ficar animado em colher os frutos pelos esforços feitos no campo profissional, aproveite bem este momento. Ótimo dia para resolver pendências financeiras. **Favorável para Júpiter e Marte.**

30 Neste ciclo, seus interesses pela vida cultural, espiritual ou filosófica podem ser bem estimulante. Você poderá ensinar e encorajar pessoas que estão buscando conhecimentos significativos ou novos caminhos de vida. **Favorável para Júpiter e Lua.**

31   Júpiter está ao lado de Marte em Áries, a Lua se move pelo signo de Gêmeos e favorece sua capacidade de liderança, iniciativas acertadas, todo tipo de divulgação e de planos para incrementar seus negócios. Acredite em sua intuição. **Desfavorável para Netuno**.

Junho

1º   A vida afetiva pode abarcar dois aspectos diferentes, pois, por um lado, você tem um forte desejo da companhia do outro, mas, por outro, pode estar um pouco impaciente, intolerante e com dificuldade de ouvir. Vá com calma neste dia. **Desfavorável para Marte**.

2   Lua e Netuno em bom aspecto no céu indicam mais sensibilidade e capacidade para imaginar e perceber os sentimentos. Fique atento aos sonhos noturnos que podem sugerir boas dicas para suas decisões futuras. **Favorável para todos os planetas**.

3   Mercúrio retoma o movimento direto, trazendo mais clareza e objetividade a suas escolhas. Positivo para remarcar encontros, reuniões importantes, agendar consultas médicas ou analisar e organizar documentos pendentes. **Desfavorável para Lua e Plutão**.

4   Momento interessante para pensar em projetos mais arrojados e criativos, que exijam mais do seu intelecto. Sua versatilidade e confiança darão conta de tudo, pode ficar sossegado, seu otimismo é contagiante. **Favorável para Júpiter e Marte**.

5   Neste dia, pode haver situações de atritos, opiniões contrárias ou frustrações pessoais que o deixarão melancólico. Aproveite para rever a qualidade de suas relações e porque não está conseguindo se comunicar de forma mais espontânea. **Desfavorável para Mercúrio e Urano**.

6   Este ciclo ainda pode ser marcado por uma introspecção que, ao final, acaba sendo mais produtiva. É essencial para você saber quem é, o que deseja da vida, definindo o que pode dar e esperar de suas relações em geral. **Desfavorável para Saturno**.

7   Lua em fase crescente sinaliza um ciclo propício para desenvolver projetos profissionais ou intelectuais com mais ousadia. Aproveite

para planejar os próximos passos e assim poder assumir novas responsabilidades que serão bem prazerosas. **Favorável para Vênus e Urano**.

8 Uma decepção no âmbito familiar pode deixá-lo frustrado. Isso acontece quando você tem expectativas altas demais. O melhor seria não depender tanto de reconhecimento ou de elogios dos outros. Será interessante pensar sobre isso. **Desfavorável para Lua e Netuno**.

9 Procure não querer impor suas ideias ou pontos de vista em conversas com amigos. Seu esforço será em vão, uma vez que cada um tem sua própria visão de mundo, fique mais aberto a outras formas de pensar. Cada cabeça uma sentença. **Desfavorável para Marte**.

10 Seus ímpetos emocionais não vão reverberar bem com a pessoa amada, justamente porque estão se tornando uma rotina. Faça um esforço maior para deixar de lado um comportamento infantil. **Desfavorável para Plutão e Lua**.

11 A convicção de opiniões e a capacidade de influenciar os outros estão mais fortes hoje. Use esse poder de forma construtiva, estando consciente de que poderá se destacar no ambiente profissional. **Favorável para Mercúrio e Plutão**.

12 Este dia promete acontecimentos inesperados e prazerosos, esteja aberto para mudar aquilo que havia programado. Perceba como a vida vem apresentando oportunidades para você se libertar emocionalmente daquilo que não lhe agrada mais. Eventos culturais e artísticos serão bem-vindos. **Favorável para Urano e Vênus**.

13 Lua em Sagitário faz trígono com Júpiter em Áries, ambos são signos de Fogo. Você se sentirá mais motivado e inspirado por assuntos de natureza espiritual ou filosófica que dão significado à sua vida e aos seus relacionamentos. **Favorável para todos os planetas**.

14 A lua hoje está cheia, fato que pode causar retenção de líquidos. Cuide de sua alimentação, opte por uma dieta mais leve, com pouco açúcar. Fique atento também aos seus exames anuais, pois saúde é um bem precioso para todos nós. **Desfavorável para Netuno e Lua**.

15 Neste ciclo, podem surgir conflitos de opiniões, que prejudicam seu humor. Você poderá perceber que ética e verdade não fazem parte do vocabulário de todos os seres humanos. Mantenha o foco naquilo que é importante para você. **Desfavorável para Lua e Júpiter.**

16 Dia em que você deve e pode se cercar de pessoas interessantes e se aproximar de coisas que lhe agradam. Alguma pendência no trabalho poderá ser encaminhada mais rapidamente do que imaginava, siga em frente. **Favorável para Urano e Netuno.**

17 Sol e Saturno em bom aspecto prometem um dia benéfico para obter o resultado do esforço que fez recentemente. A sensação de vitória e dever cumprido será bastante prazerosa. Compartilhar suas experiências com as demais pessoas pode ser estimulante. **Desfavorável para Netuno.**

18 Não duvide de sua capacidade de determinação e vitalidade para chegar aonde deseja. O sucesso incomoda os invejosos, mas você não deve nada a ninguém. Lembre-se de que seus caminhos estão abertos. **Favorável para Sol.**

19 Sempre é bom lembrar que a pessoa amada pode nos fazer feliz ou infeliz. O mesmo vale para os amigos que eventualmente nos decepcionam. Ninguém é perfeito, não custa lembrar. **Desfavorável para Vênus e Saturno.**

20 Mercúrio e Júpiter em ângulo positivo podem trazer as boas notícias que estava esperando. Pode comemorar, pois os frutos estão chegando na hora certa e são justamente merecidos. **Favorável para Júpiter, Lua e Mercúrio.**

21 Lua e Mercúrio favorecem planejamentos voltados para o comércio, a comunicação e a divulgação do seu trabalho de forma mais intensa. Positivo também para providenciar documentos importantes, não procrastine. **Favorável para Vênus e Plutão.**

22 Marte em Áries em conjunção com a Lua deve deixar seu dia mais agitado e dinâmico, especialmente se for preciso tomar decisões rápidas. Os desafios podem ser fonte de aprendizado constante; viver é correr riscos. **Favorável para todos os planetas.**

23 Momento de bastante esforço em sua rotina, pois mais responsabilidades surgem pelo caminho. Na vida pessoal e familiar podem surgir alguns conflitos. Mas você vai dar conta de tudo, será tudo passageiro. **Favorável para Saturno**.

24 Procure organizar seu dia a dia de um jeito diferente, deixando a rotina mais criativa. Mude a decoração da casa, doe coisas ou roupas sem utilidade. Será um bom exercício de desapego. **Favorável para Lua e Urano**.

25 Alguma despesa inesperada poderá deixá-lo preocupado momentaneamente. Depois verá que tem chances de se reorganizar de forma adequada. Seja como for, tente evitar os gastos supérfluos. **Desfavorável para Saturno**.

26 Lua e Vênus tornam este dia auspicioso para o contato familiar e a vida social. Rever amigos, trocar carinho com aqueles que realmente gostam de você e o valorizam. Tem algo melhor? **Favorável para Vênus e Júpiter**.

27 Saturno em sextil com Marte favorece seus planos financeiros, sua eficiência e sua ousadia no trabalho. Concentração e resiliência também serão seus aliados de hoje para o êxito no futuro, vá em frente. **Favorável para todos os planetas**.

28 O dia continua positivo para suas atividades profissionais, o excesso de trabalho vai deixá-lo motivado. No entanto, cuide-se para não desgastar excessivamente sua saúde; descanse também, o corpo vai agradecer. **Desfavorável para Lua e Netuno**.

29 Júpiter e Vênus são promessas de momentos de mais prazer e cumplicidade na vida amorosa. Não recuse convites para sair e se divertir. Aceite elogios, pois você merece, e, sobretudo, deixe a modéstia de lado. **Desfavorável para Sol**.

30 Lua e Netuno favorecem tratamentos de desintoxicação, com direito a dietas saudáveis com chás, sucos, frutas e saladas. Invista mais tempo em seu bem-estar, se não cuidar de si mesmo, quem o fará? A procrastinação não será uma boa conselheira. **Favorável para os demais planetas**.

Julho

1º É possível que conte com uma ajuda especial dos amigos, que são seus anjos da guarda na jornada desta vida. Nunca é demais lembrar que a gratidão é a melhor resposta que você pode dar a eles. **Favorável para Júpiter e Lua**.

2 Momento oportuno para trabalhar, produzir e crescer no trabalho. Os esforços para dar forma ao que imaginou tendem a frutificar com bons resultados. Valorize seu desempenho e sua capacidade. **Favorável para Saturno e Mercúrio**.

3 Talvez se depare com alguma situação confusa ou ambígua na vida doméstica. Mas saiba que terá condições de reverter isso com bom humor e flexibilidade. Não leve nada muito a sério neste caso. **Desfavorável para Netuno e Mercúrio**.

4 Algumas nuvens cinzentas podem deixar a vida afetiva complicada; a Lua está no signo de Virgem, acentuando o ceticismo e os julgamentos unilaterais que acirram as discussões. Pense bem antes de falar. **Desfavorável para Vênus e Lua**.

5 Hoje o dia está favorável para o entendimento e a superação de conflitos anteriores. Toque a vida para a frente, com mais concentração naquilo que é relevante, como um projeto já iniciado. **Favorável para Plutão, Marte e Mercúrio**.

6 Não fique esperando por boas notícias relacionadas a assuntos jurídicos em geral. Procure evitar os ressentimentos, julgamentos precipitados e a vitimização excessiva, uma vez que os resultados ainda podem ser revertidos; tenha mais paciência. **Desfavorável para Júpiter**.

7 A lua crescente movimenta sua vida de forma positiva e equilibrada. Aproveite o período para ter lazer, se divertir ou tirar alguns dias de férias. Boas chances de reencontrar pessoas significativas que já não vê há tempos. **Favorável para Saturno e Vênus**.

8 O dia deve estar sujeito a chuvas e trovoadas em sua vida pessoal. Pode haver uma sensação de impotência, mas evite ruminar demais sentimentos negativos; deixe de lado decisões impulsivas. **Desfavorável para Marte e Plutão**.

9   O dia ainda pede cautela com palavras ríspidas, é preciso saber ouvir antes de julgar. Respire fundo, pois nada como um dia após o outro, em que a verdade vai aparecer e pacificar os ânimos. Sempre há espaço para a leveza do bom humor. **Desfavorável para Júpiter e Mercúrio.**

10   Lua e Júpiter em harmonia são benéficos para a convivência familiar, receber amigos ou mesmo conhecer pessoas diferentes. Uma viagem rápida para um lugar ainda desconhecido pode ser bem prazerosa. **Favorável para Lua e Plutão.**

11   Caso tenha pretensão de crescer e obter reconhecimento profissional precisa agir com mais garra e ousadia. A mesmice não chamará a atenção de ninguém, a criatividade é a pedida do momento, vá em frente. **Favorável para Sol e Urano.**

12   Não se impressione com julgamentos mesquinhos ou inveja dos colegas. Continue sua caminhada sem se deter em detalhes de pouca importância. Siga seu coração e continue sendo o protagonista de sua vida. **Desfavorável para Netuno.**

13   A Lua hoje está cheia no signo de Capricórnio, enquanto o Sol está em Câncer. Dia em que seus sentimentos e desejos pulsam mais forte, e você vê tudo com mais clareza e significado. É tempo de renovar sua confiança na grandeza do amor. **Favorável para Urano.**

14   Mercúrio e Urano favorecem um ciclo fértil para semear projetos e novas ideias. Não hesite em falar sobre eles, mesmo porque é assim que vão amadurecendo. Confie em sua originalidade intelectual. **Favorável para os demais planetas**.

15   Falhas na internet ou em artefatos eletrônicos de uso diário podem acontecer neste momento. Com alguma ajuda e paciência, tudo se encaminhará para soluções rápidas. Um bom momento para se cercar de amigos e trocar favores. **Desfavorável para Urano.**

16   O que parecia ser impossível aos poucos será ultrapassado em seu trabalho. Com diplomacia você pode construir estratégias para avançar com mais segurança e tranquilidade. **Favorável para Vênus, Marte e Lua.**

17 Novos horizontes se abrem e você tem uma visão mais abrangente das coisas. Com mais informações, seu desempenho profissional e social certamente vai se expandir. **Favorável para Sol, Mercúrio e Netuno.**

18 Continua o ciclo positivo em que sua proatividade e intuição podem ajudá-lo em decisões relevantes. O esperado reconhecimento por parte de seus superiores já está a caminho. **Favorável para Lua e Sol.**

19 A fase de otimismo e confiança na vida segue em alta. Assuntos filosóficos, metafísicos ou espirituais devem ganhar uma dimensão mais profunda em seu dia a dia; veja isso tudo como uma bênção. **Favorável para Júpiter e Lua.**

20 É interessante controlar os impulsos de gastar bem mais do que deveria, para não comprometer o seu orçamento mensal. Faça uma análise ou um cronograma de despesas para se organizar de forma mais satisfatória e pragmática. **Desfavorável para Sol e Plutão.**

21 A vida profissional pede um pouco mais de ousadia para testar novos limites. O dia corre bem na vida a dois, sem grandes novidades. Caso uma reviravolta apareça, terá sido por conta de palavras inadequadas ou fora de hora. Não estique a corda demais; o melhor a fazer será um pedido de desculpas. **Desfavorável para Mercúrio.**

22 A Lua está minguante no signo de Touro, do elemento Terra. Bom momento para fazer uma rápida dieta de desintoxicação alimentar, bem como para cuidar do corpo e do bem-estar, fazer acupuntura ou receber uma massagem revigorante. **Favorável para Lua e Plutão.**

23 Seu espírito está mais leve e feliz com a passagem de Mercúrio em Leão. As ideias fluem com mais clareza e vivacidade, sua presença de espírito encanta a todos. Excelente para um passeio ou uma viagem rápida de lazer. **Favorável para Lua, Júpiter e Mercúrio.**

24 Faça bom proveito deste dia para interagir socialmente, assistir a *lives,* divulgar seu trabalho ou comércio nas redes sociais. Pendências jurídicas podem agora trazer os bons resultados financeiros que esperava. **Favorável para todos os planetas.**

25   O dia é marcado por sentimentos contraditórios, uma vez que são vagos e nebulosos. Não tome decisões, pois mais tarde, você conseguirá atravessar essa espécie de "bolha" e se sentirá mais desperto e com a mente mais clara. **Desfavorável para Netuno**.

26   Hoje haverá uma tendência para nervosismo e irritabilidade que pode e deve ser controlada. Não subestime a inteligência alheia, ouça melhor o que os outros têm a sugerir ou criticar. **Desfavorável para Mercúrio e Marte**.

27   Não fossem os seres visionários e ousados, nossa vida seria sempre a mesma. Siga seus ímpetos de criatividade e coragem, tendo o prazer de ser livre na sua forma de ser e pensar por conta própria. **Favorável para Urano, Netuno e Marte**.

28   Hoje temos lua nova no signo de Leão. Este momento pode introverter mais sua energia vital e deixá-lo mais pensativo. Veja isso como uma situação positiva em que pode se questionar: quem sou eu? Para onde estou caminhando? **Favorável para todos os planetas**.

29   Os artefatos eletrônicos como seu celular ou iPad podem deixá-lo na mão neste dia. Seja mais precavido, faça uma cópia de documentos importantes a serem preservados. Tendência a ansiedade e dispersão. **Desfavorável para Urano e Mercúrio**.

30   Frustrações afetivas e contrariedades podem mudar seu humor e deixá-lo pessimista. Tudo faz parte, todo mundo, um dia, já teve que ouvir um não. Aprenda a ceder e tenha em mente que isso vai passar e que o "sim" chegará. **Desfavorável para Lua e Saturno**.

31   Muito trabalho e preocupação com aquilo que está atrasado no trabalho ou nos estudos. Não fique nadando contra a correnteza e relaxe; seu esforço não vai mudar a situação em si. Tudo tem a hora certa para acontecer. **Desfavorável para Saturno**.

Agosto

1º   Este é um bom ciclo cujos acordos judiciais devem beneficiá-lo. Isso cria em seu espírito uma sensação de liberdade e renovação. Divergências de opinião sempre vão existir. Aproveite este dia especial. **Favorável para Júpiter e Sol**.

2   Vênus em Câncer acentua seus interesses na vida doméstica; pode dedicar mais tempo à culinária ou fazer arrumações. Ótimo para reciclar objetos, livros e roupas sem uso. Energia de renovação. **Favorável para Marte e Urano**.

3   Suas questões amorosas passam por uma reavaliação positiva e você tende a valorizar e admirar mais a pessoa amada. Cerque-se de mais lirismo e beleza em sua vida. Será interessante gastar por impulso, mas a conta vai chegar. **Desfavorável para Vênus**.

4   Alguns modelos de vida pedem para serem reformulados e as resistências internas aparecem. Mudar é simples, mas transformar crenças arraigadas é mais difícil; colabore para aquilo que é inevitável. **Desfavorável para Plutão e Lua**.

5   A lua crescente faz ângulo difícil com Marte, podendo acentuar um comportamento mais agressivo e raivoso. Nesse movimento você vai se deparar também com palavras ríspidas de quem você gosta ou em seu trabalho. Uma discussão vale a pena? **Desfavorável para Marte e Sol**.

6   Lua e Vênus em bom aspecto em signos de Água exprimem com mais intensidade os sentimentos e a nossa vida inconsciente. É possível mergulhar em áreas mais íntimas dos sonhos guardados em nossa alma. **Favorável para todos os planetas**.

7   Estar com amigos, desfrutar de sua companhia não deixa de ser uma forma de felicidade. Amigos são a família escolhida por nós. E por isso mesmo podem nos acompanhar pela vida toda. **Favorável para Sol, Júpiter e Lua**.

8   Esqueça um pouco as preocupações financeiras do dia a dia. Vênus e Netuno tornam o dia benéfico para aproveitar momentos de descanso, lazer, ouvir boa música e ver coisas bonitas ao lado da pessoa amada. **Desfavorável para Marte e Saturno**.

9   Aquilo que parece só uma contrariedade na vida a dois poderá aumentar, transformando-se depois em ressentimentos. Caberá a você falar mais prontamente sobre aquilo que o incomoda, dissolvendo rapidamente as mágoas. **Desfavorável para Plutão e Vênus**.

10   No trabalho, o momento é fértil para soluções ou sugestões pragmáticas e originais. Sua eficiência vai influenciar positivamente seus

colegas de trabalho. Confie mais nas suas habilidades e talentos. **Favorável para Urano e Netuno**.

11 Vênus vai adentrando o signo de Leão, signo do elemento Fogo, que tende a expressar o amor de forma teatral e ou exagerada. Procure evitar melodramas que acabam aborrecendo e afastando a pessoa amada. **Desfavorável para Sol e Urano**.

12 Dia de lua cheia em Aquário, com Sol em Leão, signos opostos do zodíaco. Na esfera dos relacionamentos, será preciso evitar demandas exageradas ou radicais; evite o comportamento passional, respeitando as limitações do(a) parceiro(a). **Favorável para Marte e Netuno**.

13 Neste ciclo pode haver uma tendência de conflitos entre a razão e os sentimentos e fantasias. Isso exigirá de você mais prudência e discernimento nas palavras. Não tire conclusões precipitadas. **Desfavorável para Mercúrio e Lua**.

14 Marte e Plutão fazem um aspecto positivo no céu nos signos de Touro e Capricórnio, respectivamente. Você tem mais força vital, dinamismo e vontade para realizar várias coisas. Um bom momento para todos os tipos de exercícios e atividades físicas. **Favorável para todos os planetas**.

15 Ao contrário do dia anterior, agora você pode perceber seu corpo mais cansado. Desta feita, reduza o ritmo das obrigações do trabalho, e só faça aquilo que for possível. Delegue responsabilidades urgentes. **Desfavorável para Saturno e Sol**.

16 As palavras têm poder, assim como as atitudes e os pensamentos bem direcionados e positivos. Sua intuição apontará para caminhos diferentes e provavelmente bem-sucedidos. **Favorável para Mercúrio e Urano**.

17 Atitudes diplomáticas serão a demanda do dia. A tendência para teimosia e rigidez em seus valores será inoportuna, pois não coincidem com as mudanças contínuas que a vida traz. **Desfavorável para Vênus**.

18 Os ângulos planetários positivos indicam um clima mais pacífico e amoroso para que todos possam vibrar de forma mais generosa e solidária. Abra seu coração para o inesperado e prazeroso. **Favorável para Júpiter e Vênus**.

19   Lua e Marte estão juntos no signo de Touro sinalizando um dia de mais assertividade e iniciativas adequadas. Excelente para colocar em dia assuntos financeiros, organizar pagamentos e a vida doméstica. **Favorável para os demais planetas.**

20   Não é possível agradar a todos. Ouça a voz de sua alma e não as opiniões emprestadas dos outros sobre o que seria politicamente correto. Os verdadeiros amigos entenderão suas reais motivações e atitudes. **Favorável para Vênus e Lua.**

21   Mercúrio em Virgem significa uma maneira de avaliar as coisas de forma crítica e, às vezes, irônica. Isso tende a criar uma animosidade que você nem percebe. Procure valorizar mais o lado positivo das pessoas. **Favorável para Lua e Sol.**

22   A Lua hoje ingressa no signo de Câncer e pode sinalizar a necessidade de uma pausa para ouvir a si mesmo e se nutrir com mais afeto e gentileza. Dedique mais tempo à vida familiar. Busque inspiração nos sonhos e na sua intuição. **Favorável para os demais planetas.**

23   O Sol ingressou em Virgem, signo da razão e da análise minuciosa. Dizem os mestres que nossa mente pode ser treinada para ser feliz. Para tal é importante manter uma vigilância nas crenças ou pensamentos negativos que sabotam suas decisões. Fique atento. **Favorável para Plutão e Mercúrio.**

24   Dia favorável para planejar alguma viagem, aperfeiçoar os conhecimentos ou rever os amigos. Bom também para dar mais atenção aos hábitos alimentares e às atividades físicas que fortalecem o sistema imunológico e seu bem-estar. **Favorável para Netuno e Mercúrio.**

25   O céu astral é propício para alçar voos de natureza espiritual, humanitária ou filosófica. Benéfico para expandir os conhecimentos e a visão de mundo, aprender coisas, atrair pessoas que compartilhem de seus ideais. **Favorável para Júpiter e Marte.**

26   É provável que neste dia você se sinta um pouco retraído ou frustrado com o ritmo mais lento de suas realizações. Evite o pessimismo, lembrando que ninguém deve ficar alegre todos os dias da vida. **Desfavorável para Lua e Saturno.**

27 A lua nova em Virgem sinaliza um dia mais introspectivo. Alguns contratempos do cotidiano tendem a deixá-lo mais irritadiço ou agressivo. O mais adequado seria não buscar por culpados, e sim achar soluções que beneficiarão a todos. **Desfavorável para Urano, Vênus e Marte**.

28 Neste ciclo você pode experimentar uma sensação de isolamento ou de não sentir-se compreendido ou valorizado por pessoas mais próximas. No entanto, essa interiorização pode ser positiva para avaliar a qualidade de seus relacionamentos. **Desfavorável para Saturno e Vênus**.

29 A semana começa com uma disposição de espírito mais confiante e assertiva. Você olha mais para o amanhã e saberá que tudo se renova após a tempestade. Não desista de seus planos. **Favorável para Lua, Marte e Plutão**.

30 Temos no céu vários planetas em signos de Ar, como Lua, Mercúrio, Saturno e Marte; em signos de Fogo, temos Vênus e Júpiter. Momento de otimismo e auspicioso para colocar em movimento seus projetos importantes com mais confiança. **Favorável para todos os planetas**.

31 Marte em sextil com Júpiter proporciona uma sequência positiva às energias do dia anterior. Você pode expandir suas metas para a coletividade, está mais otimista, seguro de suas convicções e valores éticos. Vá em frente. **Favorável para os demais planetas**.

Setembro

1º Você terá um dia bastante proveitoso para divulgar seus talentos e capacidades, sejam eles intelectuais ou comerciais. Suas opiniões serão bastante valorizadas pelos colegas de trabalho. **Favorável para Júpiter, Mercúrio e Marte**.

2 Este é também um dia de muita assertividade, determinação e percepções intuitivas. Sua fé e confiança na vida acabam influenciando positivamente aqueles que estão à sua volta. Evite discussões com a pessoa amada. **Favorável para Marte e Júpiter**.

3   Hoje é um dia em que você pode pecar pelo excesso ou exagero. É preciso lembrar que as opiniões divergentes também precisam ser levadas em conta. Discussões e polêmicas inúteis devem ser ignoradas. **Desfavorável para Júpiter e Mercúrio**.

4   Ótimo momento para descansar a mente e o corpo, pois os dias anteriores foram intensos. Aproveite para dar uma pausa ao seu organismo. Suspenda o consumo de doces e alimentos muito condimentados ou processados. **Desfavorável para Lua e Netuno**.

5   Neste ciclo, as relações sociais e íntimas devem ganhar relevância. Lua e Vênus ocupam signos de Terra, facilitando o contato, a troca afetiva, os diálogos alegres e prazerosos com amigos que moram no seu coração. **Favorável para todos os planetas**.

6   Lua em Capricórnio faz trígono com Urano em Touro, e esse ângulo potencializa sua capacidade de trabalhar com mais afinco e responsabilidade. Os desafios profissionais são estimulantes neste dia, e devem trazer bons frutos. **Favorável para Netuno e Plutão**.

7   A dica do dia é: não deixe para amanhã o que pode fazer hoje. Mercúrio e Marte estão em harmonia, expressando boa oratória, combatividade, garra e otimismo para vencer qualquer conflito ou obstáculo, vá em frente. **Favorável para Lua e Mercúrio**.

8   Talvez você precise fazer um desvio de rota temporário em seus planos. Algum imprevisto ou atraso pode surgir e alterar o que estava programado. Assim, seja o mais flexível que puder e não culpe ninguém, assumindo a responsabilidade por eventuais adversidades. **Desfavorável para Saturno e Urano**.

9   Uma pequena turbulência na vida amorosa pode surgir. As expectativas muito altas em relação à pessoa amada precisam ser reavaliadas à luz da razão e do bom senso. Tire a lente de aumento dos problemas. **Desfavorável para Lua e Marte**.

10   Hoje teremos lua cheia em Peixes com o Sol em Virgem. Certa dicotomia pode surgir entre o que entende por mundo ideal ou fantasioso e a realidade dos fatos, física e palpável do momento. Observe os fatos ao seu redor, mas por ora não tome decisões. **Favorável para Lua e Urano**.

11 Dia auspicioso para fazer algum programa inusitado com pessoas que estimulam sua ousadia e originalidade. Permita-se a sair da rotina, deixar o que é desconhecido ser também uma fonte de prazer. **Favorável para Urano, Sol e Júpiter.**

12 Saturno e Marte em harmonia apontam para produtividade e eficiência no trabalho. Aproveite para planejar seus próximos passos, aceitando conselhos daqueles que são mais experientes ou que o antecederam. **Favorável para todos os planetas.**

13 Não se impressione demais com pessoas que têm muito carisma ou são sedutoras. Muitas vezes, no futuro, elas poderão mostrar outra face mais sombria. Tenha discernimento e mantenha os pés no chão. **Desfavorável para Plutão e Lua.**

14 Momento de renovação e bem-estar no âmbito familiar e doméstico. Boas notícias podem chegar e isso propicia um entrosamento melhor e mais pacífico entre todos. Desfrute esse momento de equilíbrio e boa vontade entre todos. **Favorável para Vênus, Lua e Urano.**

15 O convívio social continua sendo a tônica deste dia. Pendências pessoais e íntimas podem ser esclarecidas e ressentimentos serão superados com mais facilidade. Crenças antigas já se dissiparam. **Favorável para Netuno e Plutão.**

16 Suas atenções se voltam para a pessoa amada, que pode estar passando por uma fase difícil. Esta é a hora certa para apoiá-la, uma vez que confiança e cumplicidade são a matéria-prima para a vida a dois. **Favorável para Júpiter e Lua.**

17 Algumas desilusões muitas vezes são necessárias para aprendermos que a ingenuidade excessiva é um problema a ser vencido. Uma pitada de malícia e pé no chão vão protegê-lo de futuras decepções. **Desfavorável para Netuno, Vênus e Sol.**

18 Talvez o programa ou passeio antes combinado precise ser adiado. Imprevistos de ordem familiar ou de saúde vão alterar seus planos. Veja isso como uma oportunidade para resolver coisas que estavam sendo procrastinadas em benefício de sua casa. **Desfavorável para Mercúrio.**

19 Hoje seu potencial para exercer liderança está em alta, você pode elogiar e encorajar seus colegas de trabalho. Cuidado com empréstimos que poderão atrapalhar suas finanças lá na frente. **Favorável para Sol e Plutão.**

20 A renovação de hábitos arraigados se traduz por criatividade ou desapego. O inesperado pode ser visto como algo prazeroso em seu cotidiano e em suas relações, despertando novos interesses antes desconhecidos. **Favorável para Urano, Sol e Vênus.**

21 A Lua em Leão faz bons aspectos com Júpiter e Mercúrio. Dia benéfico para a comunicação em geral, agendar reuniões de negócios, participar de seminários, aprender, divulgar ou expandir seus conhecimentos. **Favorável para todos os planetas.**

22 Talvez sinta certa vontade de se isolar e focar em si mesmo. Respeite essa vontade. Ela será necessária para fazer um balanço, que não é possível realizar na agitação do dia a dia; não exagere na autocrítica. **Desfavorável para Saturno e Lua.**

23 Os eventos externos podem ter um impacto negativo em sua psique. Será positivo se proteger de pessoas intensas, de informações desencontradas e de conselhos daqueles que desconhecem sua natureza e suas motivações pessoais. **Desfavorável para Vênus e Netuno.**

24 A proximidade da lua nova favorece a interiorização e o silêncio, que vão recuperar suas energias e o equilíbrio interior. Preste mais atenção em sua saúde e bem-estar, optando por alimentos mais energéticos e saudáveis, deixando de lado os doces e o excesso de carboidratos. **Favorável para Urano.**

25 A lua nova em Libra faz trígono com Plutão. Neste dia, você está fortalecido, pode sentir-se mais capaz e revigorado. Ótimo para leituras interessantes que promovam seu autoconhecimento e evolução espiritual. **Favorável para Mercúrio.**

26 Você pode estar mudando a maneira de se relacionar em geral. E isso tem a ver com alterações em seus parâmetros de exigências, que agora estão mais voltados para atitudes éticas e o compromisso moral. **Favorável para Vênus e Plutão.**

27 Momento oportuno para colocar em prática os conhecimentos adquiridos em experiências do passado; isso se chama sabedoria. Sua segurança se torna fonte de inspiração para todos que o rodeiam e o admiram. **Desfavorável para Sol e Júpiter.**

28 O aconselhamento por parte de pessoas mais velhas será muito bem-vindo para sua carreira e suas ambições profissionais. Estude e leia mais sobre temas de seu interesse, pensando a longo prazo. **Favorável para Mercúrio e Plutão.**

29 Amigos de longa data podem procurá-lo para um reencontro. Será muito prazeroso contar para si mesmo sua trajetória de vida até o dia de hoje. Tudo corre bem na vida familiar. **Favorável para Saturno, Marte e Plutão.**

30 Seu trabalho vem mostrando resultados concretos positivos. Continue concentrado e atento à sua lógica, mas também à sua imaginação e criatividade. A sensação de dever cumprido precisa ser celebrada com pessoas queridas. **Favorável para Sol e Lua.**

Outubro

1º Algum imprevisto que cause irritabilidade pode surgir na primeira metade do dia, fique atento para não descarregar a raiva em ninguém. Seja tolerante, logo as soluções vão aparecer e melhorar seu humor. **Desfavorável para Marte e Lua.**

2 Hoje sua autoestima pode sofrer um revés por motivos alheios às suas intenções. Faça um esforço para esclarecer logo algum mal-entendido, colocando, assim, um fim a intrigas inúteis e sem sentido. **Desfavorável para Júpiter e Vênus.**

3 Dia positivo para os acontecimentos que vão fluindo de acordo com as demandas, sejam elas pessoais ou profissionais. Algum encontro inesperado poderá surpreendê-lo de forma positiva. **Favorável para Urano.**

4 Hoje você está bastante focado e determinado em seus objetivos. É essencial assumir seus próprios talentos, e claro, perseverar nas dificuldades. Se achar conveniente, peça ajuda a alguém. **Favorável para Mercúrio e Vênus.**

5 Sua ousadia para decisões rápidas serão bem-aceitas por todos. É essa atitude que vai tirá-lo de estados de procrastinação; caso eles voltem, você estará mais atento para direcionar e superar os problemas. **Favorável para Marte.**

6 Neste dia, Saturno e Urano encontram-se em ângulo de tensão no céu planetário. Isso pode criar um conflito entre forças antagônicas, ou seja, um impulso de renovação é freado por resistência a prováveis mudanças. **Favorável para os demais planetas.**

7 A tensão hoje é um pouco menor, mas mesmo assim o estresse e o cansaço podem deixá-lo abatido. Diversifique suas atividades, evitando pensar o tempo todo nas mesmas mazelas. **Favorável para Urano e Lua.**

8 Sua capacidade de assimilar novidades e de se comunicar está bem aflorada. Suas opiniões afetam positivamente os valores e as opiniões de seus amigos e colegas. Ótimo para planejar alguma viagem rápida. **Favorável para Plutão e Mercúrio.**

9 Hoje a lua cheia acontecerá nos signos de Libra e Áries. Dia auspicioso para rever amigos e familiares, espairecer e relaxar com pessoas que lhe dão segurança emocional. Ótimo momento para investir em novos projetos, iniciar parcerias ou, quem sabe, engatar um romance. **Favorável para todos os planetas.**

10 A rotina dos relacionamentos e a mesmice dos hábitos podem chateá-lo. Cabe a você dar uma chacoalhada nessa rotina sem graça; invente um programa diferente e surpreenda a pessoa amada. **Desfavorável para Lua e Plutão.**

11 Sol e Saturno em ângulo positivo ampliam sua concentração e produtividade no trabalho. O bom senso e a capacidade de cooperação com todos serão certamente a chave do seu êxito. **Desfavorável para Netuno.**

12 Será importante não querer impor sua opinião de forma unilateral ou dogmática aos colegas de trabalho. Seus pontos de vista podem ser mal-interpretados, apesar de suas boas intenções. Esteja atento também as qualidades que todos têm. **Desfavorável para Júpiter e Mercúrio.**

13 Neste dia, haverá uma tendência à dispersão e à confusão mental. A subjetividade se sobrepõe à razão, por isso evite tomar decisões definitivas ou inadequadas em relação ao que está acontecendo. **Desfavorável para Netuno e Marte**.

14 Neste ciclo você deve estar mais sintonizado com aspectos mais realistas e pragmáticos da vida. Isso deve poupá-lo de frustrações e discussões sem fim que não chegam a lugar algum. **Favorável para Vênus e Saturno**.

15 Lua em conjunção com Marte e em tensão com Netuno indica mais uma vez aumento de sensibilidade psíquica. Sua imaginação pode distorcer os fatos ao seu redor, causando uma sensação de isolamento. Cuidado com as compras por impulso. **Favorável para os demais planetas**.

16 Mercúrio está no signo de Libra, assim como Sol e Vênus. Neste dia, sua atenção está voltada para questões humanitárias e sociais. A desigualdade e as injustiças o incomodam. Mesmo assim, não descuide de suas questões pessoais. O plano afetivo está em alta, aposte em programações culturais a dois. **Desfavorável para Lua**.

17 A Lua vai minguando no signo de Câncer e faz trígono com Netuno em Peixes. Bom dia para finalizar assuntos pendentes, esclarecer algum mal-entendido que ficou para trás. Auspicioso para fazer uma dieta leve, com líquidos e frutas. **Favorável para todos os planetas**.

18 Período de mais assertividade e autoconfiança para liderar um grupo e agir com bom senso e discernimento. O otimismo verdadeiro sempre acaba criando uma frequência de alegria que envolve a todos, confie mais em seus talentos. **Favorável para Sol, Marte e Júpiter**.

19 Marte e Vênus estão em harmonia no céu. O desejo de conquista e sedução está no ar. Aproveite para agradar a pessoa amada. Se for o caso, não recuse um convite para sair e se divertir. Este é um bom dia para diálogos e a cumplicidade na vida a dois. **Desfavorável para Lua e Saturno**.

20 Suas ações mais recentes podem ter despertado algum ressentimento ou mesmo inveja. É possível que esse sentimento crie alguma oposição às suas propostas no trabalho. Mesmo assim, vá em frente. **Desfavorável para Sol, Plutão e Vênus.**

21 Vênus está em Libra, que é seu próprio signo, ao lado do Sol. Momento excelente para todos os tipos de parcerias, atitudes diplomáticas e associações exitosas. E também para atividades ou eventos artísticos em geral, tudo o que valorize o que é belo. **Favorável para todos os planetas.**

22 A conjunção de Sol e Vênus permanece no céu planetário. Ótimo para tudo o que você desejar renovar ou embelezar, seja em casa, no trabalho ou no próprio corpo. Dar um *upgrade* no visual, receber uma massagem revigorante, tudo está valendo. **Favorável para Lua e Plutão.**

23 Dia benéfico para compartilhar ideias e conhecimentos com amigos, divulgar seu trabalho em redes sociais, estudar, assistir a palestras ou *lives*. Saturno em Aquário amplia seu campo de interesses e será útil para sua vida profissional. **Favorável para Mercúrio e Saturno.**

24 O Sol e Vênus entram em Escorpião e favorecem um amadurecimento dos relacionamentos íntimos. Mais cumplicidade e confiança podem levá-lo a assumir compromissos mais sérios. **Favorável para Mercúrio, Lua e Saturno.**

25 Hoje teremos um eclipse solar que acontece no signo de Escorpião. Momento ideal para reflexão e interiorização daquilo que pretende transformar em sua vida. Olhe para seus anseios íntimos com mais honestidade e pergunte a si mesmo: Estou realizando meus verdadeiros desejos? **Desfavorável para Marte.**

26 Não tenha receio de expor suas emoções ou contrariedades, pois ninguém é de ferro ou feliz o tempo todo. Procure se exercitar mais, caminhar ao ar livre, desligar o celular, esvaziar a mente e relaxar. **Desfavorável para Lua e Urano.**

27 O trabalho em equipe está muito favorecido com Mercúrio e Marte em signos de Ar. A cooperação e a estratégia bem elaboradas

por todos terão o êxito que era esperado, agora já é possível comemorar! **Favorável para Lua, Plutão e Netuno.**

28 Fique firme em manter seus projetos do dia anterior, mesmo que surja algum incidente de última hora. É muito relevante também ser fiel aos seus valores morais e éticos para poder seguir em frente com dignidade. **Desfavorável para Plutão e Mercúrio.**

29 Lua em sextil com Mercúrio anima seu dia e melhora seu humor. Conversas produtivas e inteligentes serão um alimento para o espírito. Ótimo para conhecer pessoas especiais ou lugares diferentes. **Desfavorável para Júpiter.**

30 Lua em Capricórnio pode sinalizar alegria e prazer com pessoas de mais idade ou que não vê há muito tempo. Esses afetos de longa data darão um colorido especial e significativo a este dia. **Favorável para Vênus e Urano.**

31 A fase dos reencontros permanece intensa, aproveite essa maré positiva de trocas afetivas. Bons amigos são também a memória da nossa caminhada, fortalecem nossa autoestima. Hoje é um ótimo dia para fazer pesquisas sobre assuntos herméticos. **Favorável para Júpiter e Lua.**

Novembro

1º Hoje você poderá abraçar mais responsabilidades profissionais com a certeza de que terá condições de levá-las até o fim. Reserve um tempinho para cultivar sua vida amorosa. **Desfavorável para Lua e Saturno.**

2 Bom ciclo para investir na divulgação de seu trabalho ou comércio. Use a criatividade para mostrar suas realizações de forma diferenciada, pois o mundo das redes virtuais já é uma realidade consolidada. **Favorável para Lua e Marte.**

3 Segue o ciclo positivo para comunicar, aprender, interagir socialmente, assistir a seminários ou compartilhar o seu saber. Lua em ângulo positivo com Vênus dá um *upgrade* aos assuntos do coração, saia para se divertir também. **Favorável para Mercúrio.**

4 Sua atenção poderá se voltar para assuntos filosóficos, humanitários ou místicos, que ampliam sua compreensão da natureza humana em geral. Preste mais atenção aos recados que seus sonhos trazem. **Favorável para Júpiter e Urano.**

5 Vários planetas encontram-se em Escorpião e Peixes, ambos signos de Água. Você continua mais aberto e sensível para escutar os anseios de sua alma, que está mais inquieta. **Favorável para todos os planetas.**

6 Imprevistos e contrariedades domésticas podem deixá-lo irritadiço e intolerante. Respire fundo antes de jogar sua raiva em quem não tem nada a ver com todas essas circunstâncias, vá com calma. Aproveite a fluência entre Saturno e Marte e se mostre uma pessoa responsável e digna de confiança. **Desfavorável para Vênus e Urano.**

7 Ceticismo e desconfiança podem comprometer sua vida sentimental. Bom momento para uma conversa mais honesta sobre aquilo que não está fluindo bem. Lembre-se: o passado pode e deve ser esquecido. **Desfavorável para Saturno e Vênus.**

8 Um eclipse pode mudar o rumo dos acontecimentos de forma rápida. Observe melhor aquilo que deve eliminar da sua vida, se desapegando daquilo que já está ultrapassado e sem sentido. **Desfavorável para Lua e Urano.**

9 Hoje você ainda deve sentir a intensidade da lua cheia que faz emergir emoções fortes. É aconselhável mais cuidado com palavras irônicas que ferem pessoas queridas ao seu redor. **Desfavorável para Urano e Mercúrio.**

10 Netuno e Vênus estão em harmonia, apontando para uma atmosfera mais pacífica e confiante nas relações em geral. É possível perdoar e relevar imperfeições com mais facilidade. **Desfavorável para Mercúrio e Saturno.**

11 Não subestime a capacidade de trabalho e a experiência de pessoas mais velhas. Você poderá aprender o valor da paciência e resiliência com elas. Julgue menos e ouça mais o seu próximo. Não tenha medo dos reinícios. **Desfavorável para Lua, Júpiter e Saturno.**

12 Neste ciclo, você é capaz de analisar melhor oportunidades de trabalho, colocá-las em perspectiva mais abrangente e realista. Sua intuição também será ótima conselheira. **Favorável para Mercúrio e Netuno.**

13 Dia excelente para ver amigos e se divertir em boa companhia. Você irradia dinamismo e confiança, isso tem a ver com autoestima. Favorável também para resolver pendências familiares e domésticas. **Favorável para Lua, Vênus, Sol e Plutão.**

14 Sua atitude mais generosa e otimista acaba atraindo situações prazerosas ou significativas. A força do pensamento e da imaginação tem grande poder. **Favorável para Sol, Netuno e Júpiter.**

15 Um clima de atração e romance pode surgir, mas não faça de conta que não percebeu. Guarde a racionalidade na gaveta e trate de conferir a surpresa que está prestes a chegar. Deixe a timidez de lado e aproveite mais os bons momentos. **Favorável para Júpiter e Vênus.**

16 Alguma preocupação financeira pode atrapalhar o seu dia e alterar seu humor. No entanto é a sua capacidade de superação e a sua confiança no amanhã que vão mudar essa situação, não se preocupe demais. **Favorável para Júpiter.**

17 Os obstáculos do cotidiano sempre aparecem e, não fossem eles, você não desenvolveria sua capacidade de enfrentamento. Vale lembrar que ficar reclamando não modifica as coisas! **Desfavorável para Mercúrio e Vênus.**

18 A Lua está no signo de Virgem, indicando mais pragmatismo e percepção dos detalhes. Isso vai ajudá-lo a organizar sua casa, papéis, pagamentos ou documentos acumulados; mãos à obra. **Favorável para Urano e Lua.**

19 Aproveite o embalo de organização para fazer uma faxina nos seus pertences, fotos ou roupas sem serventia. Com coragem, você vai renovar não só a energia da sua casa, mas também do seu espírito. **Favorável para Sol e Plutão.**

20 Momento benéfico para fazer uma retrospectiva da sua própria história de vida. Isso não tem a ver com nostalgia, mas sim em ver

aonde já chegou e o que ainda falta para se sentir mais realizado. **Favorável para Lua e Saturno**.

21 Dia excelente para obter resultados favoráveis em assuntos jurídicos, bem como para receber o reconhecimento do seu valor no âmbito profissional por parte de seus superiores; vá em frente, aceite os elogios! **Favorável para Sol e Júpiter**.

22 Neste momento, é aconselhável evitar atitudes extremadas, oriundas de ressentimentos acumulados. Evite também os excessos com bebidas alcoólicas, energéticos e, sobretudo, a automedicação. **Desfavorável para Urano**.

23 Hoje é dia de lua nova, que ocorrerá no signo de Sagitário. Há muita energia de confiança na vida e motivações para buscar mais conhecimento e discernimento. Mentalize e peça ao universo aquilo que está faltando em sua vida. **Favorável para Lua e Júpiter**.

24 Vênus e Mercúrio também estão no signo de Fogo de Sagitário. Assim, você se renova por meio de estudos filosóficos e de ideais que transcendem o mundo material. Ótimo para viajar e expandir seus horizontes. **Favorável para todos os planetas**.

25 A verdade pode e deve ser vista sob ângulos diferentes. É importante não querer impor seus pontos de vista aos outros, de forma unilateral. Suas descobertas pessoais podem ser mal interpretadas. **Desfavorável para Netuno, Lua e Júpiter**.

26 Sua eficiência e sua produtividade são colocadas à prova neste ciclo. Se puder acreditar mais na sua criatividade, tanto melhor. Os resultados confirmarão isso com o passar do tempo. **Favorável para Urano**.

27 Lua faz sextil com Netuno em Peixes. Esforce-se para cuidar mais da sua alimentação, pois a saúde não pode ser esquecida. Outra forma de desintoxicação é evitar notícias ruins e pessoas muito negativas, fique atento. **Favorável para Júpiter e Plutão**.

28 Lua e Vênus estão em harmonia, e isso geralmente indica mais atenção voltada para a estética ou beleza. Aproveite para se dar um presente especial, como uma roupa nova ou uma massagem revigorante. Autoestima é tudo de bom! **Favorável para Lua e Vênus**.

29 Sua determinação e seu desempenho profissional estão a mil por hora. Não disperse e, se necessário, peça ajuda para poder realizar e finalizar tudo da melhor forma possível. **Favorável para Marte e Saturno**.

30 Saturno recebe bons aspectos de Mercúrio e Marte, que estão nos signos de Sagitário e Gêmeos, respectivamente. Este certamente é um bom momento para alegrar-se com a sensação de dever cumprido e sem falsa modéstia. **Favorável para os demais planetas**.

Dezembro

1º Alguns equívocos na maneira de conduzir sua vida amorosa estão em xeque. Será que não está omitindo coisas relevantes e que depois vão gerar ressentimentos e acusações? **Desfavorável para Marte e Vênus**.

2 A segurança da vida familiar é o porto seguro para dias complicados. A experiência dos mais velhos pode contar muito, especialmente quando a vida está demandando paciência. **Favorável para Lua, Vênus e Saturno**.

3 A Lua em Áries é estimulada por Marte, que está em Gêmeos. Essa sintonia positiva entre os dois astros indica um dia bom para planejar uma viagem rápida de lazer ou de negócios. **Favorável para todos os planetas**.

4 Neste dia, você poderá se sentir pressionado por emoções ambíguas; não desperdice energia vital olhando demais para o passado. Mágoas e culpas não levam a nada, muito menos procurar por culpados. **Desfavorável para Vênus, Netuno e Plutão**.

5 Tente colocar em prática aquilo que já aprendeu com as experiências vividas e se responsabilize por suas escolhas. Não se lastime pelo que já passou, e seja grato pelas oportunidades de se superar e se desenvolver emocionalmente que surgem agora. **Favorável para Lua e Urano**.

6 Este dia vai exigir de você muito jogo de cintura no trabalho. Divergências de opiniões, mais que tudo, e de valores éticos podem deixá-lo bastante contrariado. O tempo dirá quem estava com a razão. **Desfavorável para Mercúrio e Júpiter**.

7   A Lua transita no signo de Ar de Gêmeos, o que indica mais facilidade para relativizar as contrariedades do dia anterior. Não se apegar demais a uma verdade será um aprendizado bastante oportuno. **Favorável para Vênus e Sol**.

8   A Lua está cheia em Gêmeos, fazendo conjunção com Marte e oposição ao Sol em Sagitário. As questões relativas ao conhecimento, jurisprudência e espiritualidade ganham destaque. Revelações importantes podem gerar conflitos. **Favorável para os demais planetas**.

9   A falta de clareza nas notícias ou informações que chegam gera estresse e impaciência. Preencha sua mente com outras coisas, e, sobretudo, caminhe ao sol ou na natureza para recarregar sua energia vital. **Desfavorável para Júpiter**.

10   Hoje seria necessário frear os impulsos ou excessos com gastos sem discernimento. A satisfação de um desejo momentâneo pode significar uma conta salgada no fim do mês; fique esperto. **Desfavorável para Júpiter e Vênus**.

11   Dia excelente para investir mais tempo e energia em seu bem-estar físico e psíquico. Se possível, próximo ao mar, rio ou cachoeira, uma vez que a água tem o poder de restaurar o corpo e a alma. **Favorável para Júpiter e Netuno**.

12   A semana começa com um sextil entre Sol e Saturno. Esse aspecto aponta para eficiência e produtividade, você está apto para planejar sua vida com mais segurança. Bom para investimentos de longo prazo. **Favorável para os demais planetas**.

13   Marte e Sol fazem aspectos dinâmicos com a Lua em Leão. Você se sente mais feliz e animado com novas possibilidades de trabalho em que possa mostrar seus talentos criativos, siga em frente! **Desfavorável para Saturno**.

14   Se tiver algum impulso forte para organizar a casa, escritório, gavetas, roupas, livros ou documentos, não resista. Estudos apontam que bagunça demais prejudica o desempenho para inúmeras tarefas cotidianas! Espaços liberados representam renovação da vida. **Favorável para Lua e Vênus**.

15   Neste dia, o elemento Terra está bem ativado pela Lua, Mercúrio e Urano. Permanece forte a energia de organização, termine logo

aquilo que começou. Recompensa: energias renovadas e leveza de espírito. **Desfavorável para Netuno.**

16 A Lua em Virgem entra em fase minguante e está em oposição a Netuno, sinalizando um dia adequado para concluir suas tarefas. No entanto, procure não procrastinar aquilo que é relevante, agilizando seu cotidiano. Evite a automedicação. **Favorável para os demais planetas.**

17 Seu humor talvez fique instável e isso pode acarretar algum mal-entendido com alguém querido; não se preocupe, será passageiro. Ótimo dia para atividades físicas ou esportes que possam ser praticados ao ar livre. **Favorável para Marte.**

18 Hoje Urano e Mercúrio fazem um ângulo harmonioso no céu planetário, e isso significa jovialidade, curiosidade e vontade de aprender. Assim, aproveite para encontrar amigos, trocar ideias e renovar seu repertório intelectual. **Favorável para Lua e Saturno.**

19 A Lua está no signo de Escorpião, o que deixa você mais sensível e com a intuição mais aguçada. Dia oportuno para investir em informações que o auxiliem e esclareça o seu autoconhecimento. Na vida afetiva, tudo corre bem. **Favorável para Vênus.**

20 Nada como ter bons amigos que possam nos ouvir em dias de inquietações ou dúvidas. Não faça cerimônia em pedir ajuda a eles, uma vez que tudo na vida é aprendizado. Cuide melhor da sua alimentação, fugindo de doces e alimentos processados. **Desfavorável para Urano.**

21 Neste ciclo, a atitude adequada é fugir de discussões polêmicas sobre assuntos que sempre dão pano para manga: política e religião. Fique atento, pois as amizades valem mais do que simples opiniões. **Desfavorável para Júpiter e Sol.**

22 É no convívio íntimo ou doméstico que se encontra a possibilidade de um envolvimento emocional relevante. Valorize quem está do seu lado; basta estar atento, com o coração e os olhos bem abertos! **Favorável para Vênus e Urano.**

23 A lua nova acontecerá no signo de Capricórnio, e ela está em quadratura com Júpiter em Áries. A mesma atmosfera de divergências

permanece e ninguém consegue abrir mão de suas verdades. Jogo de cintura é uma boa pedida! **Favorável para os demais planetas.**

24 Dia benéfico para trabalhos voltados a causas sociais ou humanitárias. Esses compromissos geralmente trazem um retorno expressivo em termos de satisfação pessoal. Faça a sua parte. **Favorável para Netuno e Urano.**

25 Dia excelente para o lazer, seja com a família ou com amigos. Mesmo sem combinação prévia, seus encontros devem fluir naturalmente. Nada como sair da rotina estando em boa companhia. **Favorável para Netuno e Mercúrio.**

26 Hoje você pode experimentar uma sensação de "queda de braço" entre o velho e o novo. Ou seja, surge um impulso de mais liberdade, mas o mundo externo não é favorável a ele. Mantenha a calma. **Desfavorável para Urano e Saturno.**

27 Agora você pode definir melhor os contornos de seus planos de trabalho. Para isso, pode usar a lógica e um cronograma específico, mas também a imaginação de ver tudo já feito lá no futuro. **Favorável para Lua e Sol.**

28 Momento ótimo para a vida social e amorosa, rever amigos que têm a mesma visão de mundo que você. Uma visita inesperada do Cupido pode alegrar, e muito, seu coração! **Favorável para Netuno e Vênus.**

29 A Lua faz conjunção com Júpiter no signo de Áries, estimulando o espírito de aventura para superar desafios, ou ser mais ousado. A coragem sempre movimenta energia positiva; veja o que está faltando em sua vida e corra atrás disso, você é capaz. **Favorável para todos os planetas.**

30 A fase crescente da Lua significa um bom empurrão em seus projetos para o início do ano. A vontade de espairecer e viajar está mais acentuada com a presença de Mercúrio e Vênus em Capricórnio. **Desfavorável para Sol.**

31 É provável que os planos de viagem sejam alterados por motivos alheios à sua vontade. Seja criativo, e se adapte ao aqui e agora, ao que der e vier, celebrando e valorizando as conquistas feitas durante o ano. **Favorável para Lua e Saturno.**

FENÔMENOS NATURAIS

COMEÇO DAS ESTAÇÕES

Estações	Data do início	Horário
Outono	20/3	12h35
Inverno	21/6	6h15
Primavera	22/9	22h5
Verão	21/12	18h49

ECLIPSES

Data	Hora	Astro	Tipo	Grau	Magnitude
30/4	17h29	Sol	Parcial	10°28' de Touro	0'640
16/5	1h15	Lua	Total	25°18' de Escorpião	1'414
25/10	7h50	Sol	Parcial	2°0' de Escorpião	0'862
8/11	8h03	Lua	Total	16°1' de Touro	1'359

FASES DA LUA 2022

Janeiro				Fevereiro			
Dia	Fase	Horário	Grau	Dia	Fase	Horário	Grau
2	Nova	15h35	12°20' de Capricórnio	1º	Nova	2h47	12°20' de Aquário
9	Crescente	15h12	19°27' de Áries	8	Crescente	10h51	19°46' de Touro
17	Cheia	20h50	27°51' de Câncer	16	Cheia	13h58	27°60' de Leão
25	Minguante	10h42	5°33' de Escorpião	23	Minguante	19h34	5°17' de Sagitário

Março				Abril			
Dia	Fase	Horário	Grau	Dia	Fase	Horário	Grau
2	Nova	14h36	12°7' de Peixes	1º	Nova	3h26	11°31' de Áries
10	Crescente	7h47	19°50' de Gêmeos	9	Crescente	3h49	19°24' de Câncer
18	Cheia	4h19	27°40' de Virgem	16	Cheia	15h56	26°46' de Libra
25	Minguante	2h38	4°33' de Capricórnio	23	Minguante	8h58	3°19' de Aquário
				30	Nova	17h29	10°28' de Touro

Maio				Junho			
Dia	Fase	Horário	Grau	Dia	Fase	Horário	Grau
8	Crescente	21h23	18°23' de Leão	7	Crescente	11h50	16°51' de Virgem
16	Cheia	1h15	25°18' de Escorpião	14	Cheia	8h53	23°25' de Sagitário
22	Minguante	15h44	1°39' de Peixes	21	Minguante	0h12	29°46' de Peixes
30	Nova	8h31	9°3' de Gêmeos	28	Nova	23h53	7°23' de Câncer

Julho				Agosto			
Dia	Fase	Horário	Grau	Dia	Fase	Horário	Grau
6	Crescente	23h15	14°59' de Libra	5	Crescente	8h08	13°2' de Escorpião
13	Cheia	15h39	21°21' de Capricórnio	11	Cheia	22h37	19°21' de Aquário
20	Minguante	11h20	27°52' de Áries	19	Minguante	1h37	26°12' de Touro
28	Nova	14h56	5°39' de Leão	27	Nova	5h18	4°4' de Virgem

Setembro				Outubro			
Dia	Fase	Horário	Grau	Dia	Fase	Horário	Grau
3	Crescente	15h09	11°14' de Sagitário	2	Crescente	21h15	9°47' de Capricórnio
10	Cheia	7h00	17°41' de Peixes	9	Cheia	17h56	16°33' de Áries
17	Minguante	18h53	24°59' de Gêmeos	17	Minguante	14h16	24°19' de Câncer
25	Nova	18h56	2°49' de Libra	25	Nova	7h50	2°0' de Escorpião

Novembro				Dezembro			
Dia	Fase	Horário	Grau	Dia	Fase	Horário	Grau
1º	Crescente	3h38	8°49' de Aquário	8	Cheia	1h09	16°2' de Gêmeos
8	Cheia	8h03	16°1' de Touro	16	Minguante	5h57	24°22' de Virgem
16	Minguante	10h28	24°10' de Leão	23	Nova	7h18	1°23' de Capricórnio
23	Nova	19h58	1°38' de Sagitário	29	Crescente	22h22	8°18' de Áries
30	Crescente	11h38	8°22' de Peixes				

TUDO O QUE VOCÊ PRECISA SABER SOBRE A LUA EM 2022

Os antigos já atribuíam à Lua influências decisivas na produção de certos fenômenos que ocorrem em nosso planeta. Ao passar pelo céu, a Lua exerce uma forte influência sobre nossa energia e nossa vida. A Lua é um satélite da Terra e, por isso, é mutável. É necessário verificarmos o estado da Lua e como ela se relaciona com os signos, pois, em sua fase mais adequada, podemos resolver os problemas com mais objetividade.

A Lua e o Sol se equivalem em importância na resolução de nosso destino. Na prática, o Sol influencia a vida prática, e a Lua, o aspecto emocional. Entendendo essas considerações, apresentamos a seguir os resultados dessas observações no ano de 2022.

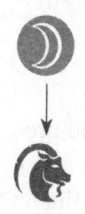

LUA EM ÁRIES: Uma grande dose de energia é desprendida, podendo ser positiva ou negativa. Período para agir, iniciar projetos, entusiasmar-se. Muito cuidado com as relações profissionais e pessoais. Recorra à intuição. Se porventura surgir algum problema, tenha a certeza de que será solucionado em breve.

LUA EM TOURO: Neste período, você se sentirá muito mais seguro e confiante. Grandes mudanças podem surgir nos âmbitos pessoal e profissional. Mantenha-se focado e tenha perseverança. Invista em projetos abandonados no passado que possam ter resultados práticos. Essa Lua é, ainda, extremamente propícia a novos romances.

LUA EM GÊMEOS: Aumenta sua sensibilidade e qualidades de extroversão, facilitando o relacionamento com outras pessoas. Tente conter a impaciência e resolver as questões com bastante calma. Concentre-se em um objetivo específico, pois a influência desta Lua gera um certo estado de confusão. Se surgir a oportunidade de dar um salto na vida profissional, não a deixe passar. Saiba também lidar com as adversidades.

LUA EM CÂNCER: A influência desta Lua é profunda e intensa. Ela lhe permitirá entender seu eu interior e analisar suas emoções. Deixe os sentimentos reprimidos virem à tona e conheça-os melhor para lidar de forma adequada com eles.

LUA EM LEÃO: Quando a Lua passa pelo signo de Leão, temos a sensação de experimentarmos um intenso calor humano nos relacionamentos, além de muito orgulho e generosidade. Evite ser pretensioso, teimoso ou preconceituoso, tendo cuidado para o orgulho não estragar tudo. O melhor a fazer é aceitar que a Lua em Leão afeta sua personalidade muito mais do que afeta suas ações. Evite dar conselhos e acostume-se com a popularidade.

LUA EM VIRGEM: Lua de estabilidade e capacidade. Quando a Lua passa por Virgem, temos a certeza de ter habilidade suficiente para a análise detalhada das situações. Dessa forma, você não ficará letárgico, podendo resolver os próprios problemas de caráter emocional e pessoal, ao se tornar mais crítico e analítico.

LUA EM LIBRA: Nesta Lua, a diplomacia e o equilíbrio se farão presentes. Haverá momentos de indecisão e dificuldades para saber como você se sente, como o mundo o trata e como isso o influencia. Tente não fazer drama; as escolhas mais fáceis podem se tornar mais difíceis só porque você não sabe como lidar com elas. Não cultive sentimentos de inadequação, pois a incapacidade de tomar decisões se findará com o fim do trânsito desta Lua.

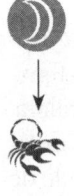

LUA EM ESCORPIÃO: A melhor palavra para descrever a influência da Lua em Escorpião é esta: intensidade! Intensidade nos relacionamentos, nos campos profissional e emotivo. A capacidade psíquica aumenta e a física também. Use sempre o bom senso para não ficar inibido. O maior efeito desta Lua ocorre no âmbito sexual, o que torna as decisões na área afetiva mais confortáveis. Os processos mentais se tornarão mais acelerados, e você conseguirá resolver assuntos pendentes.

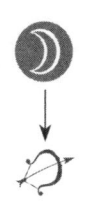

LUA EM SAGITÁRIO: Com essa Lua, de modo geral, você se sentirá mais otimista e generoso. Aproveite o período para estar com a pessoa amada. Embora tenha essa faceta otimista, essa Lua também apresentará uma qualidade de controle sobre sua vida. Portanto, não entre em batalhas desnecessárias e reserve tempo para se doar a outras pessoas, fazendo atividades em grupo e concentrando-se em seu trabalho. Ao perseguir seus objetivos, prepare-se para a vitória.

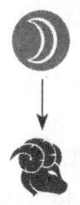

LUA EM CAPRICÓRNIO: Lua para realizações, seja motivado por objetivos pessoais ou profissionais. Essa Lua aguçará sua ambição, deixando-o bastante envolvido com conquistas materiais, e sua intuição entrará em ação. Período desfavorável para assuntos relacionados a espiritualidade e romances. Neste momento, questões relacionadas ao emocional devem ser proteladas por mais algum tempo.

LUA EM AQUÁRIO: Seu entusiasmo e imaginação serão seus aliados nesse período. Você se sentirá e será amigo de todos; não lhe faltarão carisma e inspiração! Porém, emocionalmente, você vai desejar mais privacidade. Prevalecerá essa contradição entre se sentir carismático e desejar certo recolhimento. Embora confuso, seu desejo de liberdade estará no auge, o que vai se adaptar bem ao seu desligamento emocional. Quanto mais controle tiver sobre a própria vida, mais feliz você será.

LUA EM PEIXES: Lua que o torna mais emocional, sensível e compassivo. Você se sentirá impelido a ajudar os outros, esquecendo-se de si mesmo. Jamais oferte mais de si mesmo do que possa suportar, pois isso pode minar totalmente sua energia vital. Neste período, sua imaginação estará mais ativa, bem como a capacidade artística. Ouça sempre sua voz interior e tire o máximo de proveito desta maravilhosa Lua!

TABELA DAS LUAS FORA DE CURSO

Último Aspecto		Entrada da Lua em um Novo Signo		
Dia	Hora	Dia	Signo	Hora
Janeiro de 2022				
1º	5h17	1º	Capricórnio	20h03
3	13h22	3	Aquário	19h45
4	21h46	5	Peixes	21h18
7	19h24	8	Áries	2h27
10	4h24	10	Touro	11h48
12	16h40	13	Gêmeos	0h09
14	23h23	15	Câncer	13h12
17	20h50	18	Leão	1h04
20	5h17	20	Virgem	11h03
22	16h47	22	Libra	19h04
24	19h11	25	Escorpião	0h58
27	2h29	27	Sagitário	4h36
28	16h01	29	Capricórnio	6h10
31	1h45	31	Aquário	6h44
Fevereiro de 2022				
1º	8h02	2	Peixes	8h01
4	6h42	4	Áries	11h58
6	14h22	6	Touro	19h54
9	1h49	9	Gêmeos	7h28
11	5h24	11	Câncer	20h28
14	7h28	14	Leão	8h18
16	13h58	16	Virgem	17h44
18	20h21	19	Libra	0h52
21	2h03	21	Escorpião	6h20
23	6h25	23	Sagitário	10h30
25	1h26	25	Capricórnio	13h29
27	11h51	27	Aquário	15h37

Último Aspecto		Entrada da Lua em um Novo Signo		
Dia	Hora	Dia	Signo	Hora
Março de 2022				
28/2	23h02	1º	Peixes	17h55
3	18h46	3	Áries	21h54
6	1h03	6	Touro	5h01
8	11h36	8	Gêmeos	15h41
10	13h44	11	Câncer	4h25
13	12h45	13	Leão	16h33
15	7h57	16	Virgem	2h00
18	5h12	18	Libra	8h27
20	9h41	20	Escorpião	12h46
22	13h02	22	Sagitário	16h00
24	10h00	24	Capricórnio	18h55
26	20h52	26	Aquário	21h56
28	11h12	29	Peixes	1h33
31	3h38	31	Áries	6h32
Abril de 2022				
2	10h52	2	Touro	13h51
4	22h54	5	Gêmeos	0h05
7	0h16	7	Câncer	12h31
9	22h02	10	Leão	1h01
12	7h18	12	Virgem	11h09
14	15h13	14	Libra	17h47
16	18h58	16	Escorpião	21h24
18	20h56	18	Sagitário	23h18
20	17h57	21	Capricórnio	0h53
23	0h54	23	Aquário	3h18
24	21h35	25	Peixes	7h16
27	10h37	27	Áries	13h11
29	18h40	29	Touro	21h20

Último Aspecto		Entrada da Lua em um Novo Signo		
Dia	Hora	Dia	Signo	Hora
Maio de 2022				
2	7h14	2	Gêmeos	7h48
4	17h38	4	Câncer	20h06
7	7h27	7	Leão	8h51
9	9h40	9	Virgem	19h54
12	1h01	12	Libra	3h36
14	5h08	14	Escorpião	7h35
16	6h29	16	Sagitário	8h52
18	1h01	18	Capricórnio	9h03
20	9h01	20	Aquário	9h54
22	4h20	22	Peixes	12h51
24	18h35	24	Áries	18h41
27	0h21	27	Touro	3h24
29	11h12	29	Gêmeos	14h24
Junho de 2022				
31/5	17h11	1º	Câncer	2h50
3	12h16	3	Leão	15h39
5	20h13	6	Virgem	3h23
8	9h10	8	Libra	12h24
10	14h38	10	Escorpião	17h42
12	18h41	12	Sagitário	19h33
14	11h59	14	Capricórnio	19h15
16	15h43	16	Aquário	18h45
18	15h51	18	Peixes	20h02
21	0h12	21	Áries	0h38
23	5h04	23	Touro	8h59
25	16h04	25	Gêmeos	20h14
27	23h39	28	Câncer	8h55
30	17h15	30	Leão	21h41

Último Aspecto		Entrada da Lua em um Novo Signo		
Dia	Hora	Dia	Signo	Hora
Julho de 2022				
3	7h00	3	Virgem	9h32
5	15h05	5	Libra	19h26
7	22h05	8	Escorpião	2h16
10	1h35	10	Sagitário	5h35
11	22h44	12	Capricórnio	6h02
14	1h18	14	Aquário	5h14
16	1h38	16	Peixes	5h19
18	3h44	18	Áries	8h19
20	11h20	20	Touro	15h24
22	20h46	23	Gêmeos	2h12
25	5h16	25	Câncer	14h55
27	21h55	28	Leão	3h37
30	1h30	30	Virgem	15h12
Agosto de 2022				
1º	19h30	2	Libra	1h07
4	3h21	4	Escorpião	8h48
6	8h25	6	Sagitário	13h40
8	7h31	8	Capricórnio	15h40
10	13h41	10	Aquário	15h46
12	8h08	12	Peixes	15h45
14	12h12	14	Áries	17h44
16	17h19	16	Touro	23h23
19	8h07	19	Gêmeos	9h07
21	19h08	21	Câncer	21h30
24	6h41	24	Leão	10h10
26	3h56	26	Virgem	21h26
29	0h09	29	Libra	6h46
31	7h45	31	Escorpião	14h12

Último Aspecto		Entrada da Lua em um Novo Signo		
Dia	Hora	Dia	Signo	Hora
Setembro de 2022				
2	14h23	2	Sagitário	19h41
4	22h52	4	Capricórnio	23h04
6	18h44	7	Aquário	0h42
8	9h35	9	Peixes	1h43
10	21h30	11	Áries	3h48
13	1h54	13	Touro	8h40
15	10h00	15	Gêmeos	17h17
17	18h53	18	Câncer	5h00
20	12h58	20	Leão	17h39
22	8h08	23	Virgem	4h55
25	9h50	25	Libra	13h44
27	13h22	27	Escorpião	20h16
29	18h21	30	Sagitário	1h05
Outubro de 2022				
1º	18h47	2	Capricórnio	4h39
4	0h50	4	Aquário	7h22
5	19h47	6	Peixes	9h48
8	8h12	8	Áries	12h58
10	11h03	10	Touro	18h05
12	18h43	13	Gêmeos	2h09
15	1h12	15	Câncer	13h12
17	17h58	18	Leão	1h46
20	7h36	20	Virgem	13h27
22	15h19	22	Libra	22h25
24	21h37	25	Escorpião	4h20
27	1h29	27	Sagitário	7h56
29	10h11	29	Capricórnio	10h23
31	12h16	31	Aquário	12h44

Último Aspecto		Entrada da Lua em um Novo Signo		
Dia	Hora	Dia	Signo	Hora
Novembro de 2022				
2	8h09	2	Peixes	15h48
4	19h06	4	Áries	20h08
6	19h31	7	Touro	2h16
9	9h01	9	Gêmeos	10h38
11	19h30	11	Câncer	21h23
14	7h42	14	Leão	9h49
16	20h57	16	Virgem	22h05
19	5h48	19	Libra	7h59
21	8h16	21	Escorpião	14h17
23	15h17	23	Sagitário	17h17
25	16h23	25	Capricórnio	18h19
27	17h12	27	Aquário	19h08
29	3h55	29	Peixes	21h16
Dezembro de 2022				
1º	23h46	2	Áries	1h42
4	2h47	4	Touro	8h39
6	16h03	6	Gêmeos	17h50
9	3h15	9	Câncer	4h50
11	15h50	11	Leão	17h10
13	12h53	14	Virgem	5h47
16	16h14	16	Libra	16h50
18	19h37	19	Escorpião	0h32
20	23h46	21	Sagitário	4h14
22	17h17	23	Capricórnio	4h51
25	0h12	25	Aquário	4h15
26	15h21	27	Peixes	4h35
29	3h22	29	Áries	7h37
31	9h46	31	Touro	14h10

TÁBUA LUNAR EM 2022

A tabela abaixo foi construída para o fuso horário de São Paulo.

Janeiro

Capricórnio	20h3 do dia 1º	**Leão**	1h04 do dia 18
Aquário	19h45 do dia 3	**Virgem**	11h03 do dia 20
Peixes	21h18 do dia 5	**Libra**	19h04 do dia 22
Áries	2h27 do dia 8	**Escorpião**	0h58 do dia 25
Touro	11h48 do dia 10	**Sagitário**	4h36 do dia 27
Gêmeos	0h09 do dia 13	**Capricórnio**	6h10 do dia 29
Câncer	13h12 do dia 15	**Aquário**	6h44 do dia 31

Fevereiro

Peixes	8h01 do dia 2	**Virgem**	17h44 do dia 16
Áries	11h58 do dia 4	**Libra**	0h52 do dia 19
Touro	19h54 do dia 6	**Escorpião**	6h20 do dia 21
Gêmeos	7h28 do dia 9	**Sagitário**	10h30 do dia 23
Câncer	20h28 do dia 11	**Capricórnio**	13h29 do dia 25
Leão	8h18 do dia 14	**Aquário**	15h37 do dia 27

Março

Peixes	17h55 do dia 1º	**Libra**	8h27 do dia 18
Áries	21h54 do dia 3	**Escorpião**	12h46 do dia 20
Touro	5h01 do dia 6	**Sagitário**	16h00 do dia 22
Gêmeos	15h41 do dia 8	**Capricórnio**	18h55 do dia 24
Câncer	4h25 do dia 11	**Aquário**	21h56 do dia 26
Leão	16h33 do dia 13	**Peixes**	1h33 do dia 29
Virgem	2h00 do dia 16	**Áries**	6h32 do dia 31

Abril

Touro	13h51 do dia 2	**Sagitário**	23h18 do dia 18
Gêmeos	0h05 do dia 5	**Capricórnio**	0h53 do dia 21
Câncer	12h31 do dia 7	**Aquário**	3h18 do dia 23
Leão	1h01 do dia 10	**Peixes**	7h16 do dia 25
Virgem	11h09 do dia 12	**Áries**	13h11 do dia 27
Libra	17h47 do dia 14	**Touro**	21h20 do dia 29
Escorpião	21h24 do dia 16		

Maio

Gêmeos	7h48 do dia 2	**Capricórnio**	9h03 do dia 18
Câncer	20h06 do dia 4	**Aquário**	9h54 do dia 20
Leão	8h51 do dia 7	**Peixes**	12h51 do dia 22
Virgem	19h54 do dia 9	**Áries**	18h41 do dia 24
Libra	3h36 do dia 12	**Touro**	3h24 do dia 27
Escorpião	7h35 do dia 14	**Gêmeos**	14h24 do dia 29
Sagitário	8h52 do dia 16		

Junho

Câncer	2h50 do dia 1º	Aquário	18h45 do dia 16
Leão	15h39 do dia 3	Peixes	20h02 do dia 18
Virgem	3h23 do dia 6	Áries	0h38 do dia 21
Libra	12h24 do dia 8	Touro	8h59 do dia 23
Escorpião	17h42 do dia 10	Gêmeos	20h14 do dia 25
Sagitário	19h33 do dia 12	Câncer	8h55 do dia 28
Capricórnio	19h15 do dia 14	Leão	21h41 do dia 30

Julho

Virgem	9h32 do dia 3	Áries	8h19 do dia 18
Libra	19h26 do dia 5	Touro	15h24 do dia 20
Escorpião	2h16 do dia 8	Gêmeos	2h12 do dia 23
Sagitário	5h35 do dia 10	Câncer	14h55 do dia 25
Capricórnio	6h02 do dia 12	Leão	3h37 do dia 28
Aquário	5h14 do dia 14	Virgem	15h12 do dia 30
Peixes	5h19 do dia 16		

Agosto

Libra	1h07 do dia 2	Touro	23h23 do dia 16
Escorpião	8h48 do dia 4	Gêmeos	9h07 do dia 19
Sagitário	13h40 do dia 6	Câncer	21h30 do dia 21
Capricórnio	15h40 do dia 8	Leão	10h10 do dia 24
Aquário	15h46 do dia 10	Virgem	21h26 do dia 26
Peixes	15h45 do dia 12	Libra	6h46 do dia 29
Áries	17h44 do dia 14	Escorpião	14h12 do dia 31

Setembro

Sagitário	19h41 do dia 2	**Câncer**	5h00 do dia 18
Capricórnio	23h04 do dia 4	**Leão**	17h39 do dia 20
Aquário	0h42 do dia 7	**Virgem**	4h55 do dia 23
Peixes	1h43 do dia 9	**Libra**	13h44 do dia 25
Áries	3h48 do dia 11	**Escorpião**	20h16 do dia 27
Touro	8h40 do dia 13	**Sagitário**	1h05 do dia 30
Gêmeos	17h17 do dia 15		

Outubro

Capricórnio	4h39 do dia 2	**Leão**	1h46 do dia 18
Aquário	7h22 do dia 4	**Virgem**	13h27 do dia 20
Peixes	9h48 do dia 6	**Libra**	22h25 do dia 22
Áries	12h58 do dia 8	**Escorpião**	4h20 do dia 25
Touro	18h05 do dia 10	**Sagitário**	7h56 do dia 27
Gêmeos	2h09 do dia 13	**Capricórnio**	10h23 do dia 29
Câncer	13h12 do dia 15	**Aquário**	12h44 do dia 31

Novembro

Peixes	15h48 do dia 2	**Libra**	7h59 do dia 19
Áries	20h08 do dia 4	**Escorpião**	14h17 do dia 21
Touro	2h16 do dia 7	**Sagitário**	17h17 do dia 23
Gêmeos	10h38 do dia 9	**Capricórnio**	18h19 do dia 25
Câncer	21h23 do dia 11	**Aquário**	19h08 do dia 27
Leão	9h49 do dia 14	**Peixes**	21h16 do dia 29
Virgem	22h05 do dia 16		

Dezembro

Áries	1h42 do dia 2	**Escorpião**	0h32 do dia 19
Touro	8h39 do dia 4	**Sagitário**	4h14 do dia 21
Gêmeos	17h50 do dia 6	**Capricórnio**	4h51 do dia 23
Câncer	4h50 do dia 9	**Aquário**	4h15 do dia 25
Leão	17h10 do dia 11	**Peixes**	4h35 do dia 27
Virgem	5h47 do dia 14	**Áries**	7h37 do dia 29
Libra	16h50 do dia 16	**Touro**	14h10 do dia 31

PREVISÕES PARA 2022
SEGUNDO A NUMEROLOGIA

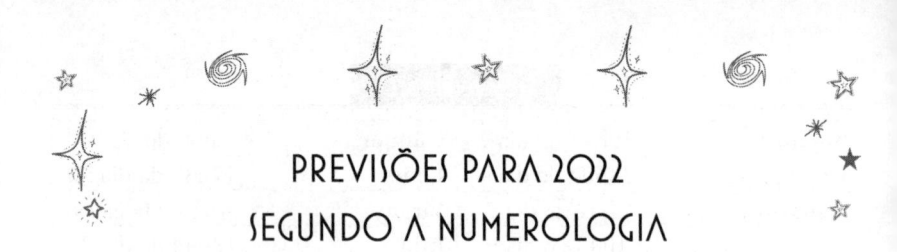

O número regente de 2022 é o 2, número propício aos negócios e ao lucro. Em 2022, aprenda com os erros do passado, para que tenha sucesso em seus empreendimentos, pois nem tudo será um mar de rosas. Assim como este ano tende a um crescimento financeiro favorável, pode também pender para uma derrocada. Seja bastante prudente com suas finanças e espere o período adequado, de grande crescimento pessoal e profissional.

Neste ano, devemos exercitar a paciência e aproveitar o tempo para aumentar nossos conhecimentos. Reveja velhas amizades, dedique-se a amar aqueles que dependem de você. Só tenha cuidado com o excesso de sensibilidade. Evite tomar decisões importantes sozinho; não leve tudo para o lado pessoal.

☆ **Janeiro:** Evite dispersar suas energias em várias direções. O sucesso vai depender do seu grau de comprometimento e de sua criatividade. Cuide, todavia, das tarefas cotidianas e assistirá a bons resultados. Seu círculo de amizades estará em alta; logo, as reuniões sociais podem promovê-lo e gerar parcerias em projetos. Tente expandir sua mente ouvindo a opinião dos outros e enfrente os obstáculos com bastante sobriedade. Evite o desgaste físico, pois sua energia mental é maior que a física. Não permita que as emoções assumam o controle e, sobretudo, seja flexível em suas decisões. Gaste uma parte do tempo praticando atividades ao ar livre.

☆ **Fevereiro:** Cultive a paciência. Evite se alimentar na rua, pois seu organismo estará sujeito a viroses. Procure um pouco mais de praticidade, pois as coisas podem se tornar confusas. Os compromissos vão mantê-lo ocupado; logo, evite trabalho extra para não se desgastar. Como neste mês existe a possibilidade de uma decepção, tenha foco e não desanime, já que problemas sempre vão surgir, o que muda é a forma de se lidar com eles... Prossiga com os negócios cotidianos, sem esmorecer perante os obstáculos nem perder o senso de humor. Confie, pois haverá possibilidades de melhorar sua condição financeira.

☆ **Março:** Cuide das questões práticas do cotidiano, mesmo que não esteja disposto ou que elas pareçam inapropriadas. Viagens e mudanças serão um ponto alto deste período, durante o qual surgirão oportunidades de quebra de rotina. Evite descarregar sua frustração sobre outra pessoa, pois, como em toda mudança de rotina, existirão momentos de euforia, entusiasmo, depressão e tristeza. Convém passar a maior parte do tempo desse período acompanhado de conhecidos e amigos, evitando o ostracismo. Deixe de lado os pensamentos de caráter negativo, aproveitando as oportunidades e agindo sempre com a razão. Cuidado com os excessos.

☆ **Abril:** Convém atentar ao convívio familiar, pois podem aparecer problemas nesse contexto que somente sua atenção poderá solucionar. Mantenha sempre a paz, a prosperidade e a serenidade entre familiares e nos relacionamentos. Fase propícia para reajustar planos econômicos e fiscais, mas tenha o cuidado de resolvê-los à medida que forem surgindo, para que não acumulem e o sobrecarreguem. Seja prestativo e generoso para com o próximo, pois tudo o que se planta se colhe. Liberte-se daquilo que ainda o mantém preso ao passado para colher os frutos de um futuro promissor.

☆ **Maio:** Não deixe seus projetos em segundo plano. A ânsia de ajudar os outros pode atrapalhar os planos futuros, portanto, deixe que as pessoas caminhem com as próprias pernas. Você pode ajudar, mas com bastante responsabilidade. Tente também não se impor com teimosia, esperando um resultado imediato. É tempo de não forçar decisões, e, embora alguns problemas possam causar confusão, procure alguém de fora e ouça sua opinião. Use e abuse da criatividade; planeje e faça algo diferente, evitando cair na rotina. Tenha também especial cuidado com sua saúde e a dos familiares. É um momento de introspecção que será muito válido para analisar sua maneira de agir.

☆ **Junho:** Mês de autorreflexão... desta vez, no âmbito profissional. Pense e analise suas ideias antes de colocá-las em prática, sem forçar decisões de natureza profissional ou financeira. A avaliação correta de seus problemas vai lhe trazer um julgamento mais preciso. Com a ajuda de outras pessoas, sua condição financeira tende a melhorar, e as atividades sociais e os relacionamentos estarão em alta. Cuidado, no entanto, com a extravagância... Gastos exagerados, nem pensar! Caso tenha uma entrada inesperada de dinheiro, conte com os conselhos de um especialista na área das finanças para melhor orientação. Pratique atividades físicas e mantenha uma dieta equilibrada.

Julho: Quem vive de passado é poeta! Procure se desvencilhar do passado e conter o excesso de sensibilidade, evitando tomar decisões baseadas apenas em emoções; só assim você terá serenidade suficiente para finalizar um projeto, ou começar (ou terminar) um relacionamento. Se conseguir resolver todos os problemas pendentes, sobrará tempo para o lazer e para planejar o futuro. Observe sempre o lado positivo das coisas e participe de atividades que exijam seu melhor. Não negue conselhos nem um ombro amigo, pois surgirão questões que só serão resolvidas com carinho e cumplicidade; contudo, não se esqueça do seu lado prático. Evite ficar desgastado ao fazer absolutamente tudo; delegue as responsabilidades, use o bom senso nas decisões e cultive a tranquilidade.

Agosto: Mês propício à autossuficiência! Evite depender da opinião ou da ajuda alheia para resolver problemas; aja sozinho! Expanda sua mente com algum tipo de estudo ou leitura, pois o conhecimento, além de amor e compreensão, serão suas melhores armas para o período. Volte-se para o futuro e para novos começos; crie possibilidades. Contorne os obstáculos em vez de deixar que eles o detenham. Não permita que o novo ou o inesperado lhe causem nervosismo, ansiedade ou dúvidas. Pare de querer que tudo ocorra exatamente como o planejado. Inicie todos os seus projetos com uma dose extra de energia nem que seja independente ou sozinho e verá que muitas vezes a solução dos seus problemas dependerá exclusivamente de você mesmo.

Setembro: Neste mês, amigos e familiares desempenharão um papel importante. Mantenha a serenidade e a paz de espírito, pois ninguém vai aliviar sua carga nem a pressão que porventura irá sofrer. Cuide para que ninguém venha a influenciar seus planos. Afaste-se de gente pessimista e busque a companhia de pessoas joviais; evite a mesmice! Com cooperação, paciência e positividade, seus problemas serão de fácil solução.

Tente não comprometer demais seu tempo com questões familiares ou profissionais; confie em seu poder intuitivo e exercite o companheirismo. Uma ida à praia ou a um parque poderá renovar suas energias.

☆ **Outubro:** Mês de extrema insatisfação. Atrasos nos projetos e pequenos aborrecimentos vão gerar bastante frustração, requerendo atenção especial e preocupação com o futuro. Valerá toda forma de agir e pensar para melhorar seu estado interior e, em decorrência, sua vida. Devido ao grande estresse, sua vitalidade estará em baixa; convém cuidar muito bem da mente, da alimentação e do espírito. Enfrente de cabeça erguida as questões práticas que vierem e evite o excesso de confiança. Resolva os problemas que forem surgindo somente quando tiver certeza do que está fazendo. Sinta-se bem consigo mesmo, cuidando da aparência e da forma física. Tente manter a mente aberta a diferentes pontos de vista, analisando as possibilidades que vão despontar.

☆ **Novembro:** Neste mês o foco será a criatividade e o entusiasmo, mas você deve evitar palavras impulsivas para não se arrepender depois. Tampouco deixe para amanhã o que pode ser feito hoje... responsabilidade acima de tudo. Mantenha o foco em estratégias para economizar, pois você poderá gastar mais do que ganha. Seja objetivo ao lidar com suas emoções e frustrações, tentando sempre manter o bom senso. Cuidado para não dar prioridade à necessidade alheia; porém, de forma equilibrada, você poderá participar de atividades sociais com a família ou amigos, que o farão se sentir mais aliviado. Cuide bem do corpo e procure dormir um pouco mais.

☆ **Dezembro:** As palavras-chave deste mês são economia e praticidade. Por ser uma época de festas e comemorações, as despesas tendem a aumentar. Pode haver mudanças significativas em seu padrão de vida se não agir com cautela. Cuidado com acidentes domésticos; cultive a calma e evite esportes radicais. Como se trata também de um mês de intensa agitação pessoal e emocional, você deve cuidar bem de sua saúde. Novas amizades se formarão e muitos dos seus planos tomarão outros rumos. Evite a todo custo situações desnecessárias de estresse. Período propício às relações familiares e ao convívio com seu círculo de amizades. Faça de 2023 um ano melhor, cuidando da família e dos amigos, e não se desespere... 2022 foi um ano feliz!

MERCÚRIO E AS PREVISÕES DOS SIGNOS PARA 2022

por Maria Talismã, via @astroloucamente

O ano de 2022 será regido pelo planeta Mercúrio. Na Astrologia, esse é o planeta responsável por nossos pensamentos, pela forma como falamos, pelo modo como interagimos com outras pessoas, pela maneira como escrevemos, indicando ainda nossas habilidades de aprendizado. Além de tudo isso, Mercúrio também tem seu lado sombrio. É o planeta responsável, por exemplo, pela vontade de fofocar e por aquele humor ácido que provoca polêmicas. Sabe as intrigas provocadas por nossos desafetos? E as indiretas mencionadas nas redes sociais? E aquela lábia boa para enrolar os contatinhos? Pois bem, é Mercúrio que influencia e comanda também esse nosso lado venenoso!

ÁRIES

Mercúrio mandou avisar que, se você deseja um ano tranquilo, será importante controlar sua impulsividade. Sabemos que você é sincero até demais, e a vontade de sair pelo mundo jogando as verdades na cara dos outros faz parte do seu jeitinho. Apesar de ser grosseiro de vez "em sempre", não podemos negar quanto você é honesto. Sua honestidade vai ser a razão de coisas maravilhosas acontecerem para você! Eu sei que a paciência ficou no útero da sua mãe, mas em 2022 para alcançar suas metas será preciso respirar fundo e contar até 10, ou talvez até 1000. Esse será um ano incrível para sua carreira; aposte, e não tenha medo de ousar. A vida amorosa terá boas surpresas, caso esteja solteiro. O difícil vai ser você não enjoar do *crush* (mas Deus te ajuda nessa missão).

TOURO

No novo ano que se inicia, Mercúrio vai deixar você ainda mais teimosinho. Será difícil mudar de ideia quando tomar uma decisão. Você estará mais atento, e seu lado FBI vai gritar mais alto. É com esse comportamento que tomará as melhores decisões para seu crescimento pessoal e profissional. Para conquistar todos os seus planos, será preciso abandonar de vez a procrastinação. O novo ano será decisivo para conseguir o que deseja (e eu não estou falando apenas de comida e dinheiro, o.k.?). Para os que têm um par, a vida a dois tende a estar mais fortalecida. Caso esteja solteiro, que tal iniciar um romance? Só tome cuidado com os rostinhos bonitos (nem tudo o que reluz é ouro!).

GÊMEOS

O ano de 2022 será regido por Mercúrio, que também rege seu signo. Já sabe que não vão faltar novidades na sua vida, né? Aposte em sua lábia para conseguir o que deseja. É importante refletir antes de tomar decisões e, sobretudo, é preciso segurar a língua solta. Então, filtre melhor as informações e não confie em qualquer pessoa. Para os comprometidos, novidades serão importantes para apimentar a relação. Já para os solteiros, especialmente aqueles que estão vivendo uma amizade-colorida, há grandes chances de transformar o rolo em relacionamento sério. Se você pode enjoar do *crush*? Isso só o tempo dirá.

CÂNCER

Mercúrio vem para alegrar sua vida, mas é importante fazer sua parte. Use a intuição para guiá-lo nos momentos de dúvida. Além disso, não alimente paranoias. Procure concentrar sua mente em coisas boas e liberte-se do rancor. Que tal começar o novo ano jogando no lixo todos os caderninhos do rancor? Deixe de lado a "sofrência à Maria do Bairro" e coloque para fora o lado Paola Bracho, cheio de garra e bom humor, que existe em você. Não desanime, mas, se bater uma *bad*... saiba que o mundo ainda tem muitas voltas para dar e que tudo pode mudar.

LEÃO

Ao longo de 2022, Mercúrio estará em alta no seu signo. Procure agir sem impulsividade, já que você não costuma pensar muito antes de tomar uma decisão. Priorizando seu bem-estar, o sucesso estará garantido ao longo do ano todo. Tente ver as coisas como realmente são, e não como gostaria que fossem, sem deixar, também, que seu orgulho o afaste de pessoas especiais. Este será um ano em que a vida amorosa passará por muitas novidades. Você nasceu para ser protagonista, por isso jamais aceite ser figurante na vida de alguém – afinal, meu amor, você nasceu para brilhar! Se estiver solteiro, mantenha os pés no chão e controle suas expectativas.

VIRGEM

Mercúrio deixou claro que este é um ano excelente para você colocar em prática antigos sonhos e projetos, usando sua inteligência. Pegue leve nas críticas e segure a língua. Não permita que nada nem ninguém o coloque para baixo. Pode pegar já a vassoura e os produtos de limpeza para começar a fazer uma faxina em todas as paranoias que rondam sua mente. Na vida amorosa, caso esteja vivendo um relacionamento, fique de olhos bem abertos para uma novidade que tem tudo para animar o casal. Caso esteja solteiro, será um ano propício para conhecer gente nova. Virão muitos *crushes* novos para conquistar. Saiba aproveitar!

LIBRA

Mercúrio vai fazer de tudo para lhe dar mais equilíbrio em 2022. Apesar da fama de "equilibrado do Zodíaco", você, melhor do que ninguém, sabe que essa é uma missão quase impossível. Aproveite a oportunidade e não se preocupe com a opinião alheia (a sua é bem mais importante). Não tenha medo de arriscar e muito menos de dizer NÃO. O "não" é uma palavrinha pequena que pode ajudar você a resolver grandes problemas. A vida sentimental dispensa comentários: os que estão em um relacionamento terão a oportunidade de fortalecer o vínculo com inovações apimentadas. Já para os solteiros, a vida estará do jeitinho que eles gostam: contatinhos para dar e vender!

ESCORPIÃO

Em 2022, sob a influência de Mercúrio, você vai ficar ainda mais atento e com a mente aguçada. É bom lembrar que seu lado Sherlock Holmes, em conjunto com seu "FBI Interior", estarão mais fortalecidos. Mas tenha cuidado com as paranoias, que poderão deixá-lo com os nervos à flor da pele. Além disso, os pensamentos impuros podem torná-lo ainda mais fogoso. Use sua inteligência e determinação para alcançar novos rumos na vida. Sua intuição estará em alta, e você deverá ouvi-la para saber em quem confiar. O amor estará bem agitado em 2022. Aqueles que estão em um relacionamento sério passarão por testes rigorosos que colocarão o amor à prova. Os solteiros estarão em chamas.

SAGITÁRIO

Neste ano de 2022, Mercúrio o fará se sentir ainda mais à vontade para falar o que pensa. Isso tem um lado bom, afinal, não existe nada melhor que a verdade, mas, quando se é sagitariano, isso pode se tornar um perigo. Sua língua afiada pode meter você em apuros, portanto, faça uma forcinha e pense antes de cometer um "sincericídio". Controle o entusiasmo para não criar expectativas elevadas a respeito de tudo e de todos. No amor, você estará em busca de aproveitar ainda mais sua liberdade e solteirice; só tenha cuidado com as amizades-coloridas... pois você poderá se apaixonar de verdade e depois quebrar a cara.

CAPRICÓRNIO

Mercúrio, neste ano que se inicia, vai fazer você ver a vida de um jeito mais prático (bem mais do que costuma ver). E por isso, meu querido capricorniano, tente ser mais positivo e comece se libertando dos pensamentos negativos ao longo dos meses. São esses pensamentos que o acabam levando para o fundo do poço. Sua capacidade de negociação estará em alta, o que vai trazer fartura, afinal, você segue à risca a letra da música: *"money* no bolso, é tudo que eu quero". Caso esteja em um relacionamento sério, procure ser mais caloroso e demonstre seu afeto. Para os solteiros, é tempo de curtir e conhecer gente nova. Evite ter ciúmes de quem não pertence a você.

AQUÁRIO

O ano regido por Mercúrio vai ser essencial em sua vida. Todos sabemos que você é conhecido por pensar fora da caixa e continuará agindo assim. Então, 2022 pede que você aposte em suas ideias mais loucas e criativas. Concentre-se! Controle sua ansiedade em sair contando aos outros seus planos pessoais. Busque fazer as coisas em silêncio e permita que o sucesso faça barulho. Se estiver solteiro, aproveite para derreter seu lado Frozen e invista na paquera. O momento é propício para conhecer novas pessoas e quem sabe iniciar um romance. Não tenha medo do amor, pois ele não morde.

PEIXES

Mercúrio em 2022 promete novidades positivas, mas será preciso um pouco de amadurecimento da sua parte. Sua mente é criativa e repleta de imaginação, mas às vezes acaba criando situações que não existem. E o desfecho a gente já sabe, né? Mais um papel de trouxa para sua coleção. Na vida sentimental, se estiver namorando, aproveite e se jogue sem pensar duas vezes. Caso esteja solteiro, cuidado com os embustes de plantão. Você, melhor do que ninguém, sabe que já comeu o pão que o diabo amassou nas mãos de certas pessoas... Chegou o momento de reinventar a receita desse pão e deixá-lo mais saboroso ao seu coração.

PREVISÕES DO TARÔ DOS ANJOS PARA OS SIGNOS EM 2022

A cada ano, ciclos e experiências nos convidam a fazer mudanças internas e externas: novas estradas, novos trajetos, novos sonhos. Os anjos nos acompanham nessas travessias e nos amparam, muitas vezes indicando o melhor caminho ou nos salvando de perigos e desertos da alma. Com certeza nunca estamos sozinhos e devemos seguir em frente para cumprir nosso destino e cocriar o futuro na companhia de todos os anjos que moram dentro de nós.

Com a chegada de 2022, teremos muitos desafios e estradas para percorrer, mas também bênçãos e alegrias para vivenciar. Com o auxílio do Tarô dos Anjos, vamos descobrir qual é a mensagem que os anjos revelam para cada signo.

Áries – A Temperança

Em 2022, o *Anjo do Perdão* vai reger seu signo, trazendo um lembrete importante: "neste ano, você precisará agir com moderação, mas sempre confiando em si mesmo e no fluxo natural da vida e do universo". Só não espere que grandes mudanças aconteçam rapidamente. Evite a ansiedade, pois este será um ano que vai exigir mais tranquilidade, paz e aconchego, e, por meio dessa serenidade e paciência, haverá a superação das dificuldades.

Touro – A Imperatriz

O *Anjo da Prosperidade* vai acompanhá-lo em 2022, anunciando êxito, criatividade e realizações. Muitos objetivos serão alcançados, trazendo-lhe equilíbrio e expansão no mundo material e financeiro. Período favorável para promoções no trabalho, bons lucros e colher os frutos do seu trabalho num futuro próximo. É preciso buscar a espiritualidade como fonte de renovação e abundância. Este arcano anuncia um ano de progresso e concretizações, mas fique atento e evite exageros; não gaste dinheiro com aquilo que não tem utilidade.

Gêmeos – O Eremita

Em 2022, o *Anjo do Tempo* seguirá com você para guiá-lo e auxiliá-lo em todas as caminhadas. Será preciso ter calma e muita paciência antes de agir, favorecendo cursos superiores, especializações ou qualquer outro tipo de aprofundamento de questões mais amplas. Para conseguir resultados benéficos e positivos, confie sempre em prazos mais longos. Seja paciente na resolução de problemas, pois a impulsividade e a pressa não o ajudarão; aposte na observação, em estratégias e planejamento para conquistar o que deseja.

Câncer – O Papa

O *Anjo da Sabedoria* estará ao seu lado, trazendo iluminação e abrindo portais sagrados para guiar seus caminhos em 2022. Aproveite este ano para ouvir sua voz interior, mantendo a fé acima de todas as coisas. Tudo o que você deseja alcançar poderá levar mais tempo para se realizar, mas não desista de seus objetivos. Este arcano mostra que em 2022 será necessário pensar melhor no que acredita, exigindo uma postura mais organizada diante das resoluções do dia a dia. Se se dispuser a colocar as coisas nos devidos lugares, será mais fácil respirar e seguir em frente. Associações e parcerias poderão acontecer, tanto no amor como na vida profissional. Não deixe de lado oportunidades com relação a estudos e aprendizados de forma geral.

Leão – A Justiça

O *Anjo do Equilíbrio* vai acompanhá-lo, trazendo-lhe verdade, autoconfiança, harmonia e ganhos materiais. A mensagem do arcano da Justiça para este ano é que será fundamental optar sempre pela verdade e pelas boas intenções, sejam elas em relação a si mesmo ou a outras pessoas, já que se trata de uma fase regida por energias da lei de causa e efeito, de ação e reação. Em 2022, evite atitudes extremistas ou impulsivas, e muito cuidado com o que diz e escuta ao seu redor. O equilíbrio divino e o poder interior serão essenciais para você obter êxito e vitória em suas conquistas.

Virgem – A Lua

Neste ano, o *Anjo da Intuição* lhe apresentará alguns mistérios, e você deverá desvendá-los usando sua percepção interior e a observação atenta de todos os detalhes. Em alguns momentos, não terá certeza de qual caminho escolher ou sentir falta de segurança interior para prosseguir. Será um bom período para promover mudanças de local de trabalho ou de casa, ou planejar viagens, mas não espere por estabilidade. Nas relações não se deixe levar pelas emoções ou primeiras impressões. Definitivamente, em 2022 você será convidado a olhar e vigiar as profundezas do seu mundo interior para superar medos e aflições.

Libra – O Diabo

Este será um ano regido pelo *Anjo do Desejo*, que traz consigo a mensagem de cautela com as tentações que poderão desviá-lo para propósitos diferentes, que não serão bons para seu destino. Nesse período, seus desejos poderão estar mais aflorados e intensos, mas tente manter o equilíbrio emocional para não cometer nenhum tipo de excesso. Mas lembre-se de não mergulhar nesses desejos, e deixar de lado outras áreas da vida que também pedirão atenção e cuidado. Procure não comentar fatos de sua vida, seus sonhos ou planos com ninguém.

Escorpião – O Sol

O *Anjo da Consciência* vai acompanhá-lo, anunciando um ano de claridade, progresso, uniões favoráveis e boas notícias. Ele traz a promessa de prosperidade, sucesso e equilíbrio entre a mente e o espírito, evidenciando o amor e o encontro afetivo que todos sonham em encontrar: romances, namoros e até casamento. Em 2022, saiba aproveitar essa luminosidade para projetar no universo tudo o que você deseja de fato em seu coração. Novos caminhos vão se abrir, e o sucesso será garantido. Espalhe sua luz pessoal e ame-se verdadeiramente, deixando fluir o melhor de si para o mundo.

Sagitário – O Imperador

O *Anjo do Poder* estará com você em 2022, trazendo um ano de estabilidade, realizações e responsabilidades em diferentes aspectos da vida. Neste ciclo, você terá de se esforçar mais para conseguir atingir suas metas e objetivos, dedicando a eles muito trabalho e perseverança. O arcano do poder e da construção pede que você deixe o ceticismo de lado e acredite mais na força espiritual e na proteção divina, pois apenas por meio da dedicação e do trabalho espiritual você poderá estruturar sua vida e triunfar no próprio reino de conquistas e realizações.

Capricórnio – O Mundo

Em 2022, o *Anjo da Vitória* vibrará na sua vida, e, como esta é uma carta de realizações, mostra que seus esforços não serão em vão, e que o universo vai responder positivamente aos seus desejos. Mudanças muito significativas poderão ocorrer, e tudo o que foi plantado, amadurecido e assimilado trará suas recompensas agora. O arcano das realizações nos lembra ainda de que é necessário gratidão para alcançar a plenitude interior. Compartilhe seus ganhos e celebre a vida, mas nunca se esqueça de que ao chegar ao final de um ciclo não devemos nos acomodar, e sim partir para novas viagens e descobertas.

Aquário – O Louco

Este é o *Anjo da Ousadia*, e você viverá um ano de muitas possibilidades. Nenhuma experiência, nenhum projeto deve ser descartado ou deixado de lado, porque esta carta confere proteção aos desafios. Em 2022, tenha a coragem de assumir riscos e seguir em frente, mesmo não sabendo para onde essa escolha o levará. Tenha a certeza de que se tropeçar ou até cair no meio do caminho logo se levantará e continuará seu rumo. Preste muita atenção para não ser impulsivo ou extremista com nada nem ninguém e controle a ansiedade para não tomar decisões que lhe tragam arrependimentos.

Peixes – A Força

Em 2022, o *Anjo da Permanência* trará vitalidade, persistência, perseverança, força e vitória aos piscianos. Será um ciclo positivo para combater as adversidades, sem permitir que qualquer energia negativa o desvie do caminho escolhido. Este arcano transmite energia positiva e construtiva, motivação e sucesso, mas traz também a necessidade de usar a coragem, a garra e a determinação para realizar objetivos e metas. Aproveite e tome as rédeas de sua vida, e todo o seu esforço trará colheitas significativas em um futuro próximo. Cuidado com a teimosia e a inflexibilidade; domine seus instintos e procure direcionar sua força para tudo o que for belo, positivo e construtivo.

ANDRÉ MANTOVANNI é astrólogo, tarólogo, terapeuta na abordagem junguiana e autor do livro *Tarô dos Anjos*, Ed. Pensamento.
www.andremantovanni.com.br
instagram: @andremantovanni

O TARÔ DO ZODÍACO

O que o oráculo prevê, aconselha e revela sobre amor, vida profissional e espiritualidade para cada signo em 2022

Por Leo Chioda

O Tarô é um oráculo de 78 cartas divididas em dois grupos: os Arcanos Maiores, que trazem imagens arquetípicas importantes da jornada do ser humano, e os Arcanos Menores, que mostram situações cotidianas, sensações, sentimentos e pessoas que cruzam nosso caminho. Embaralhadas e sorteadas com atenção e intenção, essas cartas revelam o que tende a acontecer em determinados contextos. Sendo assim, levando em conta que o Tarô dialoga muito bem com a Astrologia, sorteamos doze Arcanos Maiores, um para cada signo, com a participação direta do Grupo Pensamento. Localize o seu signo e confira as principais tendências para este ano. Releia o texto ao menos uma vez por mês para viver cada experiência com sabedoria, aprender com os desafios e realizar seus propósitos em 2022.

ÁRIES

11 A Força – magnetismo, obstinação, controle
Se você é de Áries, 2022 é o ano propício para controlar • atrair • persuadir

AMOR ➤ Se você estiver em um relacionamento afetivo, a tendência é preservar e tornar cada vez melhor a convivência. Mas cuidado com qualquer postura de teimosia que possa estremecer a relação. Se você busca um amor, é tempo de se manter firme em sua busca. Seu poder de sedução se mostrará se surgir alguém. Aposte em contatos que você considera promissores, mas não insista se não der certo de primeira. Deixe acontecer com naturalidade.

TRABALHO E DINHEIRO ➤ Este é o ano de vencer alguns dos seus limites. Com persistência, você perde o medo de enfrentar as feras e alcança a maestria naquilo que faz de melhor. A tendência é encantar pessoas com ideias arrojadas, muito esforço e capricho. Se procura um novo trabalho, 2022 tende a ser o ano dos mil e um afazeres. Sempre que surgir uma oportunidade, agarre-a!

ESPIRITUALIDADE ➤ Entenda que os desafios que tendem a surgir ao longo deste ano são, de fato, testes de resistência e perseverança. É tempo de honrar e agradecer pelos desafios para ir além deles. Fazer algum trabalho voluntário ou ajudar animais pode trazer mais sentido e propósito à sua vida. Você se se sentirá mais firme e cada vez mais forte espiritualmente; então, desperte seu lado místico e não tenha medo do que ainda desconhece.

TOURO

5 O Sumo Sacerdote – disciplina, fé, propósito

Se você é de Touro, 2022 é o ano propício para acreditar • compreender • ensinar

AMOR ➤ Se você está em um relacionamento, reconheça tanto o sentido quanto o valor desse vínculo afetivo. Haverá mais confiança e harmonia. E o diálogo vai fortalecer o amor. Se busca um amor, reflita sobre suas expectativas e convicções. Não pense que a pessoa perfeita vai chegar e ficar para sempre. Relações significativas são as que se constroem com o tempo, não as que você cria na imaginação. Atente aos sinais de quem demonstra interesse genuíno.

TRABALHO E DINHEIRO ➤ Faça uma revisão sincera e profunda do seu ofício, já que é tempo de questionar o valor e o sentido do seu trabalho. Mesmo havendo receio em trocar o certo pelo duvidoso, reflita sobre manter essa rotina em vez de dar um passo na direção de novos objetivos. Mas, se estiver procurando uma nova ocupação, é provável que se dê conta da sua real vocação. Atente ao que você ama fazer e explore as possibilidades.

ESPIRITUALIDADE ➤ Em 2022, você pode despertar para questões espirituais, o que tende a trazer mais sentido à sua vida. Se você busca uma filosofia de vida, é importante considerar que, ao seu redor, já existe tudo de que precisa – tanto livros quanto pessoas para orientá-lo melhor na direção do que faz sentido ao seu espírito. E, mesmo que não perceba ou acredite, você tem todo o amparo espiritual e já sabe por onde começar.

GÊMEOS

18 A Lua – medo, fascínio, ilusão
Se você é de Gêmeos, 2022 é o ano propício para perceber • enfrentar • sonhar

AMOR ➤ Se você estiver em uma relação, não alimente o receio de perder a pessoa amada ou de surgirem problemas sérios. Caso eles surjam, evite longas discussões. Valorize e preserve o amor. Se você busca um relacionamento, não deixe que as expectativas falem mais alto do que a realidade. Você tende a fantasiar relações e depois se chatear quando percebe que nada (nem ninguém) é como imaginava. Mantenha os pés no chão da razão.

TRABALHO E DINHEIRO ➤ Você tende a prosperar. Por mais temida que seja esta carta, em termos profissionais A Lua é um arcano de possibilidades e de crescimento. A estabilidade financeira vai depender do seu ritmo. Se você procura novo trabalho, atenção às posturas pessimistas. Você tende a lutar para conseguir uma boa posição, mas para vencer é preciso paciência, cautela e respeito às circunstâncias. Surgirão oportunidades.

ESPIRITUALIDADE ➤ A Lua inspira a se dedicar a assuntos esotéricos e se aprofundar em temas que tanto lhe fascinam. Mas não fique apenas no básico! Mergulhe de corpo e alma na espiritualidade e encare suas sombras e os próprios deslizes com toda a coragem. Preste atenção às palavras e energias que você emana. Estando a intuição mais aguçada, evite se envolver com quem não gosta e com quem você sente que não gosta de você.

CÂNCER

1 O Mago – impulso, encantamento, estímulo
Se você é de Câncer, 2022 é o ano propício para começar • agilizar • manifestar

AMOR ➤ Se você tiver um compromisso afetivo, passe a valorizar todo e cada momento ao lado de quem se ama. É tempo de melhorar o convívio tomando atitudes criativas e entusiasmadas para evitar o marasmo. Se não estiver em um relacionamento, é provável que surjam várias possibilidades afetivas. Ficar ou namorar com alguém pode acontecer sem tanto esforço, mas é preciso planejar e investir para que o afeto não seja fogo de palha.

TRABALHO E DINHEIRO ➤ Em 2022, você vai crescer e aparecer! Mudanças promissoras de carreira poderão acontecer se fizer valer os bons contatos e também demonstrar toda a excelência em sua profissão. Se você busca novos desafios profissionais, o período é propício a várias ocupações e atividades temporárias. Seu futuro profissional tende a ser promissor. Não esmoreça, mas não queira tudo para ontem.

ESPIRITUALIDADE ➤ 2022 tende a ser um ano oportuno para se dedicar a alguma filosofia de vida, a frequentar grupos e cursos de temas esotéricos. Os livros certos e as pessoas mais auspiciosas vão surgir para ajudar você a conhecer novos caminhos e a começar uma nova jornada. Mas não desista nem desanime diante das dificuldades. Seja lá qual for seu caminho, os primeiros passos precisam ser muito bem dados.

LEÃO

16 A Torre – rompimento, surpresa, despertar
Se você é de Leão, 2022 é o ano propício para transformar • desconstruir • libertar

AMOR ➤ Se você estiver em uma relação, dedique-se ao convívio para resolver dificuldades de comunicação. A falta de vontade desestabiliza os sentimentos. Se você busca um amor, cuidado com as convicções em relação aos outros. Achar que ninguém está à sua altura é uma erro, por pior que tenham sido algumas experiências anteriores. Limpe o terreno para então pensar em construir algo novo e melhor.

TRABALHO E DINHEIRO ➤ Faça uma revisão de seus gastos e lucros. Em vez de se desesperar com a escassez de recursos, economize mais e prepare-se para novos rumos na carreira. O que está insustentável precisa de mudança. Se você busca trabalho, o período é menos rentável do que se imagina, mas você pode chegar mais longe. Aos poucos, experimentando outros cargos ou funções, você fará uma reavaliação das perspectivas. Aceite começar do zero, se for preciso.

ESPIRITUALIDADE ➤ Atenção a qualquer postura cética em 2022. O desencanto com a vida precisa ser trocado pelo fascínio pela natureza, pelos mistérios e pelo privilégio de ser quem você é. Neste ano, algumas surpresas desagradáveis ou traumas do passado tendem a despertar em você uma revisão sincera de crenças e convicções para tornar sua caminhada mais leve, prazerosa e significativa. A vida é muito maior do que parece.

VIRGEM

2 A Sacerdotisa – silêncio, devoção, resguardo
Se você é de Virgem, 2022 é o ano propício para refletir • estudar • intuir

AMOR ➤ Se você estiver em um relacionamento, muita atenção ao tédio que pode se instalar na convivência afetiva. O marasmo vem de uma postura de acomodação, baseada na crença de que tudo será sempre da maneira como você deseja. Reveja o modo de cuidar do afeto. Se não estiver em um relacionamento, atente à resistência de se envolver emocionalmente. Você precisa se abrir mais e agir com coragem para o coração vibrar.

TRABALHO E DINHEIRO ➤ As mudanças profissionais e financeiras que você deseja dependem não só do seu esforço como também do tempo mais adequado para acontecerem. Avalie a rotina de trabalho, que, mesmo estável, não tende a apresentar por si só alterações expressivas. Se procura um novo caminho na carreira, reveja o empenho em conseguir algo melhor. É tempo de redesenhar os projetos para tirá-los do papel.

ESPIRITUALIDADE ➤ Este ano tende a ser um marco em sua vida porque pode haver um chamado espiritual. A Sacerdotisa é a carta que fala de uma intuição cada vez mais assertiva e também de um contínuo reconhecimento de que ajudar os outros é crescer e amadurecer internamente. 2022 é o ano em que você perceberá melhor as situações e as relações, e passará a tomar partido do que faz sentido à vida. Fortaleça sua fé! E confie mais em si.

LIBRA

O Louco – inspiração, desapego, liberdade
Se você é de Libra, 2022 é o ano propício para ousar • seguir • arriscar

AMOR ➤ Se você estiver em um relacionamento, dedique mais atenção ao dia a dia ao lado de quem você ama. É tempo de trazer mais sentido ao vínculo emocional. Abra-se a situações novas com quem você ama. Se você não tiver um compromisso afetivo, a liberdade tende a ser valorizada. Envolvimentos rápidos tendem a acontecer, mas qualquer vínculo emocional mais sério demandará maturidade e comprometimento.

TRABALHO E DINHEIRO ➤ Adote medidas cuidadosas com seus ganhos e gastos. Procure se dedicar a novos cursos, estudos e aprimoramentos relacionados à profissão, que poderão ajudá-lo a se situar melhor no mercado. Se procura um novo trabalho, tente abandonar a indecisão ou o receio. Não se acomode nem alegue que nenhuma oportunidade atende às suas expectativas. Uma postura de insatisfação atrasa a estabilidade financeira.

ESPIRITUALIDADE ➤ 2022 será um ano de abertura e atração por assuntos espirituais, já que você viverá momentos de inspiração e uma vontade de ir além. Mas será preciso foco e determinação para não se entediar nem se distrair pelo caminho, já que pode ocorrer perda de interesse por tudo que pareça sério. Procure um direcionamento espiritual para você perceber não só a beleza como também o sentido de sua vida. A jornada começa no primeiro passo.

ESCORPIÃO

14 A Temperança – paciência, harmonia, proteção
Se você é de Escorpião, 2022 é o ano propício para conciliar • experimentar • renovar

AMOR ➤ Se você estiver em uma relação afetiva, 2022 tende a ser um ano de harmonia, respeito, afeto e cumplicidade. Mas pode haver tédio, já que as novidades serão escassas. Não permita que a preguiça, o cansaço e o desânimo enfraqueçam o envolvimento! Se você busca um amor, veja se há sinais claros de compatibilidade quando se interessar por alguém. É provável que você conheça pessoas, mas a química precisa falar mais alto.

TRABALHO E DINHEIRO ➤ 2022 tende a ser marcado pelo tédio e pelo cansaço, mas também pela estabilidade financeira. Ainda que a rotina seja repetitiva, não tende a haver grandes problemas. Traga mais movimento à rotina de trabalho. Se busca novos desafios e oportunidades, não se desespere: o momento é de reciclar habilidades ou aprender um novo ofício, assim você ganhará maior perspectiva de mudança. Persista!

ESPIRITUALIDADE ➤ O Tarô tem um recado claro para você: 2022 é o ano em que deverá se dedicar à sua fé e prestar um serviço ao mundo, tanto mandando orações para outras pessoas quanto ajudando diretamente quem precisa. Esta carta, que representa a virtude, fala da energia das boas intenções e das boas atitudes em nome da cura, da harmonia e da bondade. Quanto mais desenvolver sua fé, mais proteção e sentido tenderá a trazer para sua vida.

SAGITÁRIO

15 O Diabo – desejo, audácia, vaidade
Se você é de Sagitário, 2022 é o ano propício para dominar • aproveitar • reagir

AMOR ➤ Se você estiver em um relacionamento, evite o egoísmo, o ciúme e a dependência emocional. Não prenda a pessoa aos seus medos e convicções. Respeite o seu amor! Se você busca um amor, pense bem antes de se envolver por impulso. É importante buscar a felicidade, mas evite criar expectativas exageradas. Se o coração bater mais forte por alguém, questione suas exigências. As pessoas não têm obrigação de ser ou de agir como você quer.

TRABALHO E DINHEIRO ➤ É provável que você demonstre mais garra, competitividade e até receba uma promoção ou um remanejamento. Há chances de crescer profissionalmente, mas não deixe que a ambição tome proporções exageradas. Se você busca uma nova realidade profissional, é questão de tempo para se estabilizar. Mantenha firmes suas qualidades e a disposição diante dos desafios. Não há mal que dure para sempre.

ESPIRITUALIDADE ➤ Se perceber que situações ruins acontecem com frequência, é bom espiritualizar-se de verdade. Em 2022, você tende a agir com descaso em relação ao lado espiritual, dando abertura à depressão, ao ceticismo e à vaidade. Reveja seus conceitos sobre fé e proteja-se de pessoas e situações duvidosas e nocivas. Quanto mais você se dedica ao autoconhecimento, mais preparo e coragem terá para enfrentar suas sombras.

CAPRICÓRNIO

20 O Julgamento – mudança, novidade, abertura
Se você é de Capricórnio, 2022 é o ano propício para renovar • compreender • aceitar

AMOR ➤ Se você estiver em uma relação afetiva, a rotina tende a exigir mais atenção devido à correria. Esforce-se para manter o vínculo amoroso em primeiro plano, renovando a rotina e fortalecendo os sentimentos com medidas mais atentas aos sentimentos. Se busca um amor, novos tempos a caminho! Aprenda a dosar expectativas e a manter uma postura otimista em relação ao futuro. Abra-se para o novo, mas sempre com os pés no chão.

TRABALHO E DINHEIRO ➤ Um ano de boas surpresas! A tendência é haver um aumento de capital e novas perspectivas profissionais, já que O Julgamento aponta um período de soluções e renovações promissoras. Demonstre abertura para ouvir opiniões e se tornar ainda melhor no que faz. Se você procura por um novo trabalho, atente à ajuda de pessoas que possam lhe trazer oportunidades.

ESPIRITUALIDADE ➤ Em 2022 pode haver uma espécie de renascimento espiritual, já que experiências significativas tendem a ocorrer: a descoberta de uma filosofia de vida, a dedicação a uma religião ou a busca de apoio e orientação das forças espirituais. Se vier a sentir que a vida não tem sentido, volte-se à espiritualidade. Rituais, oráculos e estudos esotéricos tendem a trazer inspiração e motivação para você definir ou continuar sua missão.

AQUÁRIO

3 A Imperatriz – prosperidade, beleza, criatividade
Se você é de Aquário, 2022 é o ano propício para cuidar • crescer • poder

AMOR ➤ Se você tiver um compromisso afetivo, a rotina dele tende a se manter estável, com alegria, segurança, atração, fidelidade e respeito. Será possível fazer planos para o futuro e fortalecer o senso de família. Se busca um amor, prepare-se: é provável que você encontre uma pessoa digna para compartilhar sonhos e objetivos concretos. Dedique-se seriamente a encontrar alguém à sua altura. Não aceite menos do que você merece.

TRABALHO E DINHEIRO ➤ Já que A Imperatriz é um arcano de prosperidade, ao longo do ano você tem muito a celebrar: podem haver investimentos promissores e melhorias no ambiente de trabalho. Boa parte do que foi planejado e o que você planejar neste ano tende a render frutos. Se procura uma nova realidade profissional, notícias favoráveis e oportunidades interessantes tendem a surgir em breve.

ESPIRITUALIDADE ➤ Em 2022 você verá o divino na beleza, na família e na natureza. A praticidade em relação à vida também é uma postura espiritual. Neste ano é provável que as circunstâncias cotidianas e as pessoas queridas se tornem mais importantes do que simplesmente ir a uma missa, por exemplo. Filosofias que consideram a terra e a vida material manifestações divinas podem vir a colocá-lo em contato com o Sagrado Feminino, por exemplo.

PEIXES

7 O Carro – direcionamento, avanço, aperfeiçoamento
Se você é de Peixes, 2022 é o ano propício para desenvolver • progredir • superar

AMOR ➤ Se você estiver em uma relação afetiva, esta será uma fase de criatividade e dedicação sincera à relação. Traga mais movimento à rotina e estimule momentos de descontração junto à pessoa amada. Passeios e viagens, dentro do possível, podem ser revigorantes para o amor se fortalecer. Se você busca um vínculo afetivo, é provável que encontre! Mesmo com tantos afazeres, priorize o coração para não deixar um possível namoro esfriar devido à correria.

TRABALHO E DINHEIRO ➤ Você tende a provar para colegas e concorrentes quanto é excelente naquilo que se propõe a fazer. A competitividade pode aumentar, ainda mais com a urgência de querer resolver situações ou concluir projetos, mas mantenha a calma e o foco. Este arcano prenuncia vitória e mudanças promissoras. Se você busca um novo trabalho, atente a processos de seleção e aguarde com paciência. Podem surgir oportunidades.

ESPIRITUALIDADE ➤ Você pode sentir um impulso para se dedicar a algum caminho espiritual específico, caso já não tenha um. A carta revela que este ano é providencial para direcionar sua energia à fé e a práticas espirituais recorrentes, sempre com muito foco. Não se distraia com os percalços nem se renda à pressa. Há proteção divina e motivação para alcançar seus objetivos, mas tudo no devido tempo.

LEO CHIODA é um dos principais tarólogos em atividade no Brasil. Administra o CAFÉ TAROT e é o especialista em Tarô do Personare, o maior portal brasileiro de autoconhecimento e bem-viver.
Site: www.personare.com.br/tarot.
Blog: www.cafetarot.com.br.
Instagram: @cafetarot

CALENDÁRIO AGRÍCOLA

Mônica Joseph

O calendário agrícola apresentado a seguir segue uma nova teoria astrológica a respeito do plantio e do cultivo da terra, que toma por base a passagem da Lua pelos doze signos zodiacais. Experiências feitas no Brasil e em outros países comprovaram a eficácia dessa teoria. Na verdade, trata-se de um método usado desde tempos antigos e agora resgatado.

Plantar Flores

Quando dizemos que o dia é bom para plantar flores, significa que nesse dia deve-se colocar na terra a semente da qual queremos futuramente colher flores. Por flores designamos árvores como ipês, mimosas; arbustos, como azáleas, roseiras; ou mesmo flores, como bocas-de-leão, amores-perfeitos, cravos etc. Além disso, existem as flores de horta, tais como a couve-flor, o brócolis e a alcachofra.

Plantar Folhas

Quando dizemos que o dia é bom para plantar folhas, significa que nesse dia deve-se colocar na terra a semente da qual queremos futuramente colher as folhas ou obter folhagens bonitas, como é o caso dos fícus-benjamim, ou das samambaias e avencas, do chá e dos legumes de folhas: alface, almeirão, rúcula, agrião etc.

Plantar Frutas

Quando dizemos que o dia é bom para plantar frutas, estamos nos referindo a todas as plantas que produzem frutos, sejam elas árvores, arbustos ou legumes. É o caso das mangueiras, das castanheiras, das bananeiras, dos limoeiros etc., ou de arbustos como o marmeleiro. Estamos nos referindo também aos frutos de horta, que são os legumes de frutos, ou seja, a berinjela, o tomate, o jiló etc. Os grãos e as sementes – como arroz, feijão, milho – estão incluídos nesse item.

Plantar Raízes

Quando falamos de raízes, nos referimos somente a plantas como a cenoura, a mandioca, o nabo e a beterraba. As cebolas são classificadas como bulbos.

Colheitas

Para as colheitas, o princípio é o mesmo. Há dias em que é melhor colher para reprodução, o que muitas vezes requer um especialista no assunto. O agricultor, sempre que possível, deve usar sementes de outra procedência, e não as suas próprias.

Colheita de Frutos

É preferível colher os frutos e armazená-los, pois assim eles não amadurecerão tão depressa, ficarão protegidos de bichos e não apodrecerão precocemente. Após algum tempo, poderão ser manipulados, industrializados e exportados.

Colheita, Transplantes e Limpeza

As colheitas devem ser feitas sempre em tempo seco. Para transplantes, a melhor Lua é a Minguante, quando toda a força da planta encontra-se na raiz, e ela aceita nova terra e líquido para abastecer seu caule e suas folhas. Limpeza e adubagem de canteiros, de hortas, de pomares e de jardins devem ser feitas durante a Lua Nova.

ATENÇÃO: As sugestões a seguir, indicando a melhor época para determinadas atividades agrícolas, não excluem as outras atividades. Para mais informações sobre o dia e horário do início de cada fase da Lua, favor consultar Fenômenos Naturais na p. 175.

AGRICULTURA E PECUÁRIA

Janeiro 2022	Até o dia 8 de janeiro	Lua Nova
	Até o dia 16 de janeiro	Lua Crescente
	Até o dia 24 de janeiro	Lua Cheia
	Até o dia 31 de janeiro	Lua Minguante

Dias 1º, 2 e 3 ➤ Ótimos para plantar brócolis, alcachofra, louro, manjericão, alecrim e ervas medicinais como erva-cidreira, erva-doce e camomila.

Dias 4 e 5 ➤ Ótimos para plantar folhagens ornamentais e floríferas arbustivas, rasteiras, trepadeiras ou arbóreas.

Dias 6 e 7 ➤ Bons para plantar cevada, feijão, arroz, milho, pimenta-do-reino e cana-de-açúcar, bem como frutíferas arbóreas e arbustivas.

Dias 8 e 9 ➤ Bons para continuar a plantar cana-de-açúcar, e flores de cores intensas.

Dias 10, 11 e 12 ➤ Bons para semear pastos e gramados, bem como preparar terrenos para futuros plantios limpando os canteiros.

Dias 13, 14 e 15 ➤ Bons para plantar tomates, berinjela, pepino, vagens, ervilhas e jiló.

Dias 16 e 17 ➤ Ótimos para plantar pitangueiras, marmeleiros, laranjeiras, goiabeiras, jabuticabeiras, limoeiros, mangueiras e bananeiras.

Dias 18 e 19 ➤ Bons para colher para reprodução milho, pimenta-do-reino, arroz, feijão, mandioca, beterraba, cenoura, amendoim, batatas inglesa e doce, cará, inhame, alho e cebola.

Dias 20, 21 e 22 ➤ Bons para plantar alcachofra, brócolis, couve-flor, bem como bulbos de floríferas.

Dias 23 e 24 ➤ Ótimos para plantar brócolis, couve-flor, ananás e abacaxi.

Dias 25 e 26 ➤ Ótimos para plantar folhas para salada e folhagens ornamentais e colher cana-de-açúcar.

Dias 27 e 28 ➤ Bons para plantar temperos de folhas como salsinha, cebolinha, manjericão, manjerona, sálvia, hortelã e alecrim, ervas medicinais, como erva-cidreira, erva-doce e camomila.

Dias 29, 30 e 31 ➤ Ótimos para plantar e semear flores ornamentais e comestíveis como brócolis, couve-flor e abacaxi, bem como alho e cebola.

Galinhas: Ponha-as para chocar nos dias 26, 27, 28, 29 e 30.

Pescaria: De 15 a 22, boa no mar, e de 25 a 29, boa em rios e lagos.

Castrar animais: Nos dias 27, 28 e 29.

Fevereiro 2022

Até o dia 7 de fevereiro	Lua Nova
Até o dia 15 de fevereiro	Lua Crescente
Até o dia 22 de fevereiro	Lua Cheia
Até o dia 28 de fevereiro	Lua Minguante

Dia 1º ➤ Bom para plantar todo tipo de floríferas, principalmente as rasteiras.

Dias 2 e 3 ➤ Ótimos para plantar árvores frutíferas, flores anuais e perenes, bem como aveia, milho, trigo, soja, arroz e cana-de-açúcar.

Dias 4, 5 e 6 ➤ Bons para plantar café, cacau, pimenta-do-reino, rosa e guaraná.

Dias 7, 8 e 9 ➤ Bons para semear pastos e gramados, arar, fazer limpeza, adubação e podas nas plantas de sua região.

Dias 10 e 11 ➤ Bons para colher todo tipo de legumes, plantar tomates, pepinos, berinjelas, jiló, ervilhas e vagens.

Dias 12 e 13 ➤ Ótimos para plantar bananas, laranjas, mangas, marmelos, uvas, pitangas, bem como azálea, rosas e todo tipo de floríferas.

Dias 14, 15 e 16 ➤ Bons para colher para reprodução de trigo, soja, feijão, arroz, café, cacau, milho e guaraná.

Dias 17 e 18 ➤ Bons para semear ou plantar cará, inhame, batatas inglesa e doce, mandioca, beterraba e rabanete.

Dias 19 e 20 ➤ Ótimos para plantar todo tipo de flores sejam elas comestíveis, arbustivas, rasteiras ou arbóreas.

Dias 21 e 22 ➤ Ótimos para plantar alho, cebola e cana-de-açúcar.

Dias 23 e 24 ➤ Ótimos para fazer podas, colher vime e taboa e piaçava para fazer vassouras e artesanato e cortar madeira de reflorestamento.

Dias 25, 26 e 27 ➤ Bons para colher frutos para armazenar, fazer podas, adubação e limpeza de terrenos para futuro plantio.

Dia 28 ➤ Bom para colher beterrabas, cenouras, mandioca, alho e cebola.

Galinhas: Ponha-as para chocar nos dias 17, 18, 19 e 20.

Pescaria: De 17 a 22, boa no mar, e de 1º a 6, boa em rios e lagos.

Neste mês não se castra animais.

Março 2022	Dia 1º de março	Lua Minguante
	Até dia 9 de março	Lua Nova
	Até o dia 17 de março	Lua Crescente
	Até o dia 24 de março	Lua Cheia
	Até o dia 31 de março	Lua Minguante

Dia 1º ➤ Bom para colher mandioca, amendoim, cenoura, cebola e alho.

Dias 2 e 3 ➤ Ótimos para plantar rabanete, cenoura, nabo, e fazer mudas de galho.

Dias 4 e 5 ➤ Bons para plantar especiarias como louro, manjericão e orégano, bem como ervas medicinais das quais se aproveitará as folhas como melissa, erva-cidreira, chá preto e erva-doce.

Dias 6, 7 e 8 ➤ Bons para plantar milho, feijão, arroz, café, cacau e guaraná, bem como alho e cebola.

Dias 9 e 10 ➤ Bons para plantar flores rasteiras, arbustivas e arbóreas, inclusive as comestíveis como couve-flor, alcachofra e brócolis e também arar e limpar terreno e adubar para o próximo plantio.

Dias 11, 12 e 13 ➤ Ótimos para plantar laranja, limão, manga, uva, tomate, berinjela e marmelos, bem como cana-de-açúcar.

Dias 14 e 15 ➤ Bons para colher para reprodução todo tipo de grãos como milho, feijão, arroz, soja, café, cacau e guaraná.

Dias 16 e 17 ➤ Bons para plantar bulbos de floríferas, bem como cenoura, amendoim, mandioca, rabanete, beterraba, batatas, cará e inhame.

Dias 18 e 19 ➤ Ótimos para plantar flores rasteiras, trepadeiras, anuais, perenes e também as comestíveis como alcachofra e couve-flor.

Dias 20, 21 e 22 ➤ Ótimos para plantar tubérculos, bem como colher cana-de-açúcar.

Dias 23 e 24 ➤ Bons para plantar louro, sálvia, manjericão, orégano, erva-cidreira, camomila e hortelã.

Dias 25 e 26 ➤ Bons para colher frutos para armazenar, fazer limpeza de terrenos, adubações e também podas.

Dias 27 e 28 ➤ Bons para colher mandioca, amendoim, cenoura, rabanete, beterraba, alho e cebola.

Dias 29 e 30 ➤ Bons para plantar todo tipo de raízes como mandioca e rabanete, e fazer mudas de galhos.

Dia 31 ➤ Bom para plantar orégano, losna, endro, guiné, manjericão e sálvia.

Galinhas: Ponha-as para chocar nos 15, 16, 17, 18 e 19.

Pescaria: De 18 a 22, boa no mar, e de 25 a 29, boa em rios e lagos.

Castrar animais: Nos dias 25, 26, 27 e 28.

Abril 2022

Até o dia 8 de abril	Lua Nova
Até o dia 15 de abril	Lua Crescente
Até o dia 22 de abril	Lua Cheia
Até o dia 29 de abril	Lua Minguante
Dia 30 de abril	Lua Nova

Dias 1º e 2 ➤ Bons para fazer mudas de galho e plantar hortelã, manjericão, louro, orégano, manjerona, sálvia, malva, alecrim, arruda e guiné.

Dias 3 e 4 ➤ Bons para plantar café, cacau, feijão, arroz, milho, soja, tomate, jiló e berinjela.

Dias 5 e 6 ➤ Bons para fazer limpeza e adubação de terrenos para futuro plantio, semear floríferas rasteiras, e fazer enxertos e alporquias.

Dias 7, 8 e 9 ➤ Ótimos para plantar frutos suculentos como laranja, manga, limão, pêssego, marmelos, goiaba, maçã, ameixa, goiaba, banana, bem como cana-de-açúcar.

Dias 10, 11 e 12 ➤ Bons para plantar ou semear abóboras, melancia, melões e morangas.

Dias 13 e 14 ➤ Bons para semear pastos e gramados, bem como colher para reprodução todo tipo de grãos como cacau, café, soja, milho, arroz e feijão.

Dias 15 e 16 ➤ Ótimos para semear e plantar flores rasteiras, arbustivas, arbóreas, anuais ou perenes.

Dias 17 e 18 ➤ Bons para fazer transplantes de folhas para saladas, espinafre, couve e também plantar laranjas, limões, bergamotas, marmelos, pêssego, banana, bem como colher cana-de-açúcar.

Dias 19 e 20 ➤ Bons para plantar cenoura, rabanete, amendoim, mandioca, nabo, batatas inglesa e doce, cará e inhame.

Dias 21 e 22 ➤ Bons para colher qualquer tipo de fruto para consumo imediato.

Dias 23 e 24 ➤ Bons para colher com tempo seco soja, milho, feijão, arroz e demais variedades de grãos.

Dias 25, 26 e 27 ➤ Ótimos para fazer transplantes de mudas de folhas para salada, novamente plantar mandioca, cenoura, nabo, batatas, cará e inhame.

Dias 28 e 29 ➤ Bons para fazer mudas de galho e plantar orégano, louro, malva, mostarda, cominho, manjericão, hortelã, camomila, carqueja, cidreira.

Dia 30 ➤ Bom para colher material para fazer artesanato como vime, taboa e bambu.

Galinhas: Ponha-as para chocar nos dias 19, 20, 21 e 22.

Pescaria: De 10 a 14, boa no mar, e de 15 a 21, boa em rios e lagos.

Castrar animais: Nos dias 23 e 24, 28 e 29.

Maio 2022	Até o dia 7 de maio	Lua Nova
	Até o dia 15 de maio	Lua Crescente
	Até o dia 21 de maio	Lua Cheia
	Até o dia 29 de maio	Lua Minguante
	Até o dia 31 de maio	Lua Nova

Dias 1º e 2 ➤ Bons para colher banana, laranja, caqui, pêssego e todo tipo de frutos para armazenar.

Dias 3 e 4 ➤ Bons para plantar flores sejam elas, rasteiras, arbustivas, arbóreas, anuais ou perenes.

Dias 5, 6 e 7 ➤ Bons para plantar todo tipo de frutos suculentos como pêssego, laranja, uva, limão, mexerica, bem como cana-de-açúcar.

Dias 8 e 9 ➤ Bons para semear melões, abóboras, melancias e morangas.

Dias 10 e 11 ➤ Bons para semear pastos e gramados.

Dias 12 e 13 ➤ Bons para plantar camomila, erva-cidreira, hortelã, camomila, melissa e floríferas arbustivas.

Dias 14 e 15 ➤ Bons para plantar folhas para saladas, laranja, limão, pêssego, figo e cana-de-açúcar.

Dias 16 e 17 ➤ Ótimos para plantar mandioca, beterraba, gengibre, rabanete, batatas inglesa e doce, cará e inhame.

Dias 18 e 19 ➤ Bons para colher todo tipo de frutos para consumo imediato.

Dias 20 e 21 ➤ Bons para colher milho, feijão, arroz, soja, café e cacau.

Dias 22, 23 e 24 ➤ Ótimos para plantar e fazer transplantes de estufas de mudas de folhas para saladas, plantar mandioca, batatas, cará e inhame.

Dias 25 e 26 ➤ Bons para fazer mudas de galho, plantar louro, cravo, canela, alecrim, sálvia, orégano, manjerona, mostarda, hortelã, camomila, erva-cidreira e melissa.

Dias 27, 28 e 29 ➤ Bons para colher bambu, piaçava, taboa e vime para fazer artesanato, cortar madeira e colher todo tipo de frutos para armazenar.

Dias 30 e 31 ➤ Bons para plantar flores rasteiras, trepadeiras e arbustivas.

Galinhas: Ponha-as para chocar nos dias 16, 17, 18, 19 20 e 21.

Pescaria: De 16 a 21, boa no mar, e de 25 a 29, boa em rios e lagos.

Castrar animais: Nos dias 25, 26, 27, 28 e 29.

Junho 2022	Até o dia 6 de junho	Lua Nova
	Até o dia 13 de junho	Lua Crescente
	Até o dia 20 de junho	Lua Cheia
	Até o dia 27 de junho	Lua Minguante
	Até o dia 30 de junho	Lua Nova

Dias 1º, 2 e 3 ➤ Ótimos para plantar folhas para salada, fazer transplantes de folhagens ornamentais, plantar pêssego, goiaba, laranja, limão, bem como cana-de-açúcar.

Dias 4 e 5 ➤ Bons para fazer enxertos, mudas de galhos, plantar louro, manjericão, orégano, sálvia, alecrim, hortelã, melissa, camomila e erva-cidreira.

Dias 6, 7 e 8 ➤ Bons para plantar ou semear pastos e gramados.

Dias 9 e 10 ➤ Ótimos para plantar todo tipo de flores, sejam elas rasteiras, trepadeiras, arbustivas ou arbóreas.

Dias 11 e 12 ➤ Ótimos para plantar milho, soja, feijão, arroz, café, cacau, marmelo, jabuticaba, figo, manga, maçã, pera.

Dias 13 e 14 ➤ Bons para colher para reprodução todo tipo de grãos, bem como cenoura, beterraba, alho, cebola, batatas inglesa e doce, cará e inhame.

Dias 15 e 16 ➤ Bons para plantar folhas para saladas, espinafre, couve, lúpulo, orégano, manjericão, manjerona, louro e alecrim.

Dias 17 e 18 ➤ Bons para colher ervas medicinais como melissa e camomila antes do alvorecer e todo tipo de flores perto do meio-dia.

Dias 19 e 20 ➤ Bons para colher frutos suculentos como laranja, limão, pitanga para consumo imediato e cana-de-açúcar.

Dias 21, 22 e 23 ➤ Bons para colher sementes de todo tipo de ervas medicinais como melissa, camomila, erva-cidreira e hortelã.

Dias 24 e 25 ➤ Bons para colher bambu, vime e taboa para fazer artesanato, cortar madeira de reflorestamento e colher frutos para armazenar.

Dias 26, 27 e 28 ➤ Bons para plantar flores rasteiras, perenes e anuais.

Dias 29 e 30 ➤ Ótimos para plantar frutos suculentos e cana-de-açúcar.

Galinhas: Ponha-as para chocar dias 13, 14, 15, 16, 17 e 18.

Pescaria: De 14 a 18, boa no mar, e de 21 a 27, boa em rios e lagos.

Castrar animais: Nos dias 21, 22, 23, 24 e 25.

Julho 2022	Até o dia 5 de julho	Lua Nova
	Até o dia 12 de julho	Lua Crescente
	Até o dia 19 de julho	Lua Cheia
	Até o dia 27 de julho	Lua Minguante
	Até o dia 31 de julho	Lua Nova

Dias 1º, 2 e 3 ➤ Bons para fazer mudas de galhos ou ramas, fazer enxertos e plantar orégano, alecrim, losna, hortelã, erva-cidreira e melissa.

Dias 4 e 5 ➤ Ótimos para plantar banana, maçã, pera, jaca, jabuticaba, couve-flor, brócolis e cana-de-açúcar.

Dias 6 e 7 ➤ Ótimos para plantar flores, sejam elas comestíveis como couve-flor e brócolis, bem como rasteiras, trepadeiras, arbustivas ou arbóreas.

Dias 8, 9 e 10 ➤ Ótimos para plantar pitomba, laranja, limão, manga, milho, feijão, arroz, soja, café, cevada, cacau e gergelim.

Dias 11 e 12 ➤ Ótimos para colher para reprodução guaraná, milho, café, cacau, cenoura, beterraba, amendoim, alho e cebola.

Dias 13 e 14 ➤ Bons para plantar alfavaca, lúpulo, tomilho, orégano, manjericão, alface, rúcula, acelga, couve e espinafre.

Dias 15 e 16 ➤ Bons para colher ervas medicinais antes do amanhecer ainda orvalhadas e flores ornamentais próximo do meio-dia.

Dias 17 e 18 ➤ Bons para fazer transplante de mudas para o local definitivo, principalmente de folhas comestíveis e folhagens e plantar mandiocas.

Dias 19 e 20 ➤ Bons para colher todo tipo de sementes.

Dias 21 e 22 ➤ Bons para plantar flores ornamentais, bem como fazer enxertos e alporquias.

Dias 23, 24 e 25 ➤ Ótimos para plantar abacaxi, couve-flor e brócolis, floríferas arbustivas e trepadeiras.

Dias 26, 27 e 28 ➤ Ótimos para plantar gengibre, mandioca, rabanete, raiz-forte, amendoim, bem como batatas inglesa e doce, cará e inhame.

Dias 29 a 31 ➤ Bons para fazer mudas de galhos, ramas e enxertos e plantar ervas medicinais e especiarias.

Galinhas: Ponha-as para chocar nos dias 20, 21, 22, 23, 24 e 25.
Pescaria: De 6 a 12, boa no mar, e de 13 a 18, boa em rios e lagos.
Castrar animais: Nos dias 20, 21, 22, 23, 24 e 25.

Agosto 2022	Até o dia 4 de agosto	Lua Nova
	Até o dia 11 de agosto	Lua Crescente
	Até o dia 18 de agosto	Lua Cheia
	Até o dia 26 de agosto	Lua Minguante
	Até o dia 31 de agosto	Lua Nova

Dias 1º e 2 ➤ Ótimos para plantar seringueiras, macieiras, laranjeiras, limoeiros, marmeleiros, abacateiros, mangueiras, enfim todas frutíferas arbóreas.

Dias 3 e 4 ➤ Ótimos para plantar todo tipo de flores, sejam elas ornamentais ou comestíveis como azaléas, crisântemos, hortênsias, rosas e cravos.

Dias 5 e 6 ➤ Ótimos para plantar milho, cevada, soja, feijão, arroz, cacau, café, trigo, bem como frutíferas como chuchu, acerola e berinjela.

Dias 7 e 8 ➤ Ótimos para colher para reprodução milho, soja, feijão, arroz, cevada, beterraba, cenoura, amendoim, alho, cebola, batatas inglesa e doce, cará e inhame.

Dias 9 e 10 ➤ Bons para plantar folhas para saladas, espinafre, couve, alfavaca, orégano, manjericão e lúpulo.

Dias 11 e 12 ➤ Bons para colher ervas medicinais antes do alvorecer, ainda orvalhadas e flores ornamentais perto do meio-dia.

Dias 13 e 14 ➤ Bons para fazer transplantes de mudas de alface e outras folhas para saladas e plantar mandioca, cenoura, amendoim e rabanete.

Dias 15 e 16 ➤ Bons para colher sementes de ervas medicinais com tempo seco.

Dias 17, 18 e 19 ➤ Bons para semear floríferas ornamentais, bem como fazer enxertos e alporquias.

Dias 20 e 21 ➤ Bons para plantar todo tipo de flores, sejam elas rasteiras, trepadeiras, arbustivas ou arbóreas.

Dias 22, 23 e 24 ➤ Ótimos para plantar todo tipo de raízes como mandioca, cenoura, rabanete, beterraba, batatas inglesa e doce, cará e inhame.

Dias 25 e 26 ➤ Bons para plantar orégano, manjerona, manjericão, alecrim, louro, erva-cidreira, camomila, fazer enxertos e alporquias.

Dias 27, 28 e 29 ➤ Bons para plantar bulbos de floríferas, e continuar a plantar batatas inglesa e doce, cará e inhame.

Dias 30 e 31 ➤ Bons para plantar couve-flor, brócolis, abacaxi e cana-de-açúcar.

Galinhas: Ponha-as para chocar nos dias 17, 18, 19, 20 e 21.

Pescaria: De 7 a 10, boa no mar, e de 1º a 4 e de 27 a 31, boa em rios e lagos.

Castrar animais: Nos dias 19, 20 e 21.

Setembro 2022

Até o dia 2 de setembro	Lua Nova
Até o dia 9 de setembro	Lua Crescente
Até o dia 16 de setembro	Lua Cheia
Até o dia 24 de setembro	Lua Minguante
Até o dia 30 de setembro	Lua Nova

Dias 1º e 2 ➤ Bons para plantar todo tipo de frutos como banana, laranja, manga, bem como soja, milho, trigo, arroz e feijão.

Dias 3 e 4 ➤ Bons para plantar ou semear abóboras, melancia, melões e morangas.

Dias 5 e 6 ➤ Bons para colher para reprodução mandioca, rabanete, nabo, amendoim e suas sementes, alho, cebola, batatas inglesa e doce, cará e inhame.

Dias 7 e 8 ➤ Bons para semear pastos e gramados.

Dias 9, 10 e 11 ➤ Bons para fazer transplantes de mudas de folhas para saladas para o local definitivo, colher cana-de-açúcar e frutos suculentos para consumo imediato.

Dias 12 e 13 ➤ Bons para colher sementes de ervas medicinais.

Dias 14 e 15 ➤ Bons para semear e plantar flores ornamentais.

Dias 16 e 17 ➤ Ótimos para plantar flores comestíveis como couve-flor, brócolis, ananás, abacaxi e floríferas arbustivas e rasteiras.

Dias 18, 19 e 20 ➤ Ótimos para plantar folhas para saladas, cana-de-açúcar, bem como fazer transplantes de folhagens ornamentais.

Dias 21 e 22 ➤ Bons para fazer enxertos e alporquias, mudas de galhos ou ramas, plantar alecrim, sálvia, louro e também boldo, cidreira e camomila.

Dias 23, 24 e 25 ➤ Ótimos para plantar todo tipo de frutos, chuchu, couve-flor, brócolis, abacaxi e cana-de-açúcar.

Dias 26 e 27 ➤ Ótimos para plantar rosas, azáleas, primaveras, palmas, ipê, quaresmeiras, imburanas, aleluias e tibuchinhas.

Dias 28, 29 e 30 ➤ Ótimos para plantar gengibre, raiz-forte, nabo, cenoura, amendoim, transplantar mudas para o local definitivo e plantar todo tipo de frutos.

Galinhas: Ponha-as para chocar nos dias 22, 23, 24, 25, 26 e 27.

Pescaria: De 12 a 17, boa no mar, e de 25 a 30, boa em rios e lagos.

Castrar animais: Nos dias 22, 23, 24 e 25.

Outubro 2022

Dia 1º de outubro	Lua Nova
Até o dia 8 de outubro	Lua Crescente
Até o dia 16 de outubro	Lua Cheia
Até o dia 24 de outubro	Lua Minguante
Até o dia 31 de outubro	Lua Nova

Dias 1º e 2 ➤ Ótimos para colher para reprodução milho, cevada, arroz, feijão e soja, bem como sementes de raízes, alho, cebola, batatas inglesa e doce, cará e inhame.

Dias 3 e 4 ➤ Bons para semear ou plantar cacau, café, aveia, guaraná, trigo, cevada, milho, arroz e feijão.

Dias 5 e 6 ➤ Bons para semear pastos e gramados.

Dias 7 e 8 ➤ Bons para colher frutos suculentos para consumo rápido, e fazer transplantes de folhas comestíveis e ornamentais para o local definitivo.

Dias 9, 10 e 11 ➤ Bons para plantar pimenta-malagueta, alho, cebola, gengibre, amendoim, cenoura, rabanete e mandioca.

Dias 12 e 13 ➤ Bons para plantar batatas inglesa e doce, cará, inhame, bem como trigo, feijão, arroz, café, cacau e guaraná.

Dias 14 e 15 ➤ Bons para colher para consumo rápido frutos suculentos, e fazer transplantes para local definitivo de folhas para saladas e folhagens ornamentais.

Dias 16 e 17 ➤ Ótimos para plantar batatas inglesa e doce, cará, inhame, mandioca e cenoura, bem como fazer poda.

Dias 18, 19 e 20 ➤ Bons para colher para armazenar chuchu, pepino, berinjela, alho, cebola, mandioca, cenoura, gengibre, rabanete e amendoim.

Dias 21 e 22 ➤ Bons para plantar girassol, café, cacau, guaraná, cevada, soja, gergelim, alpiste, trigo, feijão e arroz.

Dias 23 e 24 ➤ Ótimos para plantar laranja, limão, caqui, manga, pitanga, jabuticaba, uva e morango.

Dias 25 e 26 ➤ Ótimos para plantar cenoura, nabo, mandioca, batatas inglesa e doce, cará, inhame, gengibre, e fazer transplantes de mudas para o local definitivo.

Dias 27 e 28 ➤ Bons para fazer mudas de galhos e ramas, plantar pimentas ardidas, louro, orégano, manjericão, mostarda, cominho, hortelã e cidreira.

Dias 29 e 30 ➤ Bons para semear pastos e gramados.

Dia 31 ➤ Bons para plantar flores rasteiras comestíveis ou não, bem como as arbustivas.

Galinhas: Ponha-as para chocar nos dias 10, 11, 12, 13 e 14.

Pescaria: De 2 a 6, boa no mar, e de 18 a 24, boa em rios e lagos.

Castrar animais: Nos dias 18, 19, 20, 21, 22, 23 e 24.

Novembro 2022

Até o dia 7 de novembro	Lua Crescente
Até o dia 15 de novembro	Lua Cheia
Até o dia 22 de novembro	Lua Minguante
Até o dia 29 de novembro	Lua Nova
Dia 30 de novembro	Lua Crescente

Dias 1º e 2 ➤ Bons para plantar todo tipo de flores, sejam elas comestíveis ou não, principalmente as rasteiras.

Dias 3 e 4 ➤ Bons para colher frutos suculentos para consumo rápido, e fazer transplantes de folhas para saladas para o local definitivo.

Dias 5 e 6 ➤ Bons para semear abóboras, melões, melancias e morangas.

Dias 7 e 8 ➤ Bons para colher para reprodução milho, soja, arroz, feijão, bem como mandioca, cenoura, gengibre, batatas inglesa e doce, cará e inhame.

Dias 9, 10 e 11 ➤ Bons para colher mandioca, cenoura, nabo, gengibre, amendoim, beterraba, raiz-forte e rabanete.

Dias 12, 13 e 14 ➤ Ótimos para plantar folhagens ornamentais e folhas para saladas, fazer enxertos e alporquias, bem como colher cana-de-açúcar.

Dias 15 e 16 ➤ Bons para plantar louro, manjericão, manjerona, losna, alecrim e sálvia, bem como camomila, hortelã e melissa.

Dias 17 e 18 ➤ Bons para colher todo tipo de frutos para armazenar.

Dias 19, 20 e 21 ➤ Bons para colher flores para fazer artesanato ou só para secar.

Dias 22 e 23 ➤ Bons para fazer podas anuais em videiras, roseiras e qualquer tipo de florífera como arbustos, árvores e sebes.

Dias 24 e 25 ➤ Bons para fazer mudas de galhos ou ramas e plantar pimentas, orégano, alecrim, manjericão, mostarda, cominho e manjerona.

Dias 26 e 27 ➤ Bons para plantar alho, cebola, batatas inglesa e doce, cará e inhame.

Dias 28 e 29 ➤ Bons para fazer limpeza em terrenos, gradear, adubar preparando para o próximo plantio, bem como plantar floríferas rasteiras, trepadeiras, arbustivas e arbóreas e folhagens ornamentais.

Dia 30 ➤ Bom para plantar frutos suculentos como manga, laranja e outros, bem como flores comestíveis como couve-flor, brócolis, abacaxi, bem como milho, soja, arroz e feijão.

Galinhas: Ponha-as para chocar nos dias 8, 9 10 e 11.

Pescaria: De 24 a 29, boa no mar, e de 17 a 21, boa em rios e lagos.

Castrar animais: Nos dias 16, 17, 18, 19, 20 e 21.

Dezembro 2022	Até o dia 7 de dezembro	Lua Crescente
	Até o dia 15 de dezembro	Lua Cheia
	Até o dia 22 de dezembro	Lua Minguante
	Até o dia 29 de dezembro	Lua Nova
	Dias 30 e 31 de dezembro	Lua Crescente

Dia 1º ➤ Bom para continuar a plantar frutos, grãos e flores comestíveis.

Dias 2 e 3 ➤ Bons para semear abóboras, melões, melancias e morangas.

Dias 4, 5 e 6 ➤ Bons para semear tomate, berinjela, chuchu, feijão, arroz, trigo, soja e milho, bem como cacau e café.

Dias 7 e 8 ➤ Bons para semear pastos e gramados.

Dias 9, 10 e 11 ➤ Ótimos para plantar alho e cebola, bem como folhas para saladas e folhagens ornamentais, e colher cana-de-açúcar.

Dias 12 e 13 ➤ Bons para plantar louro, tomilho, alecrim, losna e sálvia.

Dias 14, 15 e 16 ➤ Bons para colher para reprodução sementes de todo tipo de raízes e especiarias como pimentas.

Dias 17 e 18 ➤ Bons para colher flores para secar e fazer artesanato, bem como todo tipo de frutos para armazenar.

Dias 19, 20 e 21 ➤ Bons para fazer podas, principalmente em roseiras, arbustos, árvores e parreiras.

Dias 22 e 23 ➤ Bons para colher para armazenar qualquer tipo de raiz, principalmente, alho e cebola.

Dias 24 e 25 ➤ Bons para plantar mandioca, cenoura, beterraba, rabanete, batatas inglesa e doce, cará, inhame, alho e cebola.

Dias 26 e 27 ➤ Bons para fazer a adubação do solo para futuro plantio e plantar todo tipo de flores e folhagens comestíveis ou ornamentais.

Dias 28 e 29 ➤ Ótimos para plantar e enxertar mangueiras, pitangueiras, laranjeiras, limoeiros, bem como plantar cana-de-açúcar.

Dias 30 e 31 ➤ Bons para semear abóboras, melões, melancias e morangas.

Galinhas: Ponha-as para chocar nos dias 12, 13, 14, 15 e 16.

Pescaria: De 23 a 29, boa no mar, e de 2 a 8, boa em rios e lagos.

Castrar animais: Nos dias 17 e 18.